K. VOCELKA — RUDOLF II.

KARL VOCELKA

RUDOLF II.
UND SEINE ZEIT

1985

HERMANN BÖHLAUS NACHF. WIEN · KÖLN · GRAZ

CIP Kurztitelaufnahme der Deutschen Bibliothek

Vocelka, Karl:
Rudolf II. [der Zweite] und seine Zeit / Karl Vocelka. –
Wien ; Köln ; Graz ; Böhlau, 1985.
ISBN 3-205-07159-X

Alle Rechte vorbehalten
ISBN 3-205-07159-X
Copyright © 1985 by Hermann Böhlaus Nachf. Gesellschaft m.b.H., Graz · Wien
Satz: Inter letter, 1020 Wien, Ausstellungsstraße 27
Repro, Druck und Bindung: Welsermühl, Wels

INHALT

Einleitung

Rudolf II. — Persönlichkeit und Schicksal 7
Die Gesellschaft zur Zeit Rudolfs II. 15
Die politische Situation in Europa 19
Rudolf als Kunstförderer und Sammler 26

Bildteil

Rudolf II. als Mensch und Herrscher

Maximilian II. und seine Familie 32
Der junge Rudolf 34
Das Repräsentationsporträt 36
Das „klassische" Porträt 38
Die „klassische" Porträtgraphik 40
Die repräsentative Porträtbüste 42
Das Reiterbild 44
Allegorien auf die Regierung
und auf die Person Rudolfs II. 46
Die Embleme Rudolfs II. 48

Jugend und Regierungsantritt

Die Jugend Rudolfs II. 52
Die Rückkehr Rudolfs 1571 54
Die Krönung in Ungarn 56
Prag — die Krönungsstadt der Länder
der Wenzelskrone 58
Reichskrone und Hauskrone 60
Kaiser und Kurfürsten 62
Rudolf als Gesetzgeber 64
Der Reichstag 66

Der Hof Rudolfs II.

Das Hofleben 70
Der Hofstaat Rudolfs II. 72
Die Politiker 74
Kammerdiener und Vertraute 76
Die Militärs 78
Der Einfluß
des politischen Katholizismus 80
Gesandter und Vertrauter 82
Das Fest des goldenen Vlieses in Prag 1585 84
Die Vliesallegorie 86
Idealpaläste 88
Wien als Residenz 90
Das Neugebäude 92
Prag als Residenz Rudolfs 94
Die Prager Burg 96
Das Linzer Schloß 98

Die politische Situation

Geteilte Macht 102
Religiöse Probleme im Reich 104
Probleme der Reichspolitik 106
Territoriale Einbußen im Reich 108
Der Bauernkrieg
in Nieder- und Oberösterreich 110
Erzherzog Matthias und der Kaiser 112
Der Bruderzwist 114
Das politische Ende Rudolfs II. 116

Rudolf als Mäzen und Sammler

Rudolf als Förderer der Künste 120
Hans von Aachen 122

Bartholomäus Spranger	124
Joseph Heintz	126
Roelant Savery	128
Dirk de Quade van Ravesteyn	130
Giuseppe Arcimboldo	132
Porträtmalerei	134
Die Plastik	136
Kunstkammerstücke	138
Werke der Goldschmiedekunst	140
Seltene Materialien	142
Die Triumphkanne	144
Meisterwerke der Waffenschmiedekunst	146
Verbreitung der Motive der Hofkunst	148
Die Musik am Hofe Rudolfs	150
Die Naturwissenschaften	152
Astronomie und Erdkunde	154
Uhren und Automaten	156
Ainkürn und Achatschale	158
Rudolf als Dürersammler	160
Die Gemma Augustea	162
Italienische Manieristen	164
Breughel	166

Der Türkenkrieg

Der Sultan des Osmanischen Reiches	170
Der Türkenkrieg	172
Die Türkenfurcht	174
Die Absagebriefe	176
Die Schlacht bei Sisak 1593	178
Der Verlust von Raab und die Hinrichtung Hardeggs	180
Sigismund Báthory	182
Die Eroberung der Festung Gran 1595	184
Die Wiedereroberung der Festung Raab 1598	186
Medaillen auf die Wiedereroberung von Raab	188
Die Raaberkreuze	190
Allegorien auf Raab und auf den Krieg in Ungarn	192
Allegorien auf Raab und auf den Türkenkrieg	194
Der Verlust der Festung Kanischa	196
Die Eroberung von Stuhlweißenburg	198
Kontakte zu Persien	200
Die Türkenbeute	202
Fortuna und Victoria	204
Allegorie auf die Victoria	206
Stephan Bocskay und der Friede von Zsitvatorok	208

Tod und Begräbnis Rudolfs II.

Tod und Aufbahrung	212
Die Begräbnisfeierlichkeiten	214
Die Erinnerungsstücke an das Begräbnis Kaiser Rudolfs II.	216
Allegorie auf den Tod Rudolfs II.	218

Ausgewählte Literatur 221

EINLEITUNG

Rudolf II. — Persönlichkeit und Schicksal

Menschen der Vergangenheit leben fort in den Bildern, die spätere Zeiten von ihnen entwerfen. Die Beurteilung eines in der Vergangenheit handelnden Menschen erfolgt zunächst in der eigenen Periode, doch wesentlicher für das Bild, das wir heute von den handelnden Personen der Vergangenheit haben, ist die Darstellung in späteren Epochen, sind vor allem die Darstellungen des 19. Jahrhunderts, die von dem Gedankengut, den Vorlieben und Abneigungen dieser Zeit deutlich geprägt sind.

Das 19. Jahrhundert hat eine Vorliebe für Heldengestalten entwickelt. Die große Bedeutung der Heldenverehrung, des Heldenmythos, dokumentiert sich nicht nur in den Werken der Historiker, in den Reden der Zeit, sondern auch in Dokumenten und Denkmälern von unvergänglichem Bestand wie etwa den Triumphbögen für große Männer. Eine besondere Blüte haben Gedenkstätten der Heldenverehrung etwa am Heldenberg in der Nähe von Stockerau gefunden, wo die österreichisch-ungarische Armee verherrlicht wird, aber ebenso finden wir solche „Weihestätten" der Heldenverehrung in der Walhalla oder auf dem Gianicolo und dem Pincio in Rom mit ihrer Fülle von Statuen und Denkmälern.

Große Männer, Männer der Tat waren es also, die im Vordergrund der Betrachtungen des 19. Jahrhunderts standen und die von den Historikern auch als die Vorbildgestalten der Vergangenheit gewertet wurden. Karl der Große etwa oder Friedrich der Große sind solche Leitfiguren, die — noch dazu in einer Zeit mit so stark ausgeprägtem Nationalismus — von den Deutschen und, bei Karl dem Großen, Charlemagne, auch von den Franzosen verehrt wurden. Sie entsprechen dem Typus jener Gestalten der Vergangenheit, die im 19. Jahrhundert eine positive Wertung erfuhren und als Helden eine zentrale Rolle gespielt haben. Daneben sind die Stillen, die Kompromißbereiten, die Kunstsinnigen der Vergangenheit an den Rand der Betrachtung geraten. Sie erscheinen im Geschichtsbild des 19. Jahrhunderts hinter einem negativen Schleier, der sich lange gehalten hat. Erst unsere Zeit geht dazu über, diese auf Kunst und Kultur ausgerichteten Menschen neu zu bewerten und zu rechtfertigen. Zu ihnen zählt — wenn man die österreichische Geschichte im Auge hat, vielleicht an erster Stelle — Kaiser Rudolf II. Das gilt auch für seine gesamte Epoche, die arm an großen, spektakulären Ereignissen war.

Für das 19. Jahrhundert, in dem einige Rudolf-Biographien erschienen sind, war Rudolf II. nur ein Sonderling, ein regierungsunfähiger Mann, dessen Geisteszustand man negativ beurteilte. Doch ist die recht dürftige Analyse des Geisteszustandes Rudolfs II., die sich stets um ein klares Urteil drückte, aus der Zeit der Darstellung des Kaisers zu verstehen. Im Österreich des 19. Jahrhunderts war es schwer möglich, ein Mitglied der habsburgischen Familie in einer Publikation glattweg als schizophrenen Psychopathen zu bezeichnen. Die loyale Gesinnung der Historiker gegenüber der „Ehre des Hauses Habsburg" hat hier dem Ausdrucksvermögen und der historischen Wertung sehr enge Grenzen gesetzt. Zudem muß man natürlich auch den geringen Wissensstand einer erst in den Kinderschuhen steckenden Psychologie und Psychoanalyse ins Kalkül ziehen.

Betrachten wir Rudolf II. heute von unserem — wie wir glauben — „vorurteilsfreien" Standpunkt, ohne auf die ältere Literatur allzusehr Rücksicht zu nehmen, die durch ihre Auswahl an Fakten aus der Zeit Rudolfs das Bild einseitig geprägt hat, so sind wir von vielem unbelastet. Wir haben weder den Schutz noch die Verteufelung Rudolfs II. nötig. Den Schutz des Habsburgers nicht, weil wir in keiner monarchischen Welt mehr leben, an deren Spitze das Herrscherhaus stand, dem Rudolf angehörte, die Verteufelung nicht, weil der zeitliche Abstand zur Monarchie gerade für den jüngeren Historiker bereits so groß ist, daß hier ein grundsätzlicher Kampf gegen alle Monarchen und alles Monarchische nicht mehr notwendig ist. Wir können daher mit freierem Blick die Person Rudolfs II. betrachten und versuchen, sein Bild neu zu entwerfen.

Weitaus interessanter als die Meinung der Literatur des 19. Jahrhunderts ist für uns die Frage, wie die Zeitgenossen Rudolf gesehen haben. Welche Quellen stehen uns heute für die Beurteilung der Persönlichkeit dieses Mannes zur Verfügung und welche Tendenzen spiegeln sich darin? Leider fehlt ein persönlicher Nachlaß des Kaisers, sei es in Form von Memoiren, Tagebüchern oder Privatbriefen, völlig. Als Quellen für sein Verhalten dienen uns Berichte derer, die ihn persönlich kannten; meist sind es Gesandte, die Handlungen, Einstellungen und Krankheiten des Kaisers beschrieben haben. Doch müssen gerade diese Quellen überaus kritisch betrachtet werden, da die Einstellung des Verfassers einer solchen Quelle zur Person Rudolfs für die Auswahl an Informationen, die er übermittelt oder übermitteln will, von ganz entscheidender Wichtigkeit ist.

Ein weiterer, mehr für den Psychiater und Psychologen als für den Historiker ergiebiger Ansatz ist die Einordnung in das Gefüge seiner Familie, seiner Dynastie, wobei die erbbiologische Belastung Rudolfs II. deutlich gezeigt werden kann. Rudolf, der sein Leben lang unverheiratet blieb, war dennoch ein sehr „fleißiger" Liebhaber und Vater zahlreicher Kinder. Eines dieser Kinder, der junge Don Julio, zeigte in sehr ausgeprägter Weise die Symptome schwerer Schizophrenie.

Don Julio wurde 1585 geboren, die ersten Nachrichten von seinem Tun haben wir aus der Zeit von 1606, als sich der Bürgermeister von Krumau, des Ortes, in dem Don Julio lebte, über ihn beklagte. Seine Nachtschwärmereien und das sonstige Verhalten des „jungen Wüstlings" gaben Anlaß zu Besorgnis, dazu zeigten sich dann auch Haltlosigkeit und herzlose Brutalität. 1607 nahm das Verhalten des kaiserlichen Bastardes beängstigende Formen an. Er verprügelte einen Diener brutal und schüchterte den ganzen Ort ein. 1608 schließlich kam es zur Krise der Krankheit: Eines Tages warf der junge Mann seine Geliebte zum Fenster hinaus, ließ ihren Vater verhaften und verlangte vom Rat dessen Enthauptung. Seine mittlerweile zurückgekehrte Geliebte brachte er kurz darauf mit vielen Hieben und Stichen um, schnitt ihr die Ohren ab, schlug ihr die Augen aus und spaltete den Kopf; der Körper seines bedauernswerten Opfers wurde schrecklich verstümmelt. Am nächsten Tag kniete er ergriffen vor der Leiche und legte unendliche Reue an den Tag.

Gegen Mitte des Jahres war seine Erkrankung so weit fortgeschritten, daß er im oberen Stock des Hauses eingesperrt werden mußte. Seine Zerstörungswut und seine Unsauberkeit nahmen immer bedenklichere Formen an. Meist lag er nackt auf dem Boden, war am Penis und an den Schenkeln aufgeschwollen und trieb in Anfällen des Rasens zerstörerischen Unfug. Am 25. Juni 1609 starb Don Julio an Atemnot.

Von diesem gut belegten geistigen Zustand Don Julios kann man Rückschlüsse auf dessen Vater ziehen, wie dies vor vielen Jahren der Psychiater Luxenburger getan hat. Er analysierte aus der Sicht seiner Wissenschaft die Quellen, die die Historiker zur Verfügung stellen konnten, und kam zu dem eindeutigen Schluß, daß Don Julio an schwerer Schizophrenie gelitten habe. Luxenburger gelang mit Hilfe der Belege, die ihm über Rudolf II. zur Verfügung standen, auch der Rückschluß auf Rudolf, und er äußerte die sehr begründete Vermutung, Rudolf II. sei selbst schizophren gewesen. Schon die Mutter Rudolfs, die spanische Habsburgerin Maria, hatte stark schizoide Züge erkennen lassen.

Selbstverständlich sind erbbiologisch gestützte psychologische Interpretationen der Vergangenheit mit einer gewissen Vorsicht zu betrachten, da sie auch methodisch Schwierigkeiten bieten. Der Psychologe, der einen Menschen der Vergangenheit sozusagen „auf die Couch legt", ist eben nicht in der glücklicheren Lage des modernen Psychiaters, der, die unmittelbaren Aussagen des Patienten vor sich, diese soweit lenken kann, daß er die Lükken seines Wissens zu schließen imstande ist und dabei immer wieder die Rückfragemöglichkeit beim Patienten hat. Wenn der Psychoanalytiker Menschen der Vergangenheit betrachtet, so sind die Aussagen, die über diese Person aus ihrer Zeit vorliegen, durch die Augen anderer, nicht psychologisch geschulter und für diesen Psychologen arbeitender Menschen gesiebt und ausgesucht, und der Analytiker muß mit unzureichenden Informationen den Menschen der Vergangenheit, in unserem Falle Rudolf II., beurteilen. Dennoch muß man das gesamte Leben Rudolfs II. wohl unter dem Aspekt einer fortschreitenden Schizophrenie sehen, die sich vor allem nach der Jahrhundertwende mehr und mehr verstärkte.

Falsch ist das oft entworfene Bild Rudolfs II., das die Regierungsunfähigkeit, die Unfähigkeit der Geschäftsausübung, die in der Spätzeit sicherlich zeitweilig gegeben war, auf die gesamte Regierungszeit des Herrschers ausdehnt. Die relativ lange Regierungsperiode von 1576 bis 1612 gliedert sich sehr deutlich in drei Abschnitte. Eine erste, sozusagen gesunde Phase dauerte von 1576 bis in die beginnenden neunziger Jahre, sie endete mit dem Beginn des langen Türkenkrieges, den Rudolf II. 13 Jahre hindurch führte oder führen mußte. Die Zeit des langen Türkenkrieges von 1592 bis 1606 ist jene Periode im Leben Rudolfs II., in der sich sein geistiger Zustand allmählich verschlechterte. Noch ist der Kaiser für den Großteil der Zeit regierungsfähig, einzelne Schübe der Krankheit deuten sich aber schon an. In diese Zeit fällt die gesteigerte Selbstgefälligkeit und die übertrieben optimistische Selbststilisierung des Herrschers, der aus kleinen, militärisch eher unbedeutenden Siegen große Triumphe seiner Person macht und diese vermeintlichen Heldentaten von seinen Hofkünstlern allegorisch-künstlerisch verherrlichen läßt.

Dieses übersteigerte Sendungsbewußtsein — in der Kunst wird Rudolf II. einigemal mit Christus verglichen bzw. sogar gleichgesetzt —, die Überbewertung der eigenen Person ist ein ganz charakteristisches Symptom schizophrener Patienten. Die Schizophrenie ist eine phasenweise auftretende Krankheit, was sich auch bei Rudolf II. deutlich im Wechsel der nach außen gerichteten Perioden des Sendungsbewußtseins und der melancholisch-grüblerischen Zeitabschnitte zeigen läßt. Sowohl die Perioden der Euphorie und der Übersteigerung als auch die der Zurückgezogenheit und völligen Unansprechbarkeit sind schon in der Zeit des langen Türkenkrieges belegbar. So melden etwa die Berichte der päpstlichen Gesandten, der Nuntien, um 1600, daß Rudolf II. unzugänglich sei, daß keine Audienzen stattfänden, daß er die Staatsgeschäfte nicht mehr erledige. Wie schwierig die Bewertung dieser Aussagen ist, zeigen gleichzeitige Berichte evangelischer, aus dem Reich kommender Gesandter, daß Rudolf II. sie sehr wohl empfangen habe. In diesem Fall war es eher die politische Abneigung Rudolfs II. gegen den extremen Kurialismus und den Einfluß der Papstkirche auf ganz Europa, die in der ablehnenden Haltung gegenüber den Vertretern der Kirche ihren Ausdruck fand. Die Nuntien, die nicht mehr empfangen wurden, sahen sich genötigt, ihre Mißerfolge gegenüber Rom zu rechtfertigen. Daher neigten sie, was den Geisteszustand des Kaisers anlangt, auf den man alles schieben konnte, zu Übertreibungen und begründeten so das Scheitern ihrer diplomatischen Missionen. Weiters fällt auf, daß gerade in der Zeit, in der die Auseinandersetzung zwischen Rudolf und seinem Bruder Matthias beginnt, die ersten Äußerungen über die Regierungsunfähigkeit des Kaisers in den Quellen belegt sind. Auch an diese Zeugnisse ist mit großer Vorsicht und einer sehr kritischen Einstellung heranzugehen. Man muß nämlich fragen, woher diese ersten Belege für die Meinung, der Kaiser könne seine Aufgabe nicht mehr erfüllen, stammen. Nicht ganz zufällig kommen alle diese Belege aus dem Kreis um Matthias, der ein bedeutendes Interesse daran haben mußte, seinen regierenden Bruder als einen regierungsunfähigen Psychopathen darzustellen, um so seine eigene Position innerhalb der Familie und in der politischen Führungsschicht dieser Zeit aufzuwerten.

Der letzte Lebensabschnitt Rudolfs II., die Zeit von 1606 bis zu seinem Tod 1612, ist überschattet von der Krankheit des Kaisers; Rudolf wird in dieser Zeit immer unzugänglicher, die Perioden der Regierungsunfähigkeit häufen sich jetzt wirklich in bedenklicher Weise. Diese Zeit, in der die Verwaltung des Reiches und der Länder durch das Unvermögen des Kaisers, die Geschäfte rechtzeitig zu erledigen, steckenbleibt und die diplomatischen Kontakte mit ausländischen Gesandten durch das eigentümliche Verhalten Rudolfs schleppend werden — er ließ manche Gesandtschaften monatelang warten, ehe er sie in Audienz empfing — bringt Rudolf politisch und menschlich in Schwierigkeiten. Die Gegenarbeit seines aufstrebenden Bruders, Erzherzog Matthias, begann in der politischen Gesellschaft dieser Zeit ihre Früchte zu tragen und führte schließlich zur Absetzung Rudolfs im Großteil seiner Herrschaftsgebiete, bis ihm am Ende seines Lebens nur noch die Kaiserwürde als leere Hülse ohne eigentliche Macht übrigblieb. Aus dieser letzten Regierungsphase sind Handlungen belegt, die für den Krankheitszustand des Kaisers charakteristisch sind und die im 19. Jahrhundert herausgegriffen und verallgemeinert wurden. Tobsuchtsanfälle und Selbstmordversuche, Melancholie und düstere Stimmung, tagelanges Verweilen in verrauchten und schmutzigen Alchemistenstuben, in die er sich zurückzog, seine Astrologiegläubigkeit, die Angst vor dem Verhextwerden, seine Haßausbrüche gegen seinen Bruder Matthias, aber auch gegen die Kapuziner in Prag, gegen Spanien und gegen die katholische Kirche, in deren Glauben er erzogen worden war, sind typische Symptome seiner Erkrankung.

Eine der berühmtesten Geschichten, die immer wieder in der Literatur auftaucht, ist vom Kammerdiener Matthäus Lang aus einer etwas früheren Zeit überliefert; Rudolf saß bei Tisch und sah drei Fliegen, die sich im Gegensatz zur Masse der übrigen nicht verscheuchen ließen, und meinte tiefsinnig, die lästigen drei Fliegen seien wohl der Papst, der König von Spanien und Erzherzog Matthias. Als Aussage eines Habsburgers, der hier gegen zwei Familienmitglieder Stellung nimmt und dann noch den Papst als Oberhaupt der von ihm vertretenen Religionsgemeinschaft einbezieht, recht beachtlich!

Die religiöse Haltung Rudolfs II. ist ebenso unklar und in der Forschung umstritten wie die seines Vaters Maximilian II. Dieser hatte eine starke Neigung zum Protestantismus, die besonders in seiner Jugendzeit zu Konflikten mit seinem streng katholischen Vater Ferdinand geführt hatte. Unter dem Druck seines Vaters konnte also Maximilian die Konversion zum Protestantismus nicht vollziehen, wollte er einen offenen Bruch vermeiden. Spekulationen der Historiker über die Möglichkeiten, die daraus hätten entstehen können, über eine Protestantisierung des Reiches und der Länder, die den Konflikt zwischen katholischem Kaiser und Landesfürsten und protestantischen Ständen dieser Zeit vermieden hätte, sind zwar reizvoll, aber müßig.

In seinem späteren Leben hat Maximilian II. eine religiöse Haltung eingenommen, die weder rein katholisch noch rein protestantisch war. Er stand zwischen den Parteien, versuchte, im Sinne eines Humanismus zu vermitteln, und war einer jener in den „intellektuellen Kreisen" des 16. Jahrhunderts oft anzutreffenden Menschen, die nüchtern und rational an die Glaubensspaltung herangingen und sie für sich persönlich zu überwinden trachteten. Der massive Druck der Stände in seinen Erblanden, die weitgehend protestantisiert waren, brachte Maximilian II. dazu, für Nieder- und Oberösterreich eine Religionskonzession und eine Assekuration zu bestätigen, die für die Adeligen Religionsfreiheit in diesen Ländern garantierte.

Rudolf II., der getrennt von seinem „religiös verdächtigen" Vater am spanischen Hof streng katholisch erzogen wurde, fand diese „Hypothek" — wie katholische Kreise das nennen würden — vor, als er die Nachfolge seines Vaters antrat. Anfänglich dürfte ihm wohl der Gedanke einer „Rekatholisierung" seiner Länder vorgeschwebt haben, die Hand in Hand mit seinen ebenfalls aus Spanien importierten absolutistischen Gelüsten ging. Doch die spanischen politisch-religiösen Ideen, mit denen der junge Erzherzog nach Mitteleuropa gekommen war, konnten sich aus realpolitischen Gründen in dieser Zeit im Heiligen Römischen Reich und in den von den Osmanen bedrohten österreichischen Ländern nicht durchsetzen. Rudolf, der ganz am Beginn seiner Regierungstätigkeit versucht hatte, ein absolutes Regierungssystem zu verwirklichen, scheiterte an dem Widerstand der politisch so mächtigen Stände des Reiches und hat sich in der Folge — auch in religiösen Fragen — eher dem Kompromißstandpunkt seines Vaters zugewandt. Zwar wurde während der Regierungszeit Rudolfs II. die Gegenreformation in den habsburgischen Ländern mit großer Vehemenz und vor allem mit brutaler Gewalt durchgeführt, doch kann man — wenn eine solche Fragestellung in der Geschichte überhaupt erlaubt ist — Rudolf II. nicht dafür verantwortlich machen. Es war vor allem sein Bruder, Erzherzog Ernst, gemeinsam mit dem vom Protestantismus konvertierten Wiener Bäckersohn Kardinal Khlesl, der in Nieder- und Oberösterreich die Rekatholisierung durchzuführen begann. Später übernahm Erzherzog Matthias diese gegenreformatorischen Tendenzen. Noch offensichtlicher und brutaler und, was den sozialen Druck auf seine Untertanen anlangt, noch stärker auch vom Gedankengut des Absolutismus geprägt ist die politische Gegenreformation in dem von Rudolf nicht beherrschten Innerösterreich, wo der junge Erzherzog Ferdinand, der spätere Kaiser Ferdinand II., von der Mitte der neunziger Jahre des 16. Jahrhunderts an die Gegenreformation mit großer Energie und berechnender Grausamkeit vorantrieb.

Rudolf II. selbst hat sich um diese Fragen relativ wenig gekümmert. Seine persönliche religiöse Haltung ist schwankend, der ihm anerzogene Katholizismus hat in späterer Zeit wenig Auswirkungen gehabt. Die Nuntiaturberichte sind voll von ängstlichen Äußerungen über die zweifelhafte Religiosität Rudolfs II. Der Kaiser ging weder — wie es einem frommen Katholiken geziemt — zur Beichte, noch zur Kommunion, nicht einmal zu Ostern! Er wohnte zwar der Messe bei, die einen festen Platz im Alltagszeremoniell der Zeit hatte, doch nahm er wenig Anteil. Er sah sich ständig von Zauberei und Behexung umgeben und bedroht und war nie der fromme katholische Kaiser, dessen Bild von den Medien der Zeit verbreitet wurde, fußend auf überlieferten Mustern.

Die Frage der religiösen Haltung Rudolfs II. und seines Vaters Maximilian II. wurde von der Forschung wiederholt diskutiert. Diese spezielle Einstellung zwischen den Konfessionen, von einer humanistischen Geisteshaltung bestimmt, ist als Kompromißkatholizismus, als Humanentum oder als „dritte Kraft" bezeichnet worden, eine geistige Strömung der Zeit, der auch sonst viele — allerdings ungekrönte — Vertreter folgten.

Rudolf hat sich für seine eigene Person in Religionsfragen nie exponiert. Ein Gutteil seiner Vertrauten, seiner Künstler und auch seiner politischen Freunde unter den Reichsfürsten waren Protestanten. All das deutet darauf hin, daß er sich nie von dogmatisch-katholischen Vorstellungen leiten ließ. Noch bestimmte die Konfession die Karrieremöglichkeit der Menschen bei Hofe nicht. Auch Protestanten konnten im Hofdienst aufsteigen und einflußreiche Positionen bekleiden.

Für die Haltung in Religionsfragen, aber auch in seiner ganzen Einstellung zur Welt, war für Rudolf die Erziehung in Spanien von nachhaltiger Wirkung. Die Bildung des jungen Erzherzogs war zwar in Spanien erfolgt, doch hatte sich Maximilian II. durch die Wahl seines Hofstaates und durch die Bestimmung eines Lehrers für Rudolf den entscheidenden Einfluß auf die Erziehung vorbehalten. Das Erziehungsziel für einen jungen Monarchen war ein sehr vielfältiges. Baldassare Castiglione beschreibt in seinem so einflußreichen, Europa für mehr als ein Jahrhundert prägenden „Cortegiano" die Erziehung, die zu dem Idealtypus eines Hofmannes führte, dem man nachzustreben bemüht war. Neben der Gewandtheit im Reiten, Fechten, Schwimmen, dem Zweikampf, neben Tanz und Gymnastik sind es auch geistige Werte, die den „cortegiano" prägen sollen: „Ich wünsche, daß unser Höfling in der Literatur mehr als mittelmäßig gebildet ist, daß er nicht nur die lateinische, sondern auch die griechische Sprache beherrscht... daß er die Dichter kennt... und außerdem gewandt im Schreiben von Versen und Prosa ist, hauptsächlich in unserer Muttersprache. Neben der Befriedigung, die ihm das bereitet, wird es ihm auf diese Weise niemals an Gesprächsthemen mit Damen mangeln, die diese Dinge im allgemeinen sehr gern haben. Ich wäre nicht zufrieden, wenn mein Edelmann nichts von Musik verstünde, wenn er nicht in der Lage wäre, eine Partitur zu lesen und darüber hinaus noch verschiedene Instrumente zu spielen. Noch etwas anderes halte ich für sehr wichtig, und unser Edelmann sollte es keineswegs vernachlässigen: die Fähigkeit zu zeichnen und zu malen".

Wie wenige andere Herrscher seiner Zeit bevorzugte Rudolf einen humanistischen Lebensstil. Er umgab sich nicht so sehr mit Kriegern und Politikern, verkehrte dafür umso lieber und häufiger mit Künstlern und Wissenschaftern verschiedener Richtungen und war als Kunstförderer und Sammler bekannt, während der Politik eine geringere Bedeutung zukam.

Vor allem die Begeisterung für die bildende Kunst seiner Zeit und die großartige Sammeltätigkeit erfüllten ihn ganz. Andere Sparten — etwa die Literatur — vernachlässigte er hingegen fast völlig. Das „Neue" dieser frühen Neuzeit zeigt sich dabei deutlich. Er interessierte sich für astronomische und chemische Probleme, wenn er auch, wie viele andere Adelige und Fürsten seiner Zeit, die „Wissenschaftspflege" in Abarten der Astrologie und der Alchemie vorzog. Gerade die alchemistischen Neigungen hat man Rudolf in der späteren Literatur oft angekreidet, doch war die Beschäftigung mit der Materie in dieser Form im 16. Jahrhundert weit verbreitet. Die Alchemie stellte eine Vorstufe der späteren modernen Chemie dar, wobei die Alchemisten in der Suche nach der Weisheit vieles an geistesgeschichtlicher Erkenntnis leisteten. Heute versteht man unter Alchemie meist jene primitive Form der Versuche, unedle Materialien in Gold zu verwandeln, die nur einen Teil der alchemistischen Bemühungen bildeten.

Zwei überlieferte Klischeevorstellungen über den Lebensstil Rudolfs erwiesen sich als besonders dauerhaft. Beide enthalten einen wahren Kern, sind aber stark übertrieben worden. Einerseits wird er als Einsiedler hingestellt, als „Sonderling auf der Prager Burg", der völlig zurückgezogen und weltfremd lebte. Andererseits wird er als besonders für Erotik offener Mensch, wenn nicht als ein sexuell Besessener geschildert, der, wie es in einer Darstellung heißt, jeden Tag eine Jungfrau haben mußte. Hier dürfte das Bild des sagenhaften, jungfrauenfressenden Drachen mit der Phantasie des Autors durchgegangen sein. Sicherlich hatte Rudolf ein sehr problematisches Verhältnis zu Frauen und war nicht gewillt, eine dauerhafte Bindung einzugehen. Gerade für einen Monarchen, der legitime Erben haben sollte, war dies damals erwünscht. Sein starkes erotisches Bedürfnis ließ ihn aber nicht zu einer Art mädchenmordendem Drachen werden, sondern Rudolf unterhielt einige längerdauernde Beziehungen zu „nicht standesgemäßen Geliebten" wie etwa zu der Tochter des Hofantiquarius de Strada, Katharina, die auch die Mutter des schon erwähnten Don Julio war. Die starke Bindung an seine Mutter, Maria von Spanien, dürfte ein Grund für seine Schwierigkeiten mit Frauen gewesen sein. Schon von Jugend an scheiterten Rudolfs Beziehungen zu Frauen seines eigenen Standes, also „heiratsfähigen" Damen der hocharistokratischen Gesellschaft: Die einschlägigen Projekte verblieben immer im Bereich der Planung, des Zögerns und der Entschlußlosigkeit.

Das erste dieser Projekte, mit Isabella, der Tochter Philipps II. von Spanien, ist ein charakteristisches Beispiel dafür. Rudolf war jahrelang mit ihr verlobt, zögerte die Eheschließung immer wieder hinaus, betrachtete Isabella aber dennoch als sein Eigentum und war schrecklich böse, als die so lange Hingehaltene schließlich seinen Bruder Albrecht heiratete. Mit den weiteren sich anbahnenden Eheverbindungen des Kaisers ging es ähnlich. Rudolf war nie imstande, sich zu entscheiden, er blieb stets unschlüssig. All das ist letztlich ein Symptom für seinen psychischen Zustand.

Das Einsiedlerleben Rudolfs II. ist auch mitbedingt durch die Tatsache, daß mit der Einführung des aus Burgund stammenden sogenannten spanischen Hofzeremoniells am habsburgischen Hof in Prag — aber auch in ganz Europa — eine grundsätzliche Absonderung des Herrschers eintrat, die der Überhöhung seiner Person dienen sollte. Rudolf II. persönlich kam dieses Zeremoniell sicherlich sehr entgegen, und er versuchte gar nicht, sich dem Zug der Zeit zu entziehen.

Die Gesellschaft zur Zeit Rudolfs II.

Auch große historische Persönlichkeiten können sich den Einflüssen der gesellschaftlichen Verhältnisse ihrer Zeit nicht entziehen. Rudolf II. lebte in der frühen Neuzeit und war hineingeboren in eine Familie, die als bedeutende Herrscherfamilie besondere Aufgaben und Funktionen in der Welt des 16. Jahrhunderts innehatte. Er lebte in einer Zeit der weitgehenden Ausbildung eines Dualismus zwischen Fürsten bzw. Kaiser und dem ihnen gegenüberstehenden mächtigen Gefüge der sogenannten „Stände".

Die Stände im Sinne der frühen Neuzeit sind nicht zu verwechseln mit dem, was man heute mit dem Schlagwort „ständische Ordnung" verbindet, nämlich mit den Berufsständen. Die Stände sind das Land, wie es Otto Brunner, der große Verfassungs- und Sozialhistoriker, ausdrückte, sie repräsentieren das Land und verkörpern es gleichzeitig. Die Mitglieder der Stände sind die großen Grundbesitzer eines Landes und vertreten gewissermaßen den Grund und Boden und damit auch seine Bewohner politisch.

Der Grundbesitz ist im wesentlichen in der Hand von Adel und hohem Klerus (Bischöfe, Äbte der alten Orden), daneben sind auch die Städte von Bedeutung, die in dieser Phase der Entwicklung des Frühkapitalismus einen wirtschaftlichen Aufschwung erleben. Diese Städte mit ihrem Gewerbefleiß und mit dem weit ausgedehnten Handel, der sich vor allem in den süddeutschen Reichsstädten in großem Ausmaß entwickelt hatte, sind zwar besonders finanzkräftig, aber politisch machtlos. Ein großer Teil der Bevölkerung, der dritte Stand, hatte keinerlei politischen Einfluß und war in den Gremien, die politische Entscheidungen zu fällen hatten, mit eigenen Vertretern überhaupt nicht repräsentiert. Ihre „Interessenvertretung" war — sehr theoretisch — der jeweilige Grundherr. Diese Schicht, vor allem die Bauern, war politisch rechtlos. Als vereinzelte Ausnahme bildeten Bauern etwa in Tirol oder Vorarlberg freie Gerichte und waren durch diese auf den Landtagen vertreten.

Das System der Grundherrschaft ist die Grundlage für die europäische Wirtschaft und Gesellschaft dieser Zeit. Der ursprüngliche Sinn dieses grundherrschaftlichen Systems liegt in der Heeresverfassung. Der Großteil der Bevölkerung sollte einigen wenigen, den Adeligen, die die militärischen Aufgaben der Landesverteidigung übernommen hatten, ein von wirtschaftlichen Sorgen freies Leben und damit die Spezialisierung auf das Kriegertum ermöglichen. Die Bauern waren diesen Herren gegenüber zu Diensten und Leistungen und diese wiederum den untertänigen Bauern gegenüber zu Schutz und Schirm verpflichtet, das heißt, der Grundherr mußte seine Untertanen vor äußeren Feinden bewahren und ihnen in Fällen der Not — etwa im Falle einer Mißernte — unter die Arme greifen. Dieses ursprünglich gegenseitige Verhältnis hatte sich im Laufe der Zeit zu einem immer drückenderen Ausbeutungssystem entwickelt und verschlimmerte sich mehr und mehr zu ungunsten der Bauern. Die am Beginn der Neuzeit stehende große Veränderung der Militärtechnik hatte noch dazu das Rittertum, den Adel, fast völlig der Funktion im Heeressystem beraubt, so daß die Abgabeleistung der Bauern nicht mehr gerechtfertigt war. Dennoch blieb das System der Grundherrschaft und die damit verbundene Vorherrschaft einiger bevorrechteter Adeliger und Kleriker im Lande weiter bestehen.

Bauern und Bürger hatten zu Beginn des 16. Jahrhunderts in einem großen Aufstand gegen diese Verhältnisse zu rebellieren versucht, der „große deutsche Bauernkrieg" der Jahre 1524—1526 war nicht nur von den Bauern, sondern auch von den nicht dem städtischen Patriziat angehörenden bürgerlichen Randschichten getragen worden und hatte sich gegen dieses drückende System der Ausbeutung gerichtet. Der Aufstand scheiterte allerdings, und auch alle nach der blutigen Niederwerfung dieser Erhebung aufflackernden sozialen Auseinandersetzungen des 16. und 17. Jahrhunderts sind von den Mächtigen der Zeit niedergeschlagen worden. Weiterhin ruhte die gesamte Last des Staates auf den Bauern. Diese untertänige Bevölkerung mußte nicht nur für die Grundherren und ihre immer teurere und anspruchsvollere Lebenshaltung sorgen, sondern darüber hinaus auch alle jene — wie wir heute sagen würden — öffentlichen Lasten tragen, die mit dem Begriff Steuern und Dienste an das Land verbunden sind.

Selbstverständlich ist dieses hier skizzierte Schema nur mit starker Differenzierung auf den kleinen Bereich anwendbar. Es gab innerhalb all dieser Schichten starke soziale Unterschiede. Vom kleinen Adeligen mit nur wenig Grundbesitz bis zu den großen Herren, die ganze Territorien und Länder besaßen, von sehr armen, völlig ausgebeuteten Bauern bis zu reichen Großbauern reichte die Skala innerhalb der einzelnen Schichten.

Daneben gab es auch noch Außenseitergruppen, die nicht in dieses Schema paßten. In den Städten entstand durch die beginnende Ausweitung der Produktion, die nun über den Eigenbedarf oder eine Anfertigung auf Bestellung hinausging, ein frühes Proletariat an Lohnarbeitern, das allerdings klein, unorganisiert und damit politisch bedeutungslos blieb. Erste Ansätze einer solchen Schicht von Lohnarbeitern hatten sich im Bereich der Bergwerke und Salinen und in der Verarbeitung von Textilien gezeigt. So ist es etwa besonders auffällig, daß in den Bauernkriegen der frühen Neuzeit immer wieder die Knappen und die Salinenarbeiter an führender Stelle zu finden sind. — Noch unter den politisch rechtlosen Bauern und den Bürgern der niedrigeren Schichten, die nicht den wohlhabenden Patriziergeschlechtern angehörten, standen die Unterschichten, die Bettler und Armen, die Fahrenden, die im Lande herumzogen, die Juden und Zigeuner, soziale, religiöse und ethnische Außenseitergruppen dieser Gesellschaftsordnung, die völlig rechtlos waren und immer wieder verfolgt wurden.

Der Versuch des frühen 16. Jahrhunderts, die starken sozialen Spannungen durch eine große Massenbewegung zu beseitigen, war gescheitert, Einkommen und Rechte blieben ungleich verteilt. Eine Entladung fanden die schwelenden Konflikte in der Zeit Rudolfs II. etwa in Bauernaufständen in Ober- und Niederösterreich in den Jahren 1595 bis 1597, die sich gegen einzelne Grundherren richteten, aber auch gegen den durch diese Grundherren dem Bauern gegenüber repräsentierten Staat. Die für die Finanzierung der Türkenkriege notwendig werdenden immer höheren Steuern belasteten letztlich nur den Bauern, den „gemainen mann", da Adel und Klerus die von ihnen verlangten Abgaben auf ihre Untertanen abwälzten.

Die Bauern revoltierten gegen die ständischen Mächte im Staat, nicht gegen die Zentralgewalt, nicht gegen den Kaiser, den sie als einen fernen, sie nicht belastenden Herrn empfanden, ja dem sie Vertrauen entgegenbrachten und den sie unangetastet lassen wollten. Dennoch verbündeten sich Hof und Adel gegen die Bauern und hielten sie zunächst mit Beschwichtigungen hin, den Aufstand haben sie schließlich in Blut erstickt.

Letztlich war nur dieses Bündnis denkbar, auch wenn sich bei Hofe eine Adelsfeindlichkeit bemerkbar machte, die sich gegen die mächtigen adeligen Ständeherren richtete. Interessant ist in diesem Zusammenhang etwa ein Vorschlag des Reichshofrates Hanewald, der dem Kaiser Rudolf vorschlägt, doch den Adel zu enteignen und sich als direkter Herr über die bäuerlichen Untertanen zu setzen, also die Zwischengewalt der Stände auszuschalten, was einige politische Probleme gelöst hätte. Auch einzelne Satiren dieser Zeit zielen in diese Richtung. Es heißt etwa in einer „Pasquille" an den Kaiser: „Dem Adel gib an (den) Hals ein Strick!" Doch solche für jene Zeit utopischen Sozialvorstellungen, die von einer gleichen, freien, unmittelbar vom Kaiser regierten Untertanenschicht träumten, sind Illusion geblieben. Die Mächtigen im Lande, die den Löwenanteil des Grundbesitzes und die Schlüsselpositionen der Macht innehatten, blieben Adel und Klerus.

Auch die Wirtschaft der frühen Neuzeit beruhte vorwiegend auf der durch das grundherrschaftliche System in Händen der Stände befindlichen agrarischen Produktion. War es im späten Mittelalter zu einer Agrardepression gekommen, die Bauern und auch Grundherren schwer geschädigt hatte, so konsolidierte sich die landwirtschaftliche Produktion im späten 16. Jahrhundert wieder und war im Aufstieg begriffen. Das fand seinen Ausdruck z.B. in der Neubesiedelung von „Wüstungen", also von im späten Mittelalter verlassenen Dörfern. Eine starke Bevölkerungsvermehrung, die die Verluste des Spätmittelalters und des frühen 16. Jahrhunderts auszugleichen imstande war, hat zu diesem Aufschwung beigetragen.

In den Städten standen sich mehrere Gruppen gegenüber, die wirtschaftlich verschiedene Ausgangssituationen hatten. Dominiert wurde das politische Leben der Städte von den großen Patriziergeschlechtern, den großen Handelsherren, deren bedeutendste und bekannteste die Fugger in Augsburg waren. Die Fugger, die später sogar geadelt wurden, stiegen mit ihrem großen Grundbesitz schon im 16. Jahrhundert gleichsam in die Welt der Stände auf. Vor allem in den Reichsstädten Süddeutschlands gab es eine breite Schicht an reichen Bürgern, die nur in den Städten eine politische Rolle spielen konnten. Wirtschaftlich standen sie an der Spitze ihrer Zeit, sie beherrschten in den Städten Politik und Verwaltung und hoben sich deutlich von den niedrigeren Bürgerschichten, den Handwerkern und Kleinkaufleuten, ab. Die Gewerbetreibenden, die Handwerker der Städte, waren in

Zünften organisiert und produzierten nach den strengen Regeln ihrer Zunft. Auch hier waren die sozialen Spannungen zwischen Meistern und Gesellen sehr ausgeprägt.

Daneben begann, durch die großen Patriziergeschlechter vorangetrieben, auch eine frühe kapitalistische Produktionsweise, die sich vor allem, wie wir schon gehört haben, in der Montanindustrie, im Bergbau und der Erz- und Mineralverarbeitung und in der vom Verlagswesen bestimmten Textilindustrie durchsetzte. Im Verlagswesen wurde Material (etwa Wolle) an viele einzelne Arbeitskräfte gegen geringen Lohn in Heimarbeit zur Verarbeitung vergeben. Noch waren die Arbeiter nicht in einem Haus vereint, wie das bei den Manufakturen des 18. Jahrhunderts der Fall war. Auch der für die Fabrik typische Einsatz von Maschinen fehlte natürlich noch völlig. Doch entstand dadurch auf der einen Seite beim „Verleger", der etwa dem späteren Fabriksbesitzer entspricht, ungeheurer Reichtum, während andererseits die Arbeitskraft der lohnabhängigen Arbeiter ausgebeutet wurde.

Der Klerus nahm eine Sonderposition ein. War der höhere Klerus, die Bischöfe des Reiches etwa, zu landesfürstlicher Gewalt aufgestiegen und hatten die alten Klöster mit ihrem riesigen Grundbesitz Aufnahme in den Kreis der Stände gefunden — sie wurden durch ihren Abt vertreten —, so waren andererseits die niederen Geistlichen in der politischen Verfassung der Zeit ohne Rechte. Zwar konnten sie im kleinen Bereich des Dorfes durch ihr Amt und den hinter ihnen stehenden Apparat der Kirche eine hohe soziale Position einnehmen, doch im Rahmen des Landes oder gar des Heiligen Römischen Reiches Deutscher Nation hatte diese Schicht kein politisches Gewicht. Die „Leutpriester" auf dem Lande führten wirtschaftlich eine recht kümmerliche Existenz, und doch gab es noch Ärmere, eine Art geistliches Proletariat, die Benefiziaten und Frühmeßstifter, die nicht einmal in den Besitz einer Pfründe gelangt waren, aber oft für reiche Pfründenbesitzer die seelsorglichen Pflichten versahen.

Nach dem Grundsatz, daß Grundbesitz politische Macht bedeutet, verfügte naturgemäß nur der grundbesitzende Klerus, vor allem die Bischöfe und Klöster, darüber. Diese Gruppe bildete im Rahmen der Landstände den Prälatenstand, der zwar vor allen anderen den Ehrenvorrang hatte, aber schließlich durch die Glaubensspaltung vom meist protestantischen Adel an Bedeutung weit überflügelt wurde. Schon seit dem späten Mittelalter war der geistliche Stand bedeutend, so ist es kein Zufall, daß von den sieben Kurfürsten des Heiligen Römischen Reiches drei Bischöfe mit reichen Territorien waren, nämlich die Erzbischöfe von Mainz, Köln und Trier.

Ähnlich stark ist auch der Unterschied an Besitz und Rang und damit an Macht und Einfluß innerhalb des Adels. Im Adel des Heiligen Römischen Reiches gab es eine Abstufung von den Fürsten mit eigenem Territorium bis zu den Reichsrittern, die nur über sehr kleine Besitzungen verfügten. Die großen Fürsten waren auf dem Reichstag, der höchsten Instanz des Reiches, in Person vertreten. Die religiöse Spaltung hatte auch auf den Reichstagen zu einer Gruppenbildung geführt. Die Katholiken schlossen sich vor allem an den Klerus und die katholischen Reichsfürsten, in erster Linie an den Herzog von Bayern an, die Protestanten dagegen bildeten eine zwar zahlenmäßig geringere, aber aktivere und einflußreichere Gruppe. Den Reichsständen stand als wichtigstes Machtinstrument gegenüber dem Kaiser das Steuerbewilligungsrecht zu, mit dem sie den Monarchen zu politischen Zugeständnissen zwingen konnten.

Den Fürsten, die eigene Territorien besaßen — so dem habsburgischen Kaiser als dem Landesfürsten in seinen eigenen Ländern (Österreich, Böhmen) —, standen im eigenen Territorium die Landstände gegenüber. Diese wurden vom landsässigen Adel und Klerus sowie von den landesfürstlichen Städten gebildet. Diese Landstände besaßen nun ihrerseits gegenüber dem Landesfürsten das Steuerbewilligungsrecht und damit die Möglichkeit, ihren Einfluß auf die Landespolitik geltend zu machen.

Rudolf II. sah sich also mit den Landständen in Nieder- und Oberösterreich, mit den Landtagen der böhmischen Länder und — außerhalb des Reiches — mit dem ungarischen Reichstag konfrontiert, die ihm in der Landespolitik gegenübertraten und ihre Forderungen artikulierten. Da ein Großteil des Adels protestantisch war, ging es in erster Linie um Religionsfragen.

Diese gesellschaftlichen Verhältnisse müssen wir uns also vergegenwärtigen, wenn wir von der Zeit sprechen, in die Rudolf II. hineingeboren worden war, und zwar in eine Position, die ihn an die Spitze der gesellschaftlichen Pyramide stellte, ihm gleichzeitig aber auch die enormen Schwierigkeiten seiner Position und des Regierungssystems der Zeit aufbürdete.

Die Politsche Situation in Europa

Zur politischen Situation im Heiligen Römischen Reich Deutscher Nation ist im letzten Kapitel schon Wesentliches gesagt worden. Die soziale Gliederung mit ihren Spannungen und die Konfrontation von Kaiser und Ständen sind zwei zentrale Probleme des 16. Jahrhunderts. Die sozialen Erhebungen am Beginn des Jahrhunderts, der Kampf der Reichsritter einerseits und der Bauernkrieg andererseits endeten beide mit einem Sieg der herrschenden Macht. Die Konflikte blieben bestehen und weiteten sich in der Folgezeit politisch und religiös aus. So führte die Auseinandersetzung Kaiser Karls V. mit den Reichsständen schließlich sogar im Schmalkaldischen Krieg zu einer militärischen Auseinandersetzung. Dieser Krieg endete zwar mit einem Sieg Karls, doch gelang es ihm wegen eines Bündnisses mit den Ständen nicht, diesen Sieg politisch umzumünzen.

Eine im Wesen politische und nicht rein religiöse Angelegenheit war auch die Reformation, die Luther 1517 durch seinen Thesenanschlag auslöste, wobei übrigens umstritten ist, ob dieser tatsächlich erfolgt ist. Erst durch die politische Parteinahme einzelner Reichsstände — gerade die mächtigen Kurfürsten von Sachsen und Brandenburg waren es, die für Luther eintraten — konnte eine Gegenpartei zu dem katholisch-absolutistischen Standpunkt Karls V. geschaffen werden. Die Auseinandersetzung um die Konfession ist von der zwischen den Ständen und dem Kaiser nicht zu trennen, die im Schmalkaldischen Krieg ihren Höhepunkt gefunden hatte. Wir müssen uns hüten, heute Begriffe und Vorstellungen von Religion in die frühe Neuzeit zu übertragen. Der Schmalkaldische Krieg war ebensosehr eine religiöse wie eine machtpolitische Konfrontation.

Die religiöse Spaltung im Reich, die die politisch Tätigen der Zeit entzweite, hat im Jahre 1555 mit dem in Augsburg geschlossenen Religionsfrieden äußerlich ein vorläufiges Ende gefunden. Es war Ruhe eingetreten, doch erwies sich diese Ruhe als überaus trügerisch. Zwar kam es bis zum Dreißigjährigen Krieg zu keinen kriegerischen Ereignissen in der Art des Schmalkaldischen Krieges mehr, doch hält der friedliche Eindruck einer genaueren Betrachtung nicht stand. Es wird deutlich, wie stark die Gegensätze der Konfessionen auch nach dem Augsburger Religionsfrieden noch waren. Vehement ging der Kampf um Einzelpositionen im Reiche weiter, um einzelne Bistümer und Herrschaftsansprüche kleineren Ausmaßes.

Die wichtigen Entscheidungen fallen in den einzelnen Ländern. Da ist zunächst einmal das Vordringen des Protestantismus in der sogenannten zweiten Welle der Protestantisierung in den sechziger und siebziger Jahren — speziell auch in den österreichischen Ländern — zu nennen, doch auch der Beginn der Gegenreformation, die in Österreich in der Mitte des 16. Jahrhunderts einsetzt. Maximilian II. war — bedrängt durch die osmanische Expansion im Osten — genötigt, eine Religionskonzession und dann eine Religionsassekuration an seine Landstände in den Donauländern auszustellen, worin er den Adeligen freie Religionsausübung gestattete. Auch Karl II. von Innerösterreich, der Bruder Maximilians II., der in Steiermark, Kärnten und Krain herrschte, mußte, da sein Land den türkischen Angriffen noch ungeschützter ausgesetzt war, in der Brucker Pazifikation von 1576 den Landständen Religionsfreiheit gewähren. Eine bewußt unklar gehaltene Formulierung bezüglich der landesfürstlichen Städte und ihres Rechtes, die Religion frei auszuüben, verlängerte den Konflikt über den Brucker Landtag hinaus. Die Stände wollten dabei auch die Städte in diese Religionsfreiheit einbezogen wissen, während der Landesfürst sie davon auszuklammern und nach seinem im Augsburger Religionsfrieden garantierten Recht katholisch zu machen versuchte.

Nicht nur in den unmittelbar habsburgischen Ländern haben sich die konfessionellen Fragen zugespitzt, sondern auch im Heiligen Römischen Reich kam es zwischen 1555 und 1618 zu einer Folge von kleinen Machtproben der konfessionellen Parteien, die sich schließlich auf die politische Gestaltung des Reiches auswirkten.

Sowohl Ferdinand I. als auch Maximilian II. hatten, wenn auch von unterschiedlichen Positionen ausgehend, versucht, einen religiösen Ausgleich zwischen den beiden Lagern zu erreichen. Beide standen jedenfalls den protestantischen Strömungen nicht so vehement und bedingungslos feindselig gegenüber wie ihr Vorgänger Karl V., sondern sie trachteten, eine friedliche Lösung zu finden. Auch in ihrer Vorgangsweise ähnelten sie einander. Maximilian II. hatte nach der Einigung der Protestanten nicht nur die Religionskonzession und die Religionsassekuration für seine Länder erlassen, sondern er hatte auch einen Anlauf unternommen, um den Katholizismus in Österreich zu reformieren; er hatte Visitationen durchführen lassen, die den Stand der katholischen Kirche und ihrer Pfarren und Klöster aufzeigen sollten, und einen Klosterrat gegründet, um die Mängel innerhalb des katholischen Systems zu beheben. Er wollte also beide Konfessionen verbessern und einander wieder näherbringen. Im Reich vertraten auch die alten Kurfürsten in der Praxis eine ähnliche ausgleichende Linie. Die erste Generation nach den Fürsten, die die Reformation unmittelbar durchgeführt hatten, war also friedfertig und kompromißbereit. Dadurch wurde der Religionsfriede über eine lange Zeit hinweg gerettet. Allerdings verfolgten natürlich alle im eigenen Territorium eine Kirchenpolitik im eigenen Sinne.

Erst nach dem Regensburger Reichstag von 1576, auf dem Rudolf II. die Regierung im Reiche angetreten hatte, verschärfte sich die Situation, und die evangelischen Stände versuchten mit mehr Nachdruck, ihre Forderungen durchzusetzen. Einige brennende Fragen standen zur Debatte, die durch den Religionsfrieden von 1555 nicht eindeutig gelöst worden waren. Zunächst ging es um die Anerkennung des im Augsburger Religionsfrieden nicht ausdrücklich genannten Kalvinismus, der vom Kurfürsten von der Pfalz als dem Radikalsten der protestantischen Partei vertreten wurde. Weiters stand, ähnlich wie in Innerösterreich, das Reformationsrecht der Städte, in diesem Fall der Reichsstädte, zur Diskussion. Eine weit ins Wirtschaftliche und Politische hineinreichende Frage war die der Säkularisierung landsässiger Stifte und Klöster, das heißt, der Einziehung der Klöster und ihrer Güter durch den weltlichen Territorialherren. Die Verbindlichkeit der Declaratio Ferdinandea über die geistlichen Reichsstände war ebenfalls eine der Streitfragen dieser Zeit. Dabei handelte es sich um einen Zusatzvertrag zum Augsburger Religionsfrieden, in dem in einer mit kaiserlicher Vollmacht gegebenen einseitigen Erklärung Ferdinand I. den Kurfürsten von Sachsen und Mainz zusicherte, daß er jenen Städten, Kommunen und Ritterschaften in geistlichen Gebieten, die schon länger der Augsburger Religion anhingen, Glaubens- und Religionsfreiheit sowie Kirchengebräuche nicht schmälern würde.

Als besonders heikel erwies sich die Frage um den sogenannten geistlichen Vorbehalt. Dieser besagte, daß jeder geistliche Fürst, der zum Protestantismus übertreten wolle, sein Territorium nicht säkularisieren dürfe, sondern es als Herrschaftsgebiet aufzugeben habe. Diese Bestimmung war deswegen so brisant, weil damit für den protestantischen Reichsadel der Zugang zu geistlichen Fürstentümern versperrt wurde, was den Verlust einer idealen Versorgungsmöglichkeit für die jüngeren, nicht mehr erbberechtigten Söhne bedeutete.

Im Kölner Krieg, im Straßburger Kapitelstreit und im Kampf um die sogenannte Magdeburger Frage wurden diese zunächst sehr theoretisch klingenden Regelungen in der Zeit

Rudolfs II. aktualisiert. Gerade die zuletzt genannte Magdeburger Frage, bei der es darum ging, ob der protestantische Administrator, also der Verwalter des Erzstiftes Magdeburg, der spätere Kurfürst Johann Friedrich von Brandenburg, auf dem Reichstag 1582 Sitz und Stimme für sich beanspruchen könne, führte in einer politischen Kettenreaktion zu einer Lähmung der obersten Reichsorgane. Zunächst konnte das Reichskammergericht nicht zusammentreten, bei dem Magdeburg im turnusmäßigen Wechsel den Vorsitz übernehmen sollte. In der Folge wurde im sogenannten Vierklosterstreit der Deputationstag aufgehoben, was den Zusammenbruch der Reichsjustiz bedeutete. Durch den Streit in der Reichsstadt Donauwörth, wo einer katholischen Minderheit eine reformierte Mehrheit gegenüberstand, war im Jahre 1607 die Reichsacht über diese Stadt verhängt worden. Solche schon oft vorgekommenen Maßnahmen blieben so lange wirkungslos, als sie nicht von einem angrenzenden Territorium aus vollzogen wurden, da die Zentralgewalt selbst, also der Kaiser, nicht die Machtmittel zu einem solchen Schritt besaß. Im Falle Donauwörth hatte Maximilian I. von Bayern, ein streng katholischer Fürst, diese Reichsacht vollzogen. An diesem Konflikt entzündete sich auf dem Reichstag des Jahres 1608 nun endgültig die Auseinandersetzung zwischen Katholiken und Kaiser einerseits und den Protestanten andererseits. Die Streitigkeiten der Konfessionen nahmen eine so starke und nicht mehr beizulegende Form an, daß es schließlich zum Bruch kam und der Reichstag ohne Reichsabschied, ohne Abschluß und Verhandlungsergebnis, auseinanderging. Damit war der Weg in die Krise des Dreißigjährigen Krieges vorgezeichnet.

Den politischen Hintergrund dieser religiösen Auseinandersetzung im Reiche bildete der Aufstieg der Territorialstaaten des Reiches. Vor allem die großen weltlichen Kurfürstentümer Brandenburg, Sachsen und die Pfalz wie auch die kleineren Fürsten wie Hessen oder Bayern waren zu geschlossenen Staaten zusammengewachsen, die zum Absolutismus strebten. Reformation wie auch Gegenreformation gaben ihnen Möglichkeiten, die kirchlichen Rechte zu beanspruchen oder unter ihre Kontrolle zu bekommen. Eine zentralistische Reichsverwaltung mit einem starken Kaisertum, von dem sie abhängig gewesen wären, paßte nicht in ihre politischen Pläne. Die Religion diente ihnen gewissermaßen als Banner, unter dem sie sich dem Kaiser entgegenstellen konnten.

Die Kaiseridee des Heiligen Römischen Reiches, die aus der Tradition des Imperium Romanum in der „renovatio", der Erneuerung des römischen Imperiums unter Karl dem Großen und Otto I., gespeist worden war, hatte noch im Hochmittelalter ihre Wirkung. Im Spätmittelalter wurden das Kaisertum und auch seine individuellen Repräsentanten in ihren Machtpositionen mehr und mehr geschwächt. Karl V. hatte als letzter den umfassenden Gedanken einer universellen Monarchie vertreten, doch ohne den geeigneten Machthintergrund zu besitzen, womit dieser Anspruch letztlich auch nur Utopie geblieben ist.

Zur Zeit seiner Nachfolger Ferdinand und Maximilian war die zentrale Macht im Reich weiter eingeschränkt worden; Rudolf II. war hier nur das Glied einer Kette. Schon im späten Mittelalter war eine Hausmachtpolitik für den römisch-deutschen Kaiser unumgänglich, um sich als Kaiser behaupten zu können. Das heißt, die Macht kam nicht aus dem Kaisertum, sondern er mußte vielmehr eigene Länder besitzen, die ihm die reale Basis an Mitteln für die Machtausübung im Reiche schufen.

Rudolf II. als König und Kurfürst in Böhmen mit seinen Nebenländern, einem damals wirtschaftlich reichen Land, und als Landesherr in Nieder- und Oberösterreich hatte zwar eine solide Basis an Reichsterritorien, doch waren durch die enormen finanziellen und wirtschaftlichen Belastungen infolge der Abwehr der osmanischen Expansion diese Länder nicht imstande, die Reichspolitik zu finanzieren wie im späten Mittelalter. Ganz im Gegenteil! Rudolf war auf die Hilfe des Reiches zur Erhaltung seiner durch die Türken bedrohten Länder angewiesen. Dazu kam, daß die Entwicklung der Zeit zu einer Aufwertung der Stände des Reiches geführt hatte, die dem Kaiser unter dem Vorwand der Religion entgegentraten.

Die Religionsspaltung führte in der späten Zeit Rudolfs zu einer zunehmend bedrohlich werdenden Mobilisierung zweier Machtblöcke im Reich, der protestantischen Union unter der geistigen Führung des Kurfürsten von der Pfalz und der katholischen Liga unter der Führung — und auch das ist bezeichnend — nicht des katholischen Kaisers, sondern des Herzogs von Bayern. Diese Bündnisbildung auch auf militärischer Basis nach dem Ende des langen Türkenkrieges, der durch die Bedrohung von ganz Mitteleuropa den religiösen Konflikt niedergehalten hatte, führte schließlich auf einem geraden Weg in den Dreißigjährigen Krieg, der durch seine Dauer und die Einmischung verschiedener Mächte zu einer Zeit entsetzlichen Leidens für Mitteleuropa werden sollte.

Mit den inneren Problemen des Reiches sind die Auswirkungen der osmanischen Expansion auf Mitteleuropa unmittelbar verknüpft. Es ist unmöglich, die innere Entwicklung des Reiches in politischer und religiöser Hinsicht zu verstehen, ohne die Türkengefahr im Auge zu behalten. Die osmanische Expansion beeinflußte auch die Entwicklung des Protestantismus von Anfang an. Der übermächtige Gegner im Osten hatte sowohl den habsburgischen Kaiser Karl V. als auch, ja vor allem dessen Bruder Ferdinand I. dazu gezwungen, den Protestanten gegenüber nachgiebig zu sein, da sie die politische und finanzielle Unterstützung dieser protestantischen Stände im Türkenkampf nicht missen konnten. In einem alten Spruch heißt es zutreffend: „Der Türk' ist des Lutheraners Glück", vermutlich wäre das Vordringen der Protestanten ohne die ungewollte Unterstützung der Osmanen weitaus schwieriger geworden. Die ständische Macht war umso stärker, je heftiger das osmanische Reich angriff. Jeder Kriegszug der Osmanen, den die Habsburger von ihren Ländern abwehren mußten, versetzte sie in die Zwangslage, ungeheure Geldmittel aufbringen zu müssen, was zum Teil nur mit Hilfe des Reiches in der Form der Türkensteuer möglich war. Maximilian II. und Rudolf II. suchten daher mit ihrer Propaganda die Türkenfurcht im Reich zu verstärken, da sie sich von der Angst der Stände vor der osmanischen Expansion einen Solidarisierungseffekt erwarteten. Es ist weit mehr als ein Zufall, daß die ersten Anzeichen einer Radikalisierung in der Innenpolitik des Reiches — das resultatlose Auseinandergehen des Reichstages von 1608 und die Bildung der „Liga" und der „Union" — in die Zeit knapp nach dem Frieden von Zsitvatorok fallen.

Was die militärische Situation anlangte, war der Osten des Reiches mit den österreichischen Ländern und mit Böhmen überaus unsicher. Doch auch im Westen war ein ständiger Krisenherd gegeben. Die Kölner Wirren, die Aachener Wirren, der Aufstand in den Niederlanden, dessen kriegerische Begleiterscheinungen in die westlichen Territorien des Reiches hineinreichten, waren mit der politischen Konstellation Europas auf das innigste verbunden.

Das späte 16. Jahrhundert ist eine Zeit, in der den religiösen Auseinandersetzungen eine zentrale Rolle für die Politik nahezu aller Staaten zukommt. Selbst auf der vom europäischen Spiel der Mächte entfernten und eher abgeschiedenen britischen Insel war es unter der sehr lange regierenden Königin Elisabeth I., die auf die mit Philipp von Spanien verheiratete Maria die Katholische gefolgt war, zu einer stark von nationalen Motiven mitgetragenen Reformation gekommen, deren Neuerungen die Grundlage der anglikanischen Staatskirche bildeten. Nach dem Tod Elisabeths 1603 übernahm der Sohn der von Elisabeth verfolgten und hingerichteten Maria Stuart, der schottische König Jakob I., die englischen Länder und nannte sich als Erster „König von Großbritannien". Auch er stützte sich auf die anglikanische Staatskirche und hatte mit der Verschwörung der Katholiken, dem berühmten „gunpowder plot" im Jahre 1605, zu kämpfen. In seiner Regierungszeit bildete sich die Parlamentsopposition, die später unter seinem Nachfolger Karl I. einen Bürgerkrieg gegen die Krone und ihre Anhänger führen sollte.

Weitaus stärker wirkte in dieser Zeit allerdings der Einfluß Spaniens unter der Regierung Philipps II. auf Europa, der von 1556 bis 1598 in einer Rudolf II. nicht unähnlichen langsamen, pedantischen, stolzen Art sein Erbe durch schriftliche Befehle regierte und verwaltete. Spanien erlebte in dieser Zeit noch eine große Blüte, die allerdings schon in der Spätzeit Philipps II. zu welken begann. Philipp bekriegte hauptsächlich Frankreich und England. Die wirtschaftlichen Interessen am Handel in Übersee, konfessionelle Spannungen und persönlicher Haß des von Elisabeth als Ehemann abgelehnten, in seiner Bewerbung durch die lange Zeit des Zögerns verunsicherten Philipp führten zu einer immer stärker werdenden Feindschaft der beiden Staaten. Der Kampf endete 1588 mit der Vernichtung der spanischen Armada im Ärmelkanal, womit Spaniens Niedergang besiegelt wurde und die Entwicklung der englischen Seeherrschaft begann.

Schon einige Jahre vorher hatte Spanien mit dem Abfall der Niederlande eine schwere Schlappe erlitten. Philipp II. hatte versucht, den in Spanien durch die Inquisition aufrechterhaltenen politischen und religiösen Absolutismus auch in den blühenden, reichen niederländischen Besitzungen durchzusetzen. Die auf Hispanisierung des Landes ausgerichteten Bestrebungen Philipps II. stießen allerdings auf den heftigsten Widerstand der heimischen Bevölkerung, als dessen Wortführer die Geusen auftraten. Ein Versuch des Herzogs Alba, sich mit einer Militärdiktatur im Lande durchzusetzen, gipfelte 1568 in der Hinrichtung

Egmonts und Hoorns. Unter Wilhelm von Oranien sammelten sich die Kräfte des Widerstandes, der den Spaniern im Laufe der Zeit immer mehr zusetzte. Das Land spaltete sich in die nördlichen Niederlande unter der Union von Utrecht und einen spanischen Teil im Süden, die Union von Arras. 1581 erklärte die Utrechter Union ihre Unabhängigkeit von dem „spanischen Tyrannen und Rechtsbrecher". Sie gab sich eine demokratische Verfassung und konnte sich behaupten, bis im Jahre 1648 im Westfälischen Frieden schließlich den „Generalstaaten" ihre Unabhängigkeit auch rechtlich einwandfrei bestätigt wurde.

Die Niederlande bildeten im späten 16. Jahrhundert eines der kulturellen Zentren Europas. Auch Italien erlebte in dieser Zeit eine ungeheure Kulturblüte, obwohl es infolge einer starken territorialen Zerrissenheit politisch völlig machtlos war.

Gleichzeitig mit dem Kampf um die Niederlande lag Spanien im Kampf mit Frankreich, wo es sich in die Hugenottenkriege eingemengt hatte. Diese doppelte Belastung und die inneren wirtschaftlichen Schwächen, nicht zuletzt durch die Vernichtung der Moriskos und durch die religiös motivierte Austreibung der Juden, untergruben den Wohlstand des Landes völlig und führten zum Niedergang des einst Europa beherrschenden Landes. Der Dreißigjährige Krieg schließlich beendete das Spanische Zeitalter und brachte Frankreich die Vormachtstellung in Europa.

Frankreich war allerdings in der Zeit Rudolfs II. durch die Religionskriege innerlich geschwächt. Die ungeheuer komplizierten Verhältnisse der verschiedenen Adelsparteien können hier nicht im einzelnen aufgerollt werden. Unter Karl IX., für den seine Mutter Maria Medici die Regentschaft führte, kam es 1572 zu der berühmten Bartholomäusnacht, in der etwa 20.000 Hugenotten, also französische Kalviner, ermordet wurden. In den achtziger Jahren beherrschte der Krieg der drei Heinriche die Szene. In dieser Auseinandersetzung setzte sich schließlich Heinrich IV. von Bourbon durch, der 1593 — mit dem vielleicht unhistorischen aber oft zitierten Ausspruch „Paris ist eine Messe wert" — zum Katholizismus übertrat und damit die Kriege durch das Edikt von Nantes beendete. Den Hugenotten wurden in diesem Edikt Freiheit des Gewissens, eine, wenn auch beschränkte, Kultausübung und politische Gleichberechtigung gewährleistet.

Der für die nächsten Jahrhunderte so entscheidende Kampf um die europäische Vormachtstellung, in dem das abtretende Spanien seinen Rivalen England und Frankreich gegenüberstand, verdeckt ein wenig den Blick auf Nord- und Osteuropa, wo aber gerade für Rudolf II. durch die geographische Lage seiner Herrschaftsgebiete in Mitteleuropa die wesentlichen Probleme lagen. An erster Stelle zu nennen ist die polnische Frage, die Europa bis fast zur Gegenwart immer wieder beschäftigt hat. Polen war eine alte Adelsrepublik, in der es der „Szlachta", dem polnischen Adel, gelungen war, das Erbrecht des Königs auszuschalten und ein freies Wahlrecht zu erreichen. Die Habsburger haben immer wieder versucht, in die polnischen Thronfolgefragen einzugreifen und Polen damit für das Haus Habsburg zu gewinnen. Polen, das seit der Lubliner Union 1569 die freie Königswahl der Szlachta auch rechtlich geregelt hatte, wählte 1573 den Bruder Karls IX. von Frankreich,

Heinrich von Valois, zum König, der allerdings schon im darauffolgenden Jahr Polen wieder verließ, um nach dem Tod seines Bruders das Erbe in Frankreich anzutreten. In der Wahl des folgenden Jahres kandidierte der römisch-deutsche Kaiser Maximilian II. selbst. Aber die Mehrheit des polnischen Adels unter der Führung von Jan Zamojski entschied sich für den siebenbürgischen Woiwoden Stephan Báthory. Als Báthory 1586 starb, kandidierte Rudolf II. selbst zwar nicht, aber sein Bruder Maximilian III., der Deutschmeister des Deutschen Ritterordens. Die Mehrheit wählte allerdings Sigismund von Schweden, als König von Polen Sigismund III. Wieder gab nur eine Minderheit dem Habsburger die Stimme. Es kam zum Kampf der beiden Kandidaten, der nach der Schlacht bei Pitschen mit der Gefangennahme Maximilians endete, der auf den Thron verzichten mußte. In der Folge näherte sich Sigismund III. der habsburgischen Politik. Dieser König von Schweden und Polen heiratete sogar eine habsburgische Prinzessin und wurde damit zu einer Stütze der rudolfinischen Ostpolitik.

Die Vereinigung Schwedens mit Polen bedeutete natürlich auch den Beginn des Aufstiegs Schwedens zur Großmacht, der sich — lange nach der Trennung des Schicksals der beiden Staaten — mit dem Eingreifen Gustav Adolfs in den Dreißigjährigen Krieg erstmals international auswirkte.

Auch zu dem noch in großen inneren Schwierigkeiten befangenen moskowitischen Reich, das im 16. Jahrhundert durch die Politik des Zaren Iwan Groznji (Iwan des Schrecklichen) den Beginn eines Aufstieges erlebte, hat Rudolf II. Beziehungen unterhalten.

Die Großmacht im Osten des Reiches allerdings, gegen die sich alle Bündnisse mit Polen und Rußland richteten, war das in seinem europäischen Teil mittlerweile auf den gesamten Balkan ausgedehnte osmanische Reich. Das osmanische Reich, das durch eine großartige staatliche Organisation innerhalb zweier Jahrhunderte den Aufstieg von einem kleinen Reiterstaat türkischer Nomaden in Anatolien zu einer Großmacht geschafft hatte, die sich über drei Kontinente erstreckte, bedrohte Mitteleuropa militärisch wie keine andere Macht der damaligen Welt. Die Hauptproblematik der Außenpolitik Rudolfs II. war daher, sich mit diesem Riesen im Osten auseinanderzusetzen. Der Türkenkrieg von 1592 bis 1606 verwickelte Rudolf II. in eine langwierige militärische Konfrontation. Damit im Zusammenhang steht auch die Beziehung Rudolfs II. zu Persien, einem Gegner des osmanischen Reiches, mit dem man diplomatischen Kontakt suchte und unterhielt.

Die übrige Welt war zu dieser Zeit für die europäischen Staaten, als deren Mittelpunkt sich Rudolf II. als Kaiser des Heiligen Römischen Reiches fühlen mußte, unbedeutend.

Rudolf als Kunstförderer und Sammler

Die Höfe der frühen Neuzeit waren Zentren der Kultur. Höfische Gesellschaft und höfische Kultur hingen unmittelbar zusammen. Das gesellschaftliche System mit seiner Hinwendung zu den oberen Instanzen Landesfürst, König oder Kaiser, und Adel war seit dem Spätmittelalter die Grundlage für die Entfaltung der Kunstbestrebungen der Höfe, die als neue weltliche Kulturzentren die Rolle übernahmen, die im frühen und im Hochmittelalter die Klöster innegehabt hatten. Alle Schichten, die Geld und kulturellen Einfluß hatten, sowohl der hohe Adel als auch die Kirche, konnten an den Hof gezogen werden und gingen eine enge Bindung mit der höfischen Welt ein.

Die Kunst der Zeit Rudolfs II. wird Manierismus genannt. Der Begriff stammt ebensowenig wie die meisten Bezeichnungen für Kunstepochen aus der Zeit selbst, sondern ist später geprägt worden. Kunst- und Kulturhistoriker haben den Manierismus unterschiedlich definiert. So wird der Begriff von manchen auf die italienische Malerei des 16. Jahrhunderts beschränkt, während andere darin allgemein die Ausdrucksform in verschiedenen Kunstgattungen sehen, wieder andere bezeichnen damit den Übergang von Renaissance zu Barock. Noch umfassendere Manierismusdefinitionen gehen nicht konkret von einer bestimmten Kunstrichtung aus, sondern sehen darin eine grundsätzliche Gegenbewegung zur Klassik, die es zu allen Zeiten und in allen Kunstepochen gegeben hat. So spricht Curtius von einer klassischen und einer manieristischen Weltauffassung.

Wollen wir es einfach machen, so können wir sagen, daß die „maniera" der Maler des späten 16. Jahrhunderts gemeint ist, wenn wir vom Manierismus sprechen. Diese Kunst hat gewisse zusammenhängende stilistische Merkmale, die sich zunächst einmal in Äußerlichkeiten zeigen. Es ist eine zeichnerische Kunst, die harte Umrisse hat und sehr stark zur plastischen Darstellung neigt. Die Manieristen betonen die räumliche Tiefe, die seit der Entdeckung der Perspektive in der Renaissance etwas Neues ist. Beliebt ist auch der Versuch, die Proportionen des Menschen zu erforschen und künstlerisch an neue Grenzen zu dringen. Die Figuren werden verdreht und in ausgefallenen Posen dargestellt, wie die „figura serpentinata", die gekrümmte Gestalt vor allem in der Plastik des Giovanni von Bologna, genannt Giambologna. Andere Figuren werden besonders überlängt, oder die Perspektive wird aus Freude am Spiel durch Spiegelungen und Verzerrungen in Vexierspiegeln verändert. Körper und Hals werden länger, der Kopf kleiner dargestellt und in unnatürlichen Farben wiedergegeben. So fällt besonders die leicht grünliche, metallisch schimmernde Farbe der Haut bei den häufigen Aktdarstellungen im Manierismus auf.

Eine besonders weit getriebene Spielart manieristischer Gestaltung ist die Anamorphose, bei der Gegenstände so gezeichnet werden, daß das Bild von sich aus kaum erkennbar ist und erst durch einen konvexen oder konkaven Spiegel die eigentliche Bildaussage erkennbar wird. Das Spiel mit der gegenständlichen Welt ist kennzeichnend für den Manierismus. Seine Vertreter haben immer das Besondere in ihren Bildinhalten gesucht, das Geheimnisvolle, das Doppeldeutige, ja das Ungeheuerliche. Sie legten einen ausgeprägten Sinn für Erotik an den Tag, manchmal neigten sie auch zu Perversionen, etwa zum Sadismus.

Man kann also so gesehen sagen, daß der Manierismus stilistisch abgrenzbar ist und als die wichtigste Kunstströmung von 1520 bis 1620 gelten kann. Die Hauptvertreter dieses

Manierismus sind vor allem die Italiener Parmigianino, Pontormo, Rosso und Bronzino, doch ist der Manierismus auch eine durchaus europäische Erscheinung. Stilmerkmale wie bei den italienischen Vertretern finden wir auch bei den Meistern der Schule von Fontainebleau in Frankreich, bei Goltzius in den Niederlanden, bei El Greco in Spanien und natürlich bei den Hofkünstlern am Hofe Rudolfs II. in Prag. Man könnte etwas überspitzt sagen, daß der Manierismus geradezu die Kunstform der europäischen Fürstenhöfe gewesen ist. In der elitären Gesellschaft der Höfe konnte er gedeihen. Hauptzentrum war der päpstliche Hof in Rom, an dem Parmigianino, Rosso, Vasari und einige andere den ersten manieristischen Kreis bildeten. An anderen italienischen Höfen waren nicht minder bedeutende Künstler des Manierismus tätig. In Mantua wirkten Giulio Romano und Bartolomeo de Castiglioni. Die Herzöge von Florenz konnten sich bedeutende Künstler wie Bronzino, Vasari und Pontormo leisten. Die Schule von Fontainebleau war ein ausschließlich am Hofe der Valois orientierter Künstlerkreis. Philipp II. scharte an seinem Hof ebenso bedeutende Manieristen um sich wie die bayerischen Herzöge in München und die lothringischen Herzöge in Nancy. Auch eine gewaltige Zahl kleiner Fürstenhöfe und lokaler Herrschaftszentren zog manieristische Künstler an.

Selbstverständlich haben nicht allein die Höfe den Manieristen Aufträge erteilt, auch das reiche Bürgertum, etwa die Geldaristokratie der Fugger, konnte lukrative Aufträge geben. Doch war der Manierismus in erster Linie auf die Höfe Europas ausgerichtet und prägte das höfische Leben in der Epoche, die zum Barock überleitet, in dem dann das gesamte Hofleben künstlerisch geplant und gestaltet wird.

Der Manierismus war, wie die Verbreitung an den verschiedenen Höfen schon andeutete, keine regionale Kunstrichtung, sondern eine europäische Erscheinung. Die starken künstlerischen und persönlichen Beziehungen der Künstler untereinander wurden nicht zuletzt durch zwei Faktoren ermöglicht: zum einen durch die mit der Renaissance einsetzende enorme Reiselust der Künstler, wobei Italien der Schmelztiegel der manieristischen Kunst war, zum anderen durch die graphische Technik des Kupferstiches, die zur Vervielfältigung und Verbreitung manieristischer Kompositionen über ganz Europa beigetragen hat. Die bedeutenden Werke der Zeit sind in Graphiken abgebildet und von wandernden Händlern über ganz Europa verteilt worden, wodurch die Nachahmung oder Verarbeitung berühmter Bildwerke für den an irgendeinem Hof lebenden Künstler erst ermöglicht wurde.

Welche Themen bevorzugte der Manierismus? Die höfischen Portraits manieristischer Hofkünstler drücken vor allem die höfische Gesinnung der Kunst aus. Daneben erlaubte es die Mythologie, die erotischen und sexuellen Träume der Zeit — auch als Spiegel der lockeren Moral, die an den Höfen herrschte — in künstlerischer Form für einen kleinen Kreis stilisiert wiederzugeben. Es gibt eine starke Vorliebe für den programmatischen Zyklus — Darstellungen der zwölf Monate, der vier Jahreszeiten, der vier Elemente usw. Das Labyrinth, das Labyrinthische wird immer wieder Thema der Kunst, was den großen

Theoretiker des Manierismus Gustav René Hocke veranlaßte, sein Buch darüber „Die Welt als Labyrinth" zu betiteln.

Auch die manieristische Kunst am Hofe in Prag konnte durchaus mit der anderer Herrschaftszentren Europas konkurrieren. Sie war eine herrschaftsbezogene Kunst im Dienste der Repräsentation für den Herrscher und den kleinen Hofkreis. Durch die schon erwähnte Möglichkeit der Vervielfältigung hat der Prager Hof auch weit darüber hinaus gewirkt, wie es die Stiche des Ägidius Sadeler nach den Werken der rudolfinischen Hofmaler zeigen. Diese Kunst, insbesondere das Kunsthandwerk, erfüllte mit der Herstellung von Kunstgegenständen für den Hof eine sehr praxisnahe Funktion, da diese laufend als Geschenke gebraucht wurden. Die Herkunft der Künstler am Prager Hof ist sehr unterschiedlich, ein Teil von ihnen ist dem kulturellen Schwerpunkt Italien zuzuordnen, ein anderer dem niederländischen, vor allem dem südniederländischen Bereich, daneben gab es aber auch Deutsche, Schweizer und Tschechen im Umkreis der rudolfinischen Hofkunst. Fast alle Künstler hatten ihre Lehrjahre in Italien absolviert und bei den großen manieristischen Meistern studiert, bevor sie nach Prag berufen wurden. Viele von ihnen sind über den Münchener Hof, dessen Anziehungs- und Ausstrahlungskraft im späten 16. Jahrhundert beachtlich war, zu Rudolf II. gekommen.

Alle Sparten der bildenden Kunst waren am Musenhof in Prag vertreten: die Malerei ebenso wie die Graphik, die Goldschmiede- und Medaillenkunst wie die Wachsbossiererei, die Plastik in Erz wie in Stein. Rudolf hegte eine universelle Beziehung zur bildenden Kunst, sein Interesse für Antiken, Gemälde, Medaillen, Kunstgegenstände, Ausgefallenes und Kurioses aus Kunst und Natur war unermeßlich.

Noch eine weitere Aufgabe hatte diese Hofkunst, die vom Mäzenatentum des Herrschers lebte: sie hatte die Kunstsammlungen Rudolfs II. mit erstklassigen zeitgenössischen Kunstwerken zu beliefern. Das Sammeln von Kunst galt seit jeher als eine Aufgabe des Herrschers, die sozusagen in seinem Rollenbild verankert war. Der Herrscher hatte einen Schatz anzulegen, er mußte sammeln, er mußte das tun, was heute zu den Aufgaben der Museen und öffentlichen Sammlungen gehört.

Rudolf II. war dabei einer der ersten, der zeitgenössischer Kunst besonderes Augenmerk zuwendete und sie sammelte. Doch seine Sammlung ging darüber weit hinaus. Wie sein Vater Maximilian II. sammelte Rudolf Antiken, aber auch Gold, Juwelen, Gegenstände der Natur, Kunstgewerbe, Uhren, Instrumente, Pokale und Tafelgeschirr wurden angekauft. Zwei Schwerpunkte der Sammlerleidenschaft Rudolfs II. haben unsere heutigen österreichischen Sammlungen sehr bereichert. Seine Neigung zu den Werken Albrecht Dürers, die er mit Einsatz aller Mittel in ganz Europa verfolgte und zu erwerben gesucht hat, und das Interesse Rudolfs für die Werke der italienischen Manieristen, etwa die Werke des Parmigianino oder des Correggio.

Als eine der ersten großen Sammlerpersönlichkeiten hat Rudolf ein System des Sammelns entwickelt, nicht etwa inhaltliche Einschränkungen betreffend — er wollte so ziemlich alles, was ästhetisch ansprechend war, in seiner Sammlung vereinigen —, sondern was die Art und Weise des Sammelns, den Prozeß der Erwerbung, anlangte: Es gelang ihm, seine Sammlung zu einer der großartigsten seiner Zeit zu machen. Leider hat uns die weitere historische Entwicklung nicht gestattet, diese Sammlung in ihrer vollen Pracht kennenzulernen. Zwar liegen einige Inventare dieser rudolfinischen Kunstkammer vor, die uns einen guten Eindruck der Vielfalt und Größe der Sammlung Rudolfs geben, doch die Kunstkammer als solche ist uns nicht erhalten geblieben. Die Wirren des Dreißigjährigen Krieges haben es mit sich gebracht, daß schwedische Truppen, die Prag gegen Ende dieses Krieges belagerten und plünderten, große Teile der Sammlung Rudolfs II. aus der Prager Burg, dem Hradschin, verschleppten. Obwohl heute noch beeindruckende Reste aus der Prager Kunst- und Wunderkammer im Wiener Kunsthistorischen Museum vorhanden sind, wissen wir aus den Inventaren der rudolfinischen Zeit, daß nur ein Abglanz der rudolfinischen Sammlung auf uns gekommen ist. Andere, allerdings nur geringe Teile, blieben in Prag erhalten. Einzelnes ist in öffentliche schwedische Sammlungen gelangt, vieles ist völlig verloren, und manche Stücke sind über den Weg des Antiquitätenhandels des 19. Jahrhunderts an andere Kunstsammlungen gelangt, wo diese Objekte meist wenig organisch den Sammlungen eingegliedert worden sind. So besitzt etwa das Victoria and Albert-Museum in London, das im späten 19. Jahrhundert wohl finanzkräftigste aller Museen, eine Reihe von Prunkstücken aus der ehemaligen rudolfinischen Sammlung.

Die großartige Sammlung Rudolfs II. und die intensive Pflege der Kunst an seinem Hofe wiegen sicherlich manche menschlichen und politischen Schwächen Rudolfs auf. Niemals darf man dabei allerdings vergessen, daß eine solche Anhäufung von Kunstschätzen nur unter einem Herrschaftssystem möglich war, das die Privilegierung einiger weniger auf Kosten vieler bewirkte. Allerdings wurden auf diese Weise unvergängliche Werte der europäischen Kultur geschaffen.

RUDOLF II.
ALS MENSCH UND HERRSCHER

MAXIMILIAN II. UND SEINE FAMILIE

Rudolf II., einer der Söhne Kaiser Maximilians II. (1564–1576), stammt aus einer kinderreichen Familie. Sein Vater war mit einer nahen Verwandten, mit der spanischen Habsburgerin Maria, einer Tochter seines Onkels Karls V., verheiratet. Aus dieser Ehe gingen sieben Kinder, die ihre Eltern überlebten, hervor. Von den fünf Söhnen folgte Rudolf II. als der älteste seinem Vater als Erbe nach. Neben Rudolf gelangten noch seine Brüder, die Erzherzöge Ernst als Statthalter in den Niederlanden und in Niederösterreich, Matthias als späterer Kaiser (1612–1619), Maximilian III. zunächst als Deutschmeister des Deutschen Ritterordens, dann als gewählter polnischer König und zuletzt als Landesfürst von Tirol, sowie Albrecht als Statthalter in Portugal und den Niederlanden, zu politischer Bedeutung. Von den Töchtern wurde Elisabeth mit dem französischen König Karl IX. verheiratet, während Annas Weg nach Spanien führte, sie wurde die vierte Gemahlin König Phillips II., beide Ehen waren für die außenpolitischen Beziehungen des Hauses Habsburg wichtig.

Maximilian II. war ein kunstsinniger Kaiser, an dessen Höfe in Wien und Prag bedeutende Künstler, die wir zum Teil auch im rudolfinischen Hofleben wiederfinden werden, und große Gelehrte berufen wurden.

Die Beziehungen Maximilians zu den Naturwissenschaften, besonders zur Botanik und zur Gartenlehre, zur Hortologie, prägten auch die naturwissenschaftlichen Interessen seines ältesten Sohnes. Am Hofe Maximilians II. wirkten unter anderem der bedeutende Botaniker Charles de l'Ecluse (Carolus Clusius), der die pannonische Flora erforschte, und der Humanist und Orientreisende Augier Ghiselain de Busbecque, der von seinen Reisen ins osmanische Reich Tulpen, Levkojen, Flieder und Jasmin mitbrachte, die zunächst in den Gärten Maximilians II. und später in denen ganz Europas heimisch wurden.

Wenig klar waren die religiösen Verhältnisse am Hofe Maximilians II., da der Kaiser aus der katholischen Familie der casa de Austria dem Protestantismus aufgeschlossen gegenüberstand, ohne allerdings Protestant zu sein. Seine Stellung zwischen den Konfessionsparteien wurde als „Kompromißkatholizismus", als humanistische Haltung, umschrieben, und Maximilian wurde jener „dritten Kraft" zugeordnet, deren Vermittlungsposition zwischen den beiden großen konfessionellen Lagern keine eindeutige Zuordnung zuläßt. Das „Theologengezänk" war Maximilian II. verhaßt, und da es im Protestantismus dieser Zeit zu heftigen inneren Auseinandersetzungen gekommen war, bemühte er sich um einen Vergleich, welcher der Anerkennung der Protestanten in Nieder- und Oberösterreich vorangehen sollte. Nachdem in der „Christlichen Kirchagenda" des David Chyträus ein solcher Ausgleich der verschiedenen innerprotestantischen Strömungen gelungen war, gestand der Kaiser den protestantischen Ständen in der Religionsassekuration freie Religionsausübung zu. Über diesen Beschluß, zu dem die bedrohliche osmanische Expansion im Osten beigetragen hatte, entrüsteten sich vor allem seine streng katholischen Verwandten. Man versuchte daraufhin, den jungen Rudolf vom „schädlichen Einfluß" seines Vaters fernzuhalten.

Das Familienporträt des Hofkünstlers Giuseppe Arcimboldo, der dann am manieristischen rudolfinischen Musenhof eine entscheidende Position einnehmen sollte, steht in der Tradition einer Reihe solcher höfischer Kunstwerke, die für das Haus Habsburg mit dem Familienporträt Maximilians I. von Bernhard Strigel begann. Während das Strigelsche Bild die Familienmitglieder noch in Porträtbüsten zeigt, ist in diesem Bild das unter dem bestimmenden Einfluß des Hofmalers Ferdinands I., des Niederösterreichers Jakob Seisenegger entstandene „ganzfigurige Repräsentationsporträt" für die Gestaltung des Bildinhaltes herangezogen worden.

Das Bild zeigt Maximilian II. und Maria in spanischer Hoftracht sowie die ersten drei Kinder des Paares: stehend, die Hand der Mutter auf dem Kopfe, Anna, dahinter in der Wiege Ernst, und schließlich mit genau beobachtetem kindlichen Gestus Rudolf.

Giuseppe Arcimboldo, Kaiser Maximilian II. und seine Familie (Wien, KHM)

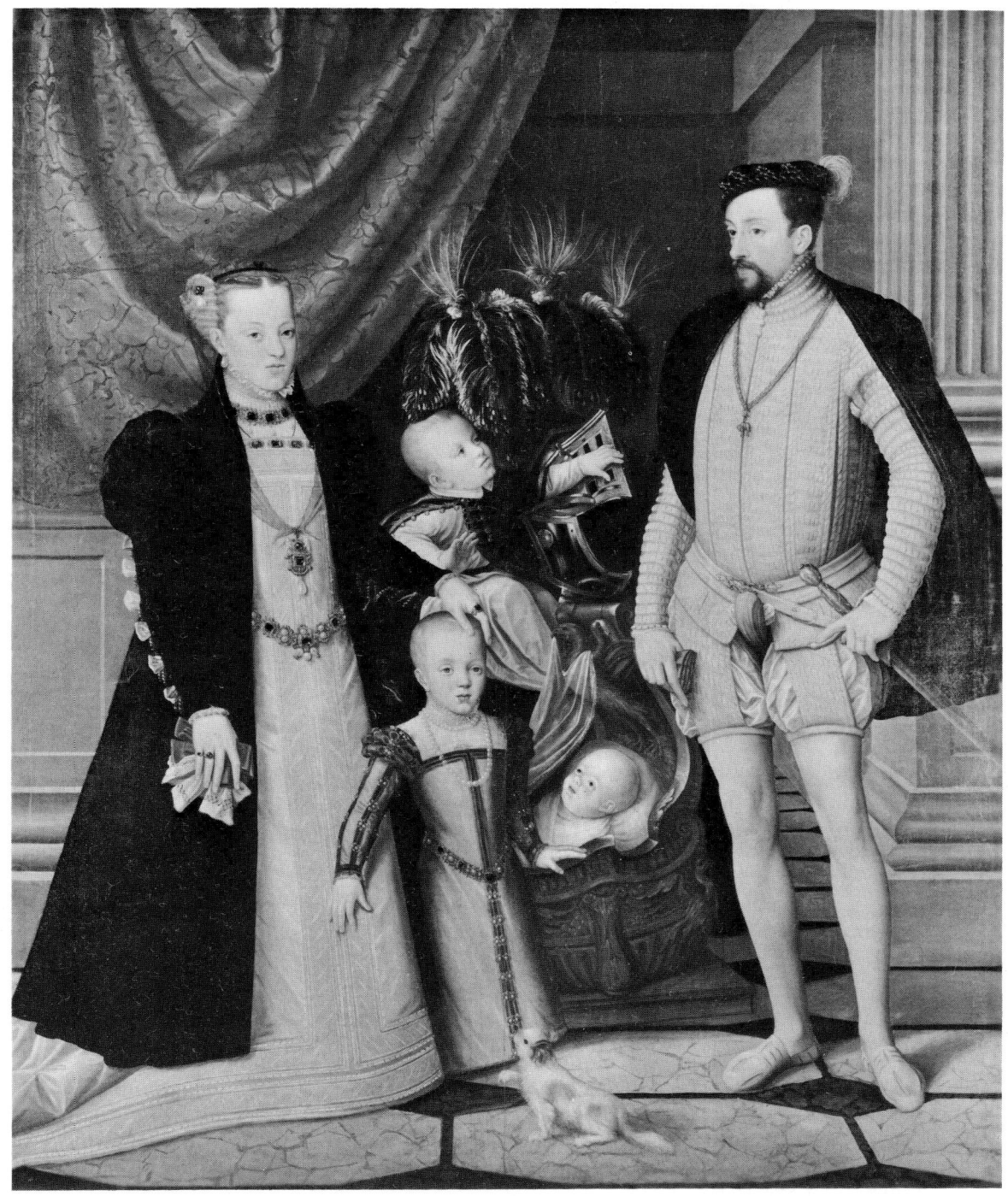

Der junge Rudolf

Das Bild des Herrschers war für die Kunst jeder Epoche ein beliebtes Thema, da viele Künstler an Höfe berufen und von den Monarchen sehr gefördert wurden. So besitzen wir von Rudolf II. eine große Zahl an qualitativ und von der Technik her recht unterschiedlichen Porträts, durch die sich fast jeder Lebensabschnitt des Kaisers bildlich dokumentieren läßt. Einige wenige Porträts stellen den jungen Rudolf dar, doch entstanden klarerweise die meisten Bilder erst nach dem Regierungsantritt. Im Zusammenhang mit dem Herrschaftsantritt wurden einige Porträts von dem damals etwa 25jährigen geschaffen. Dabei sind mehrere Techniken der Porträtkunst zu beachten. Authentisch scheinen uns vor allem die Werke der Hofmaler, die in Zeichnungen, Miniaturen und Gemälden den Monarchen darzustellen versuchten. Solche entweder nur in einem einzigen Exemplar, manchmal allerdings auch in mehreren nur leicht unterschiedlichen Repliken hergestellten Gemälde wanderten in die kaiserliche Sammlung oder wurden in seltenen Fällen an bedeutende Reichsfürsten oder an den Stadtrat einer großen Reichsstadt, die wirtschaftlich von Bedeutung war, verschenkt, hatten aber jedenfalls wenig Breitenwirksamkeit. Diese wurde vor allem mit Hilfe der graphischen Techniken, des Kupferstiches und des Holzschnittes, erreicht. Als Vorlage für viele graphische Porträts Rudolfs II. dienten Gemälde, so auch von Martino Rota, jenem mit einem „M." und dem Zeichen des Rades (lat. rota = Rad) signierenden Hofkünstler Rudolfs II., von dem uns auch gemalte Porträts des Kaisers überliefert sind, deren Typus er in der graphischen Technik nachahmt.

Das Porträt wird ins Jahr 1592 datiert, doch ist der damals 40jährige Rudolf wesentlich jünger dargestellt, er trägt einen reich ziselierten Harnisch mit einer Feldbinde — die für das Erkennen der militärischen Führer in einer Zeit ohne einheitliche Uniformierung unerläßlich war — und eine schön gestickte Halskrause der spanischen Hofmode. Als Herrschender ist der junge Mann durch das habsburgische Wappen am Harnisch, den Lorbeerkranz und das kaiserliche Emblem, den Adler mit Pfeil sowie seinen Wahlspruch ADSIT gekennzeichnet.

Fast noch wichtiger als die Graphik ist für unser Wissen um das Aussehen der Menschen der Vergangenheit, wenn auch nicht ganz so weit verbreitet, die Porträtmedaille. Abhängig von der Technik des Medailleurs — man konnte Medaillen als Einzelstücke schneiden, ziselieren oder als Massenprodukte prägen — und je nach dem verwendeten Material — Gold, Silber oder Blei — waren die Medaillen mehr oder minder erschwinglich und verbreitet. Die abgebildete Bleimedaille von Antonio Abondio ist 1577 zu datieren und zeigt uns den jungen Rudolf im Profil, wie meist in der Medaillenkunst, ebenfalls im Harnisch mit Halskrause, aber ohne alle Symbole seiner Herrschaft. Allerdings enthält die Rückseite dieser Medaille das Motiv des Adlers, der zu einem Siegeskranz aus Lorbeer aufsteigt, somit teilt sie gewissermaßen das Motiv der Rota-Graphik auf die beiden Seiten der Medaille auf. Der Medailleur Antonio Abondio zählt zu den Spitzenkräften seiner Zeit, er wirkte bereits am Hofe Maximilians II., war aber auch an anderen Herrschaftszentren, so etwa in Graz, tätig. In seinem umfangreichen Werk finden sich zahlreiche Porträtmedaillen, insbesondere solche, die den Herrscher zeigen.

Abondios Auffassung von einem herrscherlichen Porträt bestimmte die Darstellung Rudolfs II. in den Münzen seiner Zeit. Das Volk stellte sich das Aussehen seines Herrschers so vor, wie er auf diesen gebräuchlichen Münzen geprägt war.

Martin Rota, Rudolf II. (Wien, Bildarchiv der ÖNB)

Antonio Abondio, Porträtmedaille Rudolfs II. (Köln, Kunstgewerbemuseum)

RVDOLPHVS·II·D·G·ROM·IMP·SEM·
AVG·GERM·HVNG·BOHEM·DALM·&c·REX
ARCHID·AVSTRIÆ·DVX·BVRGVN·&c   M.

Das Repräsentationsporträt

Die ausgefallenste, uns heute nicht mehr geläufige Technik der Porträtkunst ist die der Wachsbossierung. Dabei hat diese Darstellungsform sowohl als Kleinplastik wie im vorliegenden Fall als auch als lebensgroße Porträtbüste eine lange Tradition in der europäischen Kunst. Während im 16. Jahrhundert eher die kleinen, aber besonders gediegen ausgeführten reliefartigen Kleinkunstwerke eine Hochblüte erlebten, wurde im 18. Jahrhundert die Kunst der Wachsbossierung oder Keroplastik bei der Gestaltung großer Porträtbüsten — wie wir sie etwa von Joseph II. oder Leopold II. kennen — angewandt, wobei besonders England als ein Blütegebiet zu bezeichnen ist, da die herrscherliche Wachsbüste im englischen Begräbniszeremoniell einen festen Platz hatte. Auch Italien war eine Hochburg dieser Kunsttechnik; man denke nur an die anatomischen Wachspräparate, die Joseph II. aus Florenz importieren ließ und die heute noch ein Juwel des medizingeschichtlichen Museums im Josephinum in Wien bilden.

Rudolf II. zeigte für diese „Spielerei" der Wachsbossierung eine besondere Vorliebe. Er soll sich auch selbst in dieser Kunst geübt haben. Die Berufung des Medailleurs Antonio Abondio ist nicht zuletzt auf dessen Meisterschaft in der Verarbeitung von buntem Wachs zurückzuführen. Klarerweise wird heute Abondios Technik der Metallschneidekunst mehr geschätzt, weil ein großer Teil dieser wächsernen, zerbrechlichen und hitzeanfälligen Kleinkunstwerke verlorengegangen ist, während das dauerhafte Material der Medaillen deren Erhaltung garantiert.

Das heute in London im Victoria und Albert Museum befindliche kleine Wachsporträt Rudolfs II. stammt allerdings nicht von Antonio Abondio, sondern von dem Medailleur und Wachsbossierer Wenzel Maler und ist ins Jahr 1606 zu datieren.

Wenzel Maler ist der Bruder des weitaus bedeutenderen Medailleurs der rudolfinischen Zeit, Valentin Maler. Dieser war mit dem bekannten Goldschmied und manieristischen Künstler Wenzel Jamnitzer durch die Heirat mit dessen Tochter verschwägert. Über Wenzel Maler wissen wir weitaus weniger, er war vor allem Wachsbossierer und lebte bis 1605 in Augsburg, dann in Nürnberg. Der Typus des Porträts, das wir hier vor uns haben, ist der des ganzfigurigen Repräsentationsporträts. Mit dem Bildmotiv des stehenden Kaisers in spanischer Hoftracht mit einem Samtbarett und einem Hund zu Füßen erinnert das Porträt stark an das klassische Bild Karls V., dessen Grundkonzeption von Jakob Seisenegger stammt und das kein Geringerer als der große Venetianer Tizian übernommen hat. Rudolf II. hatte eine starke geistige Bindung an seinen Vorfahren Karl V., der infolge von Verwandtschaftsehen sein Großvater mütterlicherseits und sein Großonkel väterlicherseits war.

Manche der politischen und künstlerischen Bestrebungen seines Vorgängers hat Rudolf wieder aufgegriffen. Wie Karl V. war Rudolf von der Idee einer universalen Herrschaft erfüllt, selbst wenn deren Zeit nun endgültig vorüber war, und auch seine Aufwertung der bildenden Kunst hat — neben persönlicher Neigung — im Verhalten Karls V. sein Vorbild. Die oft zitierte — vermutlich erfundene — Geschichte, daß Karl V. seinem Hofmaler Tizian den Pinsel mit eigener Hand aufgehoben und damit symbolisch die Kunst des Meisters geadelt habe, zeigt, bei aller Vorsicht gegenüber solchen Legenden, doch gut den veränderten Stellenwert der Kunstbestrebungen in dieser Zeit, in deren Rahmen dem Künstler ein nicht unwesentlicher Rang zukommt.

In der rudolfinischen Hofkunst sind in einigen Werken Vorbilder der Zeit Karls V. verarbeitet worden. Die Ähnlichkeit der Wachsbossierung von Wenzel Maler mit den Porträts Karls V. von Seissenegger und Tizian ist sicherlich mehr als ein Zufall.

Jakob Seisenegger, Kaiser Karl V. mit seiner Dogge (Wien, KHM)

Wenzel Maler, Wachsbossierung Rudolfs II. (London, Victoria & Albert Museum)

37

Das „klassische" Porträt

Fragt man nach dem Aussagewert der Porträts in bezug auf das Aussehen Rudolfs II., so kommt den Gemälden seiner Hofkünstler Joseph Heintz und vor allem Hans von Aachen der größte Quellenwert zu. Nur ihnen war es möglich, den Herrscher ständig aus nächster Nähe zu sehen, ihn zu beobachten und zu studieren und dann sein „konterfett", wie das Porträt in den zeitgenössischen Quellen heißt, zu gestalten.

Hans von Aachen wurde 1552 in Köln geboren, seine Ausbildung erfuhr er in Italien, er studierte in Venedig bei Caspar Rem und war von Tintoretto besonders beeinflußt. Sein weiterer Weg führte über Rom, Florenz und München nach Prag, wo er von 1592 bis 1615 lebte. Rudolf II. hatte Aachen wegen eines Porträts, das dieser von Giovanni da Bologna, dem berühmten Plastiker des Manierismus, gemalt hatte, nach Prag berufen, wo Aachen bald zu einer Zentralgestalt der Hofkunst aufstieg. 1594 wurde er von Rudolf II. sogar geadelt. Das Bild Rudolfs II. von seinem Hofmaler Hans von Aachen kann als das "klassische" Porträt des Kaisers überhaupt gelten. Es wurde nicht als Einzelstück ausgeführt, mehrere Repliken dieses Typus finden sich in verschiedenen Sammlungen.

Den Porträts kam in der Darstellung des Herrschers sich selbst und der Außenwelt gegenüber größte Bedeutung zu. Die Idee des Kaisertums, zentraler Gedanke der Propaganda der Zeit, konnte im Porträt des Herrschers gewissermaßen greifbar gemacht werden. So haben diese nur in einer minimalen Stückzahl, wenn nicht gar als Einzelstücke verfertigten Porträts des Hans von Aachen und der anderen Hofkünstler eine politische und vor allem eine gesellschaftliche Funktion. Es spricht für die Zeit Rudolfs II. und die Persönlichkeit des Kaisers, daß das Herrscherporträt dabei wenig idealisiert und stilisiert wird. Geradezu schonungslos ist der Realismus Aachens in seinem Bild des Kaisers in der schwarzen, vom burgundischen Hof über Spanien vermittelten, auch in Österreich heimisch gewordenen Hoftracht mit Spitzenkragen, spanischem Hut und der sogenannten kleinen Krone. In diesem Bild, das etwa ins Jahr 1603 zu datieren ist, verrät besonders die Augenpartie deutlich die pathologischen Züge des Monarchen. Rudolf, der zeitweise von schweren schizophrenen Anfällen heimgesucht wurde, war in der späten Phase seines Lebens auch Alkoholiker; die hervortretenden Augen mit den geplatzten Adern, die der Hofmaler keineswegs beschönigte, sprechen in dieser Hinsicht eine deutliche Sprache.

Realistisch ist auch der wenig schöne „Vorbiß", die Progenie, aus dem Bild ersichtlich, eine vererbte Eigenschaft der habsburgischen Familie; die biologische Herkunft dieser Degenerationserscheinung ist unklar, doch verstärkt sich das Charakteristikum durch die vielen Verwandtschaftsehen besonders im 16. Jahrhundert und ist bei fast allen uns bekannten Habsburgern deutlich zu sehen, wenn auch nicht alle die extrem wulstigen Lippen und das vorgewölbte Kinn haben, die bei Leopold I. im späten 17. Jahrhundert am auffälligsten hervortraten. In dieser Zeit wurde Progenie zu einer Art Schönheitsideal, das die Hofmaler eher betonten als beschönigten. Eine weitere vererbliche Eigenschaft hatte sich bei Rudolf II. durch Ehen naher Verwandter verstärkt, deren schreckliche Auswirkungen die Genealogie der casa de Austria bis zu dem durch Selbstmord endenden Kronprinz Rudolf im 19. Jahrhundert durchzogen hat, die Anlage zur Schizophrenie. Waren die positiven Seiten seines Geschlechtes, eine Neigung zu Kunst- und Wissenschaft und eine auffallende geistige Regsamkeit bei Rudolf II. besonders entwickelt, so hatte er auch an den erbbiologischen Schwächen seiner Familie schwer zu tragen. Wie kein anderes Bild führt das Porträt des Hans von Aachen uns den leidenden und kranken Menschen Rudolf vor Augen.

Hans von Aachen, Rudolf II. (Wien, KHM)

Die „klassische" Porträtgraphik

Die Werke der Porträtkunst des Hofes wären ohne Breitenwirkung geblieben, wenn es die Zusammenarbeit mit den Graphikern des Hofkreises nicht gegeben hätte. Die Porträts des Hans von Aachen dienten, wie in vielen Fällen so auch in diesem, als Vorlage für einen Stich, den Ägidius Sadeler verfertigt hat.

Ägidius Sadeler entstammte einer im 16. und 17. Jahrhundert sehr bedeutenden flämischen Künstlerfamilie, deren Spezialität die Graphik war. Sadeler wurde 1570 in Antwerpen geboren, empfing in Italien — wie die meisten Künstler seiner Zeit — wichtige Anregungen für seine künstlerische Ausbildung. Er hielt sich in Rom und Neapel auf und gelangte von dort über den Münchener Hof — auch das teilt er mit manchem anderen Künstler des Prager Hofes — zu Rudolf II. Von 1597 bis zu seinem Tod 1629 lebte er in Prag.

Die Funktion dieser graphischen Umsetzung, nicht nur was Porträts anlangt, sondern überhaupt der Werke der rudolfinischen Hofkunst, liegt im Vermitteln dieser Kunst an breitere Kreise, denen die Kunstkammern des Monarchen nicht zugänglich waren. Durch das Vervielfältigen bedeutender Gemälde als erschwingliche Druckgraphik war es im 16. Jahrhundert zu einer Internationalisierung der Kunst gekommen, da die „Inventionen", die Bildkompositionen, von Künstlern der wichtigsten Zentren — Italien, besonders Rom, Prag, München, Niederlande — selbst in entferntesten Ländern bekannt wurden.

Die abgebildete Graphik des Ägidius Sadeler zeigt neben dem Porträt des Kaisers im Zentrum auch einen allegorischen Rahmen, der für die propagandistische Bedeutung, die man solchen Porträtgraphiken zumaß, wichtig ist: das Herrscherbildnis in einem Architekturrahmen, von allegorischen Gestalten flankiert. Die rechte symbolisiert den Krieg, die linke hingegen ist mehrdeutig und schwer zu umschreiben. Das Füllhorn deutet auf Fortuna, doch sind Geißel und Sporen — die Symbole der Phyllis — und der in der Art eines Bindenschildes gestaltete Spaten nur schwer mit der Gestalt der Fortuna zu verbinden.

Die weibliche Figur über Rudolf könnte einerseits als Pax (Friede) durch ihre Friedenspalme, andererseits als Victoria oder Fortuna durch den Stab mit der Aufschrift MANEBIT und das Sitzen auf einer Erdkugel interpretiert werden. Eindeutig hingegen sind die beiden Tiergestalten; der Steinbock mit dem Fischschwanz ist das Symbol, die „Imprese", wie man das nennt, Kaiser Rudolfs II. Diese Imprese taucht in emblematischen Werken des römischen Kaisers Augustus auf und wurde von Rudolf übernommen. Der Adler hingegen ist ein allgemeines Symbol des Kaisertums, das in der Symbolkunst des rudolfinischen Hofes oft vorkommt. Die Blitze, die er in den Krallen hält, können wohl als Anspielung auf den Göttervater Zeus gelten.

Interessant ist im Hinblick auf das Selbstverständnis des Kaisers auch der Sockel mit den beiden kauernden Gestalten. Die beiden halbnackten, gefesselten Männer sind auf Grund ihrer Haartracht — der linke trägt die den Mohammedanern vorgeschriebene Haarlocke — und der ihnen beigegebenen Attribute, Waffen und Kopfbedeckungen, eindeutig als besiegte Türken zu erklären. Man muß sich zum Verständnis den Zeitpunkt der Schaffung dieses Stiches — im Jahre 1603 in der Endphase des langen Türkenkrieges — und Rudolfs Einstellung zur Türkenabwehr, von der noch die Rede sein wird, vergegenwärtigen.

Außer diesem Porträt, dem kunstvoll-tiefsinnigen, nur einer gebildeten Oberschicht von Betrachtern verständlichen Werk von Sadeler, gibt es auch einfachere Kaiserporträts von diesem Künstler, die auf den aussagekräftigen Rahmen verzichten und, an die Bilder des Hans von Aachen angelehnt, den Kaiser einfach abbilden.

Aegidius Sadeler, Porträt Rudolfs II. in einem allegorischen Rahmen (Wien, Bildarchiv der ÖNB)

Aegidius Sadeler, Porträt Rudolfs II. (Wien, Bildarchiv der ÖNB)

AVGVSTISSIMO, INVICTISSIMO, SAPIENTISS, ET FELICISS° ROM: IMPERATORI, RVDOLPHO II. DNO
SVO CLEMENTISSIMO, GRATVLATIONIS, FIDEI, ET SVBIECTIONIS SPECIMEN HVMILLIME DICAT,
CONSECRAT, PERPETVVS CLIENS ÆGIDIVS SADELER. ANNO M.D.C.III.

AVGVSTISSIMO ET GLORIOSISSIMO ROM: IMPERATORI,
RVDOLPHO II. GERMANIÆ, HVNGARIÆ, BOHEMIÆ ETC REGI DNO. SVO
CLEMENTISSIMO SVBIECTISSIMVS CLIENS ÆGIDIVS SADELER IN DEMISSA
ET DEBITÆ OBSERVANTIÆ SIGNVM DEDICABAT ANNO .M.DCVIIII PRAGÆ.

Die repräsentative Porträtbüste

Die Abbildung des Kaisers in dreidimensionaler Form — als Porträtbüste — führt uns wieder zurück in den Bereich einer nur für einen kleinen Kreis bestimmten Hofkunst, die von Rudolf II. zur Repräsentation bestimmt ist. Als Vorbild für die Kunstwerke des Adriaen de Vries diente eine Büste Kaiser Karls V. Rudolf II. knüpfte hier wieder einmal an die Bestrebungen seines Vorgängers an. Diese Büste des italienischen Renaissancekünstlers Leone Leoni von Karl V. geht ihrerseits auf eine Tradition zurück, die letztlich bis zu den Kaiserbüsten des antiken Rom zurückführt. Nicht nur die Darbietungsform der Porträtbüste als solche, sondern auch das Beiwerk, das sich vor allem in der Sockelgestaltung niederschlug, entstammen dieser antiken Kaisertradition, die ideell ja auch den Hintergrund des Kaisertums im Heiligen Römischen Reich bildete. Die Büste Karls V. von Leoni hatte Rudolf II. für seine Sammlungen aus dem Bestand der Kunstsammlung Granvella — des Reichskanzlers Karls V. — erworben und seiner Kunst- und Wunderkammer einverleibt. Hier diente sie seinem Hofkünstler Adriaen de Vries, dem wir einige bedeutende Repräsentationskunstwerke verdanken, als stilistisches und kompositorisches Vorbild.

Adriaen de Vries stammte aus dem niederländischen Bereich, wo er um 1560 geboren wurde. Auch sein Ausbildungsweg führte in das nach der Renaissancezeit unvermeidliche Italien, und er wurde in Florenz ein Schüler des bedeutendsten manieristischen Plastikers, des großartigen Giovanni da Bologna, genannt Giambologna. Über Rom und Turin führte sein Weg nach Augsburg, wo er am Herkules- und am Merkurbrunnen arbeitete. Schon 1593 hatte er von Rom aus für Rudolf gearbeitet, an dessen Hof er nun den Höhepunkt seiner künstlerischen Entfaltung erlebte. Nach dem Tode Rudolfs ging Vries nach Dänemark, dann nach Schaumburg-Lippe und arbeitete schließlich auch für Wallenstein.

Von der Porträtbüste Rudolfs II. von Adriaen de Vries sind uns drei Ausführungen bekannt. Die eine ist im Wiener Kunsthistorischen Museum in der Sammlung für Plastik und Kunstgewerbe zu sehen, sie folgt ganz dem Aufbau des Leonischen Vorbildes. Der Sockel wird von einem Adler und zwei menschlichen Gestalten gebildet, die den Torso des Kaisers in einem reichverzierten, manieristischen Harnisch tragen, geschmückt mit den „Herrschaftssymbol"-Tieren Löwe und Greif. Nur diese Symbole machen erkennbar, daß der Mann mit der Feldbinde und der Ordenskette des Goldenen Vlieses der Kaiser ist; das Haupt Rudolfs II. ist von keiner Krone, nicht einmal von dem sonst so üblichen Lorbeerkranz geschmückt. Ebenso wie bei seinem Ahnherrn Karl V., dessen Haar- und Barttracht Rudolf kopierte, sollte das „edle Antlitz", die „kaiserliche Majestät" des Herrschers allein wirken, ohne Beiwerk, das ihn als Herrschenden charakterisiert.

Die beiden übrigen Porträtbüsten, die Vries geschaffen hat — eine befindet sich in der Schatzkammer in Wien, eine weitere im Victoria and Albert Museum in London — sind weitaus einfacher gestaltet, der symbolgeladene Sockel fehlt, Rudolf wird ebenfalls im Harnisch mit Feldbinde und Vlieskette gezeigt, wobei die als Löwenköpfe gestalteten Schultern der Rüstung wieder zur Herrschersymbolik gehören. Im Gegensatz zu der nach dem Vorbild Leonis gestalteten Büste wirkt Rudolf in den beiden anderen Ausführungen des Themas älter, gedrungener, schwermütiger, kränker.

Ein Mittelding zwischen Porträtbüste und reliefartiger Darstellung ist das Bronzeporträt Rudolfs II. aus der ehemaligen Sammlung Lanckoronski in Wien.

Niederländisches Bronzerelief Rudolfs II. (früher in der Sammlung Lanckoronski in Wien, nach einer Photographie des Bildarchives der ÖNB)

Adriaen de Vries, Porträtbüste Rudolfs II. (Wien, KHM)

Leone Leoni, Porträtbüste Karls V. (Wien, KHM)

Das Reiterbild

Eine in Denkmälern häufige Darstellungsform des Herrschers, das Reiterstandbild, geht ebenso wie die Porträtbüste auf römisch-antike Traditionen zurück; man denke nur an das bekannte, ehemals vergoldete Reiterdenkmal Marc Aurels auf dem Kapitol in Rom. Die Renaissance nahm diese Idee des Reiterbildes wieder auf, und einige auch heute noch zu besichtigende Reiterstandbilder italienischer Großer, etwa der Gattamelata des Donatello in Padua oder der Colleoni des Andrea del Verocchio in Venedig, entstanden in dieser Zeit.

Nördlich der Alpen und in Frankreich ist die Schaffung von Reiterbildnissen geistesgeschichtlich in auffallender Weise mit dem Entstehen und der Ausbreitung des Absolutismus verknüpft, in dessen Blütezeit eine Fülle solcher Reiterstatuen bedeutender Fürsten entstanden sind.

Die Frage, ob ein Reiterdenkmal Rudolfs II. geplant war oder gar bestanden hat, war lange umstritten. Liefert die Gouachezeichnung aus dem Codex 15.167 der Österreichischen Nationalbibliothek in Wien keinen Beweis, da Rudolf hier nur als das letzte Glied in der Serie der — alle in Form von Reiterbildnissen präsentierten — römischen Kaiser fungiert, so geht das Problem von der Graphik des Ägidius Sadeler aus, in welcher der Stecher als Vorlage Adriaen de Vries angibt. Da de Vries nun aber in erster Linie als Plastiker hervorgetreten ist, liegt der Schluß nahe, daß Sadeler in seiner Graphik ein plastisches Werk wiedergibt, doch ist aus rein statischen Gründen das abgebildete Reiterdenkmal nicht möglich. Allerdings gibt es von Rudolf II. zwei kleine Reiterstatuetten, eine davon, die auch im Kunstkammerinventar erwähnt wird, befindet sich heute im Nationalmuseum in Stockholm, eine zweite wurde vom Kansas Museum of Art in Lawrence erworben. Beide Statuen sind stilistisch an dem manieristischen Vorbild des Reiterbildes schlechthin, der großen Statue Cosimos I. von Giovanni da Bologna in Florenz aus dem Jahre 1594, orientiert.

Der Typus dieses Reiterbildes Rudolfs II. von Sadeler und Vries ist wieder stark vom Vorbild der Kunst unter Karl V. beeinflußt. Der Aufbau des Bildes mit der Schlachtendarstellung im Hintergrund und dem zu Pferde sitzenden geharnischten Kaiser mit der Lanze gemahnt an Tizians Gemälde „Karl V. in der Schlacht bei Mühlberg". Die Lanze als Herrschaftszeichen geht auf die Reichslanze oder Lanze des Heiligen Mauritius zurück. Sie ist eine der Insignien des Heiligen Römischen Reiches, deren Symbolgehalt weit zurück in mythische Schichten des Herrschertums reicht.

Rudolf II. zu Pferde aus dem Codex 15.167 (Wien, Handschriftensammlung der ÖNB)

Aegidius Sadeler, Rudolf zu Pferde, Stich nach Adriaen de Vries (Wien, Bildarchiv der ÖNB)

ALLEGORIEN AUF DIE REGIERUNG UND AUF DIE PERSON RUDOLFS II.

Hinter den Darstellungen des Kaisers und seiner Regierung in allegorischer Form verbirgt sich die uralte Vorstellung vom Kaisertum als einer überindividuellen Macht, die von einer realen Person, in unserem Fall Rudolf, ausgefüllt wird. Grillparzer drückte diese beiden Erscheinungsformen des „Kaisers", die überindividuelle und die individuelle, treffend aus, wenn er in seinem „Ein Bruderzwist in Habsburg" Rudolf sagen läßt: „Was sterblich war, ich hab es ausgezogen, bin Rudolf nicht noch Habsburg, ich bin der König nur, der niemals stirbt." Diesem König oder Kaiser als einer überindividuellen Person widmet Joos van Winghe eine allegorische Federzeichnung. Joos van Winghe trat als Maler und Zeichner hervor, er stammte, wie viele seiner Zeitgenossen, aus den künstlerisch dominierenden südlichen Niederlanden, dem heutigen Belgien, verbrachte aber den Großteil seines Lebens nicht in seiner Vaterstadt Brüssel, sondern lebte nach einer Reise nach Rom und Paris lange Zeit in Frankfurt am Main, von wo aus er auch mit Rudolf in Beziehung trat.

Der Kaiser auf seinem erhöhten Thron wird bekrönt von einer durch zwei Genien oder Engel gehaltenen Krone und ist umgeben von allegorischen Gestalten, die verschiedene Bereiche seines Wirkens verkörpern sollen. Auffällig ist wieder der gefesselte halbnackte Mann zu Füßen des Thrones, der aber diesmal den gefesselten Mars, den Gott des Krieges — eine Anspielung auf die Friedenswahrung durch den Kaiser —, und nicht einen gefangenen Feind bzw. Türken verkörpern dürfte. Der Kniende neben dem die Kirche symbolisierenden Mann mit dem Bischofsstab ist aus der Zeremonie des Lehensempfanges genommen. Mit der Fahne als dem Symbol seiner Länder in der Hand sucht er die Belehnung durch den Kaiser zu erreichen. In unserer Darstellung dürfte diese ikonographische Anspielung allerdings eher in die Richtung der Gebietserweiterung — Rudolf als der Mehrer des Reiches — gehen.

Doch neben der Allegorisierung des überindividuellen Herrschers ist auch die des individuellen Porträts bemerkenswert, wie es das Gemälde Giuseppe Arcimboldos zeigt. Arcimboldo, den man wegen seiner Vorliebe für die Porträtdarstellung mit Hilfe der Kombination von Früchten, Tieren etc. als einen Vorläufer der modernen Malerei, ja sogar des Surrealismus bezeichnet hat, zeigt Rudolf II. als den Gott Vertumnus, den Gott des Herbstes, und spricht damit eine tiefere Sinnschicht an. In ähnlicher Weise hat er in seinem Werk „Das Feuer" Maximilian I. und dessen Vorliebe für Feuerwaffen und Artillerie dargestellt. Über diese speziell manieristische Form, in der Herrschertum künstlerisch charakterisiert wird, urteilt René Hocke, von dessen Feder das bedeutendste Werk zur Geistesgeschichte des Manierismus stammt, treffend: „Das geistige Spiel wird zu einem Merkmal echter Souveränität, die europäische Welt soll im Spiel geeint werden, das ja als besonders starke gruppenbildende Kraft eines der wesentlichen kulturformenden Elemente ist. Man verzeihe die Peinlichkeit, aber man kann sich, mitten in unserem heutigen Manierismus, keine staatlich konzessionierten Porträts dieser Art von Churchill, Roosevelt, Daladier, und erst recht nicht solche Porträts von Hitler, Stalin und Mussolini vorstellen. Das Arcimboldo-Porträt Rudolphs II. ist in Prag entstanden, als ganz Europa durch politische und religiöse Konflikte schwer erschüttert wurde. Es scheint, als sei die ‚Macht' im 20. Jahrhundert gänzlich humor- und phantasielos geworden. Die Macht, welche Selbstpersiflage verträgt, ist ‚manieristisch', d. h. auf Neutralisierung der Macht, also zuinnerst auf Ausgleich bedacht."

Joos van Winghe, Allegorie auf die Regierung Rudolfs II. (Wien, Albertina)

Giuseppe Arcimboldo, Rudolf II. als Vertumnus (Skokloster Collection, Schweden)

Giuseppe Arcimboldo, Allegorie des Feuers (Wien, KHM)

47

DIE EMBLEME RUDOLFS II.

Ein eigenartiges, uns heute verlorengegangenes Medium des Zusammenwirkens von bildender Kunst und Literatur erfreute sich im 16. und 17. Jahrhundert ganz besonderer Vorliebe gebildeter Kreise: das Emblem. Embleme sind eine Kombination eines Bildes mit einem Text, der dieses Bild interpretieren soll. Beides allerdings — Bild und Text als Einheit — sind bewußt dunkel und vieldeutig gehalten worden, sodaß die Interpretation nicht geradlinig erfolgen kann, sondern man gewissermaßen Schicht um Schicht einer solchen Emblemsbedeutung abheben, Möglichkeit um Möglichkeit prüfen und analysieren muß.

Der geistige Hintergrund dieser Emblemkunst ist im Humanismus und in der Renaissance zu sehen, wo solche verspielten Experimente in den Kreisen der „Eingeweihten" sehr beliebt waren. Anzuschließen ist dabei etwa auch an die Hieroglyphik der Zeit Maximilians I., die ebenfalls versuchte, Symbole zu deuten und zu schaffen, und die ein wunderliches System solcher graphischen Kunstwerke entwarf.

Die eigentliche Emblematik als System findet man in den Emblembüchern der frühen Neuzeit, deren bekanntestes Beispiel die „Emblemata" des Italieners Andreas Alciati sind. Diese gelehrte Spielerei wurde jedoch auch von Maximilian II. sehr geschätzt, und an seinem Hof entstand das Emblembuch des ungarischen Humanisten und Historiographen Johannes Sambucus (Számbocky Janos), durch das auch die rudolfinische Emblematik beeinflußt wurde. Außer einer Sammlung gemalter Embleme im Schriftmusterbuch des Georg Bocskay liegt ein — für eine größere Menschenzahl zugänglicher — Druck eines Emblembuches von Jacob Typotius mit den Stichen von Ägidius Sadeler vor, der am Prager Hof entstanden ist und nur aus der unmittelbaren Kenntnis dieser Hofkultur interpretierbar bleibt.

Die Embleme sind dabei in Form von Münzen und Medaillen abgebildet, wobei der sonst isoliert vom Bild stehende Text in Form von Inschriften in einer noch engeren Symbiose in die graphische Gestalt der Medaille einbezogen scheint. Das Werk gibt die Embleme verschiedener Herrscher an, hier wurde aus den auf Rudolf II. bezogenen Motiven ausgewählt.

Viele der hier gezeigten Emblemthemen wurden mit wenig Veränderungen auch in Medaillen umgesetzt:
Adler mit Pfeil
ADSIT
Für dieses immer wiederkehrende Adsit gibt die Apologie des Michael Pieczkonius, die 1597 in lateinischer Sprache gedruckt wurde, nicht weniger als 18 verschiedene Erklärungen an — man vergleiche etwa die Deutungen des AEIOU Friedrichs III. —, von diesen vielen Interpretationsversuchen, die ja bewußt vieldeutig sein sollen, wie es im Sinne der Emblematik liegt, sind die wichtigsten:
Auxilium Domini scutum impenetrabile Turcis (Hilfe des Herrn, für die Türken undurchdringlicher Schild)
Adsis devotis summe Iehova tuis (Steh Deinen Getreuen bei, höchster Herr)
Austria divinis semper iucunda triumphis (Erhabene Siege erzielendes Österreich).
Gekröntes R umgeben von Szepter, Schwert und Lorbeer
A DOMINO REGNVM VENIT IMPERIIQVE POTESTAS (Vom Herrn kommt das Reich und die Macht der Herrschaft).
Adler zur Sonne auffliegend
SALUTI PVBLICAE (Dem allgemeinen Wohl).
Ein Gesicht aus einer Wolke heraus bläst einen Stern und den Halbmond weg (eine Anspielung auf die Türkensiege Rudolfs)
WIE GOTH WIL.
Ein Löwe mit Drachenschwanz vor einer Wand, an der Türkensäbel und Schild hängen, ebenfalls eine Anspielung auf die kaiserliche Türkenpolitik
TV NE CEDE MALIS (Weiche nicht vor den Üblen zurück).
Ein doppelköpfiger Adler (Symbol des Kaisertums) auf einem Felsen blickt auf heraufkriechende Schlangen
UTRUNQUE (Nach allen Seiten).
Steinbock mit Fischschwanz, der Weltkugel hält (Imprese Rudolfs) darüber Adler
VADVNT SOLIDA VI (Es schreiten sechs Starke).
Dasselbe Motiv
FVLGET CAESARIS ASTRVM (Es erstrahlt der Stern des Kaisers).

Aegidius Sadeler, Acht Embleme Rudolfs II. (Wien, Albertina)

JUGEND UND REGIERUNGSANTRITT

Die Jugend Rudolfs II.

Die ersten Jahre seines Lebens verbrachte Rudolf am Hofe seines Vaters Maximilian II., der abwechselnd in Prag und Wien residierte. Die unausgegorene Stellung des Kaisers zu religiösen Fragen, die starken Sympathien des gebildeten Maximilian für den Protestantismus und die laue Ausübung der katholischen Religion führten dazu, daß man von seiten der — international gesehen dominierenden — spanischen Linie des Hauses Habsburg eine Isolierung des Thronfolgers Rudolf von den „schädlichen Einflüssen" seines Vaters anstrebte. Dazu kam noch, daß man Rudolf mit Isabella, einer Tochter Philipps II., verlobte und daß durch die unsichere Situation am spanischen Hof knapp vor dem frühen und tragischen Tod des Infanten Don Carlos die Möglichkeit für Rudolf gegeben schien, in die Geschicke der spanischen Länder als Erbe einzugreifen. Außerdem war Spanien in dieser Zeit ein florierender, auf der Höhe der Macht stehender Staat mit einem ausgedehnten Weltreich an Kolonien, in dessen Zentrale der junge Rudolf und sein Bruder Ernst vieles in der Praxis der Politik und der Verwaltung lernen konnten; Rudolf wurde also sozusagen als „Herrscherlehrling" zu dem guten „Meister" Philipp II. in die Lehre geschickt. Von 1564—1571, also von seinem 12. bis zu seinem 19. Lebensjahr, wuchs Rudolf zusammen mit seinem von ihm sehr geliebten Bruder Erzherzog Ernst in Spanien auf, verbrachte in dieser strengen katholischen Atmosphäre des spanischen Hofes die vielleicht einprägsamsten Jahre im Leben eines jungen Menschen.

Seine Erziehung wurde, neben der praktischen Heranbildung zu einem „jungen Edelmann", wie es dem Ideal der Zeit und seines Standes entsprach und sich am besten in der Schrift des Baldassare Castiglione „Il Cortegiano" (Der Höfling) ausdrückt, durch die Bildungsinhalte der Renaissance und des Humanismus ebenso beherrscht wie durch das höfische Bildungsideal, wie es für einen angehenden Monarchen selbstverständlich war. Neben den klassischen Sprachen — vor allem Latein mußte ein Fürst beherrschen — und den lebenden Fremdsprachen — es sind vor allem Spanisch und Deutsch zentral gewesen — waren es Fächer der septem artes liberales sowie Geschichte, die den Grundstock eines solchen Erziehungsplanes bildeten. Der Lehrer des jungen Rudolf war Dr. Johann Tonner von Trubach, über den wir allerdings nur sehr wenig wissen.

Die Lehrbücher Rudolfs sowie lateinische „Übungsbriefe", die er an seinen Vater schrieb — oder wohl eher schreiben mußte —, sind erhalten geblieben.

Die beiden Erzherzoge Rudolf und Ernst hatten in Spanien auch einen eigenen Hofstaat, der unter der Leitung des Adam Dietrichstein stand und dem auch der spätere Vertraute und Gesandte Rudolfs in Madrid, Johannes Khevenhüller, angehörte.

Rudolf konnte seine Jugendjahre in Spanien nie verleugnen, sie haben das Bild seiner Persönlichkeit im Positiven wie im Negativen geprägt. Er hielt sich Zeit seines Lebens an die steife Etikette des spanischen Hofzeremoniells, das er übernommen und verinnerlicht hatte. Weniger hat ihn die gegenreformatorisch-militante Frömmigkeit Spaniens angesprochen, die Ketzerverbrennungen und Autodafés haben eher das Gegenteil erreicht und Rudolf geistig in die Nähe seines Vaters und der humanistischen Frömmigkeit ohne konfessionelle Fixierung geführt.

Stark war Rudolf, wie wir gesehen haben, von dem knapp vor seinem Spanienaufenthalt verstorbenen, aber noch im Tod präsenten Kaiser Karl V. beeindruckt, dessen Vorbild er sich sein ganzes Leben nachzueifern bemühte.

Die spanische Landschaft und die spanische Kunst, die ihm in seiner Jugend zum Erlebnis wurden, haben Rudolf nachhaltig beeindruckt. Immer wieder verlangt er von seinem spanischen Gesandten Khevenhüller „disegnos", also Zeichnungen, verschiedener Gegenden und Schlösser, und auch die wunderbaren Landschaftszeichnungen von einer Spanienreise des Prager Hofkünstlers Georg Hoefnagel dürften für Rudolf II. wertvolle Erinnerungen an seine Jugendzeit gewesen sein.

Georg Hoefnagel, Granada (Wien, Albertina)

Die Rückkehr Rudolfs 1571

Die Heimkehr Rudolfs und seines Bruders Ernst aus Spanien an den Hof ihres Vaters war nicht nur von der Tatsache abhängig, daß Rudolf nun ein Alter erreicht hatte, das ihn zu selbständigen Aufgaben im Rahmen der Regierungstätigkeit seines Vaters befähigte. Auch ein besonderes Ereignis bot Gelegenheit, den jungen Erzherzog und Thronfolger der Öffentlichkeit zu präsentieren: Der Bruder Maximilians II., Erzherzog Karl II. von Innerösterreich, feierte nämlich im Sommer 1571 in Wien seine Hochzeit mit Maria von Bayern. Dies nahm Maximilian zum Anlaß, um ein besonders prächtiges Fest auszugestalten, das auch für damalige, nicht kleinliche höfische Begriffe ein Vermögen gekostet hat. Solche Repräsentationsfeste hatten eine wichtige Funktion: Sie festigten das Ansehen des Herrschers — auch im Hinblick auf die beginnende gegenreformatorische Propaganda. Man erwartete von einem Herrscher einfach, daß er solche Festlichkeiten, die für exklusive Gäste und wichtige Persönlichkeiten bestimmt waren, veranstaltete.

Aus diesem Anlaß kehrten die beiden Erzherzöge mit ihrem Hofstaat nach Wien zurück. Sie fuhren mit dem Schiff nach Italien, dann auf dem Landwege und das letzte Stück auf der Donau nach Wien, wo ihnen von den Bürgern der Stadt, die ein kleines „kriegsspill", also ein Schaugefecht, aufführten, ein großer Empfang bereitet wurde. Auch ein lateinisches Gedicht des Universitätsprofessors Hubertus Luetanus, in dem die Heimkehr der beiden Söhne Maximilians gefeiert wird, hatten die Bürger der Stadt Wien bestellt und schreiben lassen.

Die Feierlichkeiten, die mit dem in einer ähnlichen Form ablaufenden Empfang und der Einholung der Braut begannen, wurden von Turnieren, Festessen und Jagden dominiert, deren Ausgestaltung von niemand geringerem als dem Hofkünstler Giuseppe Arcimboldo gelenkt wurde. Für die einzelnen Turniere hatte man — den Sitten der Zeit entsprechend — mythologische Hintergründe erfunden, die den Rahmen dieser mehr dem Maskenfest und Schauspiel als dem echten Zwikampf ähnlichen Veranstaltungen abgaben. An einem dieser Turniere, am Fußturnier, beteiligten sich die beiden jungen aus Spanien heimgekehrten Erzherzoge „mit ein feinlein (Fähnlein) fuosvolkh so alle in rott und weis gar woll und köstlich geklaidet, darunter 57 turnierer gewesen, uffgezogen und aigener personn nach gelgenheit irer durchleuchtigkeitt sterckh und alter gar woll geturniert und die spieß gebrochen". Zu diesem Anlaß hatte der Kaiser für seine Söhne auch eine Garnitur von Turnierharnischen für die verschiedenen Turnierarten anfertigen lassen, die unter dem Namen „Flechtbandgarnitur" bekannt ist und sich heute in der Waffensammlung des Wiener Kunsthistorischen Museums — der ehemals kaiserlichen Waffensammlung — befindet. Diese von einem Augsburger Meister verfertigte Garnitur ist für die drei Erzherzöge Ernst, Rudolf und Matthias bestimmt gewesen, wobei die einzelnen Stücke durch ihre Größe zu unterscheiden sind. Gemeinsam haben sie den ornamentalen Schmuck, ein Flechtbandornament in Gold, das die blanke Stahloberfläche der Rüstungen ziert.

Neben dem erhabenen, auf die Repräsentation des Herrschers und seiner Familie, der casa de Austria, ausgerichteten Geschehen dieses Festes waren im Sinne eines Kontrastes bzw. als Elemente der manieristischen Lebensart groteske Elemente in die Darbietungen eingebaut, an denen man in dieser Zeit viel Freude hatte — Mißbildungen, Verwachsungen, seltsame Tiere und Pflanzen wurden von den Zeitgenossen der zweiten Hälfte des 16. Jahrhunderts besonders geschätzt und füllen die „Kunst- und Wunderkammern" der großen Sammler dieser Zeit. Bei der Hochzeit Karls II. mit Maria von Bayern wurden solche verkleidete groteske Figuren — etwa Menschen als Schnecken verkleidet — sowie Riesen, Zwerge und Menschen auf Stelzen zur Erheiterung des Publikums in die mythologisch dominierten Handlungsabläufe, die der Herrschaftssymbolisierung dienten, eingegliedert.

Flechtbandgarnitur, Rüstung zum Plankengestech für Erzherzog Rudolf (Wien, Waffensammlung des KHM)

Fußturnier aus Heinrich Wirrichs Beschreibung der Hochzeitsfeierlichkeiten 1571 (Wien, Museum für angewandte Kunst)

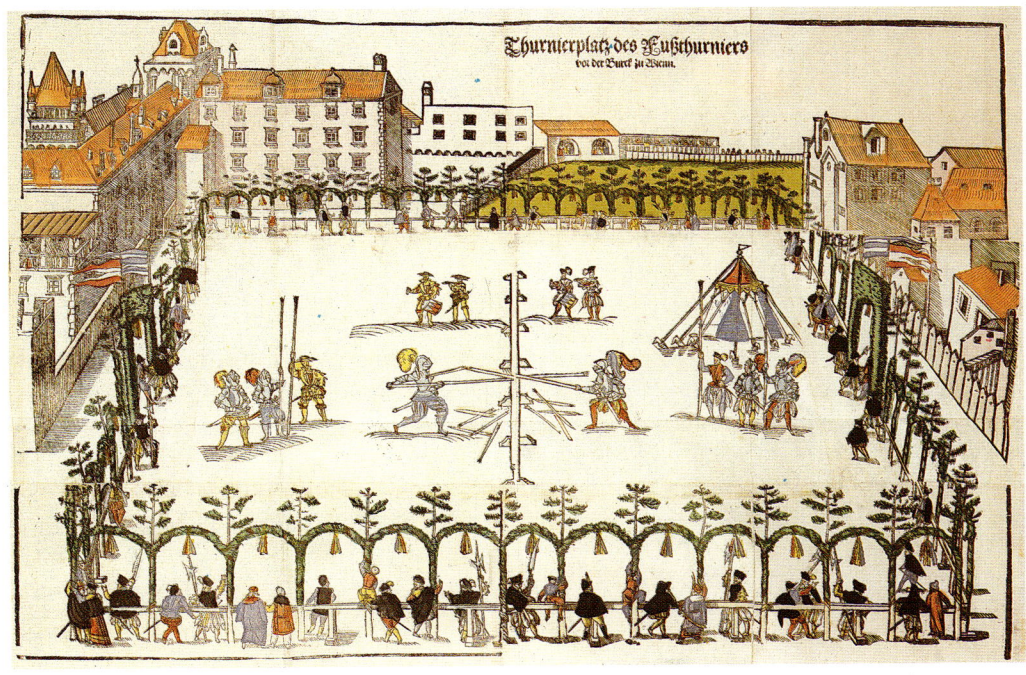

Die Krönung in Ungarn

Der unglückliche Ausgang der Schlacht bei Mohács 1526, in der König Ludwig II. Jagiello eine vernichtende Niederlage gegen die osmanischen Eroberer hinnehmen mußte und dann — entweder in der Schlacht oder auf der Flucht in den Sümpfen — sein Leben einbüßte, hatte für das Haus Habsburg die Anwartschaft auf das ungarische Erbe eröffnet. Ferdinand I., der Schwager des gefallenen Königs, konnte allerdings realpolitisch nicht ganz Ungarn für sich und sein Haus erwerben, da eine Wahl durch die ungarischen Stände notwendig war. Zwei Parteien hatten sich dabei gebildet, die eine wählte Ferdinand I., die andere den nationalen Gegenkandidaten Johann Zápolya. Die weiteren auch mit kriegerischen Konfrontationen verbundenen Entwicklungen, in die auch der osmanische Sultan eingriff, führten schließlich noch unter der Regierung Ferdinands I. zu jener Lage, die wir auch in der Zeit Maximilians II., als Rudolf — als der dritte habsburgische König — das ungarische Erbe antrat, vorfinden. Westungarn in einem breiten Streifen von der oberen Slowakei bis hinunter nach Kroatien war als „kaiserliches Ungarn" im Besitz des Hauses Habsburg, Mittelungarn, also die Tiefebene zwischen Donau und Theiß, war unter unmittelbarer osmanischer Herrschaft als türkischer Paschalik, während Siebenbürgen unter den Nachfolgern Zápolyas ein politisches Schaukeldasein zwischen Europa und dem Osmanischen Reich führte, meist aber einem türkischen Klientelstaat, der dem Sultan tributpflichtig war, ziemlich angenähert erscheint.

Wenn man von der habsburgischen Herrschaft in Ungarn im späten 16. Jahrhundert spricht, meint man die Übernahme der Herrschaft in diesem kleinen westungarischen Gebiet, das noch dazu ständig von den Osmanen bedroht war. Allerdings erfolgte auch in diesem Gebiet die Einsetzung eines neuen Herrschers nicht nach dem Erbrecht — er mußte also nicht selbstverständlich ein Angehöriger des Hauses Habsburg sein —, sondern nach einer vorhergehenden Wahl durch die ungarischen Stände. 1572 wurde also diesen ungarischen Ständen der Vorschlag unterbreitet, den jungen Rudolf zum König zu wählen, und erst nach erfolgter Wahl konnte Rudolf zum ungarischen König gekrönt werden. Da es zu dieser Wahl und Krönung kaum Quellen gibt, wissen wir wenig über dieses besondere Ereignis und können das meiste nur aus dem stets bestehenden Zeremoniell bei der Krönung mit der heiligen Stefanskrone erschließen. Ein bildliches Zeugnis von dieser ungarischen Herrschaftseinsetzung liefert uns Rudolf selbst in einem der vier Felder seiner Hauskrone, das die Krönung in Székesfehérvár (Stuhlweißenburg) darstellt. Besonders eindrucksvoll und symbolträchtig ist dieses Krönungszeremoniell in Ungarn. Angetan mit den Krönungsinsignien des Königreiches, unter denen die bedeutendste die das Reich verkörpernde „Heilige Krone" des „Heiligen Stefan" ist, sitzt der König zu Pferde — als Reminiszenz daran, daß die Magyaren als Reitervolk nach Europa eingebrochen waren und hier seßhaft wurden. Der von den Ständen Gewählte reitet also auf einen Krönungshügel, der aus der Erde aller ungarischer Komitate aufgeschüttet wurde, in der Hand hält er das bloße Schwert, und mit ihm schlägt er symbolisch in alle vier Himmelsrichtungen, um damit auszudrücken, daß er das Land gegen alle Feinde, aus welcher Richtung sie auch kommen mögen, zu verteidigen bereit ist.

Diese Zeremonie fand im Kreise einer ausgewählten „Öffentlichkeit" statt; politisch führende Persönlichkeiten aus dem Kreis der Stände — Adel und Klerus — und die Bewohner des Krönungsortes waren vertreten, viele Landsleute nahmen als Zuschauer teil. Für sie allerdings gab es eine Sensation, den Auswurf der Krönungsmünzen, oder besser gesagt Krönungsjetons, die zu diesem Anlaß hergestellt wurden und auf die Krönung Bezug nehmen. Eine größere Anzahl dieser Jetons wurde üblicherweise bei solchen Gelegenheiten unter die zusehende Menge gestreut, und einige wenige solcher Stücke sind in unseren Sammlungen auch bis heute erhalten geblieben.

Zwei Auswurfmünzen zur ungarischen Krönung (Wien, Münzsammlung des KHM)

Detail aus der Hauskrone Rudolfs II., die ungarische Krönung darstellend (Wien, Schatzkammer)

PRAG – DIE KRÖNUNGSSTADT DER LÄNDER DER WENZELSKRONE

Mit dem Tod des jungen Königs Ludwig II. Jagiello in der Schlacht bei Mohács 1526 hatten die Habsburger nicht nur den Anspruch auf Ungarn erworben, sondern auch den auf Böhmen mit seinen Nebenländern. Verglichen mit den Schwierigkeiten in Ungarn mit der Doppelwahl und dem türkischen Einfluß, gestaltete sich die Situation in den Ländern der Wenzelskrone relativ günstig. Ohne allzugroße Schwierigkeiten konnte Ferdinand I. die blühenden, wirtschaftlich reichen Länder nördlich seiner Erblande an sein Haus ziehen. Nicht nur wirtschaftlich war dieser böhmische Besitz wertvoll, er verlieh dem Hause Habsburg auch mehr politisches Gewicht, da der König von Böhmen als Kurfürst des Heiligen Römischen Reiches ein gewichtiges Wort bei der Wahl des römisch-deutschen Herrschers mitzureden hatte. Zwar machten die Habsburger von diesem böhmischen Stimmrecht nie Gebrauch, doch bei einer Pattstellung der konfessionellen Parteien im Reich war dieses Recht ein großer Vorteil für einen eventuellen Notfall.

Aus diesen politischen und wirtschaftlichen Erwägungen versteht sich das Bemühen der Habsburger um die Erhaltung der böhmischen Krone, was ebenso wie in Ungarn nicht ganz ohne Schwierigkeiten war. Die böhmischen Stände pochten auf ihr Wahlrecht, die Habsburger hingegen betonten ihr Erbrecht an der böhmischen Krone. Beide Rechtsstandpunkte fanden einen Kompromiß in der Lösung, die bis zum Dreißigjährigen Krieg praktiziert wurde. Die böhmischen Stände wurden vom herrschenden Habsburger gebeten, seinen Sohn als böhmischen König „anzunehmen". Man vermied in dieser Formel sowohl den Ausdruck „zu wählen" als auch die Formulierung, das Erbrecht anerkennend „zu krönen". Erst der politische Umschwung nach der Schlacht auf dem Weißen Berg, als die Habsburger den Widerstand der böhmischen Stände brechen konnten, führte zu einer Annahme des Erbrechtes in Böhmen.

Dabei ist noch zu bedenken, daß eine Wahl in Böhmen für den jungen Rudolf sehr wichtig war, weil ihm erst dadurch — nach dem Rechtsspruch der Zeit „die römische Krone gehört auf die böhmische" — die Kandidatur und Wahl im Heiligen Römischen Reich ermöglicht wurde.

Rudolf konnte auf dem Wahltag für die römisch-deutsche Königswahl durch die vorhergehende Krönung mit der Wenzelskrone als Kurfürst des Heiligen Reiches auftreten, was seine Position bedeutend stärkte.

Auch über die böhmische Krönung Rudolfs wissen wir verhältnismäßig wenig, wenn auch die Quellen nicht so dürftig sind wie für Ungarn. Der eigentliche Krönungsakt vollzog sich im Rahmen einer kirchlichen Zeremonie im Veitsdom zu Prag, in der der Erzbischof von Prag an Rudolf in lateinischer Sprache eine Reihe von Fragen richtete, die auf die Pflichten des Herrschers hinweisen sollten: ob er das Land gegen Feinde verteidigen wolle, ob er Frieden im Lande garantieren wolle, ob er Witwen und Waisen schützen wolle, ob er allen Untertanen ein gerechter Richter sein wolle usw. Erst als er alle diese Fragen mit der Formel „volo" (ich will) beantwortet hatte, erfolgte die Salbung und die Krönung mit den Insignien der Heiligen Wenzelskrone, die zu diesem Zweck von ihrem Aufbewahrungsort, der Burg Karlstein, geholt wurden. Wieder zeigt die Hauskrone Rudolfs II. selbst eine späte, aber doch authentische Szene dieser böhmischen Krönung, den Einzug des Herrschers in die Krönungskirche.

Prag als die Hauptstadt des Königreiches Böhmen hat nicht nur als Krönungsort, sondern natürlich auch als Residenz der Habsburger große Bedeutung gehabt. Die Gründe für die Bevorzugung Prags auch durch Rudolf II., die sich schon in der Regierungszeit seines Vaters andeutete, sind mannigfaltige: Neben der günstigen Lage der Stadt haben wohl wirtschaftliche Motive — Böhmen war die reichste Provinz, die die österreichische Linie des Hauses Habsburg besaß — und die angedeuteten politischen Erwägungen eine wichtige Rolle für eine Schwerpunktverlagerung in den habsburgischen Ländern gespielt.

Detail aus der Hauskrone Rudolfs II., die böhmische Krönung darstellend (Wien, Schatzkammer)

Retz (Niederösterreich), Stadtturm mit einer Inschrift, die auf Rudolfs Zug zur Krönung nach Prag hinweist.

Die Stadt Prag zur Zeit Rudolfs. Detail aus dem sogenannten Bocskay-Codex (Wien, KHM)

59

REICHSKRONE UND HAUSKRONE

Ebenso wie in Böhmen und Ungarn versuchte Maximilian II. die Nachfolge seines Sohnes auch im Heiligen Römischen Reich Deutscher Nation zu sichern und zu seinen Lebzeiten Rudolf zum römisch-deutschen König wählen und krönen zu lassen. Anders als in den Ländern der Stefans- und der Wenzelskrone bestand im Heiligen Römischen Reich grundsätzlich kein — auch noch so bestrittenes — Erbrecht der Habsburger auf die Kaiserwürde. Zwar hatte die Familie seit der Zeit Albrechts II. (1438—40) in einer ununterbrochenen Reihenfolge diesen Platz an der Spitze des Reiches inne, doch gab es, wie neuere Untersuchungen erst wieder deutlich bewußtgemacht haben, daneben immer Alternativen, nicht zuletzt die Möglichkeit der Schaffung eines protestantischen Kaisertums. Dazu muß man sich die Lage in jenem Gremium vergegenwärtigen, das die Wahl vorzunehmen hatte, in der Kurfürstenkurie. Diese bestand aus sieben Stimmen. Die drei Erzbischöfe von Mainz, Köln und Trier waren natürlich katholisch, die drei weltlichen Kurfürsten von Sachsen, Brandenburg und Pfalz aber protestantisch. Dazu kam noch Rudolf als Kurfürst von Böhmen. Damit wird nicht nur das Gewicht der böhmischen Kurstimme erklärlich, sondern es liegt auch die mögliche Alternativlösung, die Wahl eines nicht habsburgischen, nicht katholischen Fürsten zum König, auf der Hand.

Die politische Situation am Vorabend der Wahl Rudolfs zum römisch-deutschen König war für eine Wahl des in Spanien erzogenen, einer strikten Durchführung der Gegenreformation verdächtigen Rudolf nicht sehr günstig. Der Hauptgegner habsburgischer Bestrebungen war der, radikaler als seine Standesgenossen denkende, Kurfürst von der Pfalz, doch gelang es durch geschickte Manöver — nicht zuletzt durch ein falsches Gerücht einer Verlobung Rudolfs mit der Tochter des sächsischen Kurfürsten — die Stimmung der wählenden Kurie positiv zu beeinflussen. Rudolf wurde gewählt und am 12. Oktober 1576 in Regensburg gekrönt. Natürlich war Aachen, die Pfalz Karls des Großen, die Krönungsstadt der römisch-deutschen Könige, doch bei der Krönung Rudolfs wurde „ausnahmsweise", wie eine Urkunde gegenüber der Stadt Aachen versichert, ohne damit einen Präzedenzfall zu schaffen, die Krönung nicht in Aachen vorgenommen. Die Zeremonie, die ebenfalls auf einem der Felder der Hauskrone Rudolfs dargestellt ist, fand im Rahmen eines Gottesdienstes statt, da sich das Zeremoniell der römisch-deutschen Kaiserkrönung sehr dem der Bischofsweihe angeglichen hatte.

Das Reich, das durch den Reichsadler, der ausgewählte Wappen der Stände dieses Reiches aufgelegt hat, symbolisiert wird, hatte mit dieser Krönung Rudolf als Nachfolger seines Vaters angenommen. Die Krönung durch den Erzbischof von Mainz erfolgte mit den Reichsinsignien, die heute in der Wiener Schatzkammer ausgestellt sind und deren Entstehung — der genaue Zeitpunkt ist heftig umstritten — etwa im 9. oder 10. Jahrhundert anzusetzen ist. Diese Insignien des Reiches standen allerdings dem Kaiser nicht ständig zur Verfügung, sondern wurden im 16. Jahrhundert von der Reichsstadt Nürnberg aufbewahrt, sodaß die einzelnen Herrscher, wollten sie als Kaiser repräsentieren, genötigt waren, sich sogenannte Privatkronen anfertigen zu lassen. Nachrichten erzählen uns, daß auch die Vorgänger Rudolfs II. solche Privat- oder Hauskronen besaßen, doch ist uns nur eine, die Rudolfs II. aus dem Jahre 1603, überliefert. Diese Krone, die wie eine Mitra aufgebaut ist und reich mit Edelsteinen verziert wurde, gehört in die späte Zeit Rudolfs und ist weder von ihm noch von seinen Nachfolgern bei der römisch-deutschen Kaiserkrönung verwendet worden. Mit der Schaffung eines Kaisertums Österreich 1804 am Vorabend der Auflösung des Heiligen Römischen Reiches durch Franz II. (1806) erhielt diese Krone, die Franz zu der des Kaisertums Österreich machte, eine neue staatsrechtliche Bedeutung.

Die Krone, die Rudolf als eine für ihn persönlich gemeinte Vereinigung all seiner „Herrschaft" in einer Insignie ansah, enthält neben den Szenen aus der ungarischen, böhmischen und römisch-deutschen Krönung auch eine Darstellung, die Rudolf als Türkensieger zeigt, ein Hinweis darauf, wie sehr Rudolf, der auf „seine Erfolge" gegen die Osmanen besonders stolz war, diese Krone als persönliches Symbol verstand.

Hauskrone Rudolfs II. (Wien, Schatzkammer)

61

Kaiser und Kurfürsten

Das Heilige Römische Reich Deutscher Nation als übergeordnete Einheit Mitteleuropas war, wie auch die anderen innerhalb dieser losen Einheit bestehenden und außerhalb von ihm existierenden Staatengebilde, aufgebaut auf dem Spannungsverhältnis zwischen den Ständen — die das Land bzw. das Reich sind, es nicht bloß repräsentieren — und dem Herrscher, der sich mit ihnen auseinandersetzen muß. „Kaiser und Reich", diese Vorstellung von Herrscher und ständischer Vertretung wird symbolisch durch den Reichsadler verkörpert, der nach der Quaternionentheorie eine „repräsentative Auswahl" aus den unzähligen Reichsständen und ihren Wappen zeigt und dessen Gestaltung meist auf ein graphisches Blatt von Hans Burgkmaier zurückgeht, wie auch durch den „Kaiser mit den Kurfürsten" dargestellt. Die Kurfürsten, die nach dem Reichsgesetz der Goldenen Bulle Karls IV. (1356) mit besonderen Vorrechten — darunter eben das namengebende Recht der „Kur", d. h. der Wahl des römisch-deutschen Königs — ausgestattet waren, bildeten eine eigene Gruppe, eine eigene Kurie, auch am Reichstag, der ständischen Versammlung des Heiligen Römischen Reiches. Die Zahl der Mitglieder dieser Kurie war extrem gering — nur sieben Kurfürsten gab es. Von ihnen war einer, der habsburgisch-böhmische König, immer Kaiser. Doch ihr politisches Gewicht war dem aller anderen Kurien weit überlegen. Daher erklärt sich auch, daß man in Kaiser und Kurfürsten auch schon das Reich als Gesamtheit verkörpert sehen konnte.

Diese Darstellung ist sowohl in der Kunst des Hofes als auch in der Gebrauchskunst der Zeit sehr häufig. Viele Graphiken verbreiteten das Motiv, das sich auch auf Gläsern und Tellern und anderen gehobenen Gebrauchsgegenständen als Schmuckmotiv in verschiedenen Ausführungen, von der Glasmalerei über die Hafnerei bis zur Textilkunst, findet. Unsere beiden Beispiele sind aus dem Bereich der Hochkunst genommen, die schöne Buchmalerei aus dem Bocskay'schen Schriftmusterbuch — dem kalligraphischen Kunstwerk dieser Zeit, das von Joris Hoefnagel mit emblematischen, landschaftlichen und sonstigen Darstellungen reich ausgestaltet wurde, zeigt Rudolf auf einem von einem Baldachin als Herrschaftssymbol überdachten Thronsessel, umgeben von den sechs verbleibenden Kurfürsten. Die Umrahmung mit Fasces (römischen Rutenbündeln), Reichsadlern und Lorbeerkränzen deuten auf die Symbolik des Reichs hin.

Auch die Medaille des Paulus von Vianen — die Vorderseite hatte den Kaiser zu Pferde über besiegte Feinde hinwegreitend gesehen — zeigt eine ganz ähnliche Szene, die durch einen am Boden liegenden, gefesselten, nackten Feind und die allegorischen Gestalten von Krieg und Frieden sowie das auch in der Allegorie des Joos van Winghe auftauchende Motiv der die Krone haltenden Genien erweitert ist.

Paulus von Vianen, Medaille Kaiser und Kurfürsten (Wien, Münzsammlung des KHM)

Kaiser und Kurfürsten, Miniatur aus dem sogenannten Bocskay-Codex (Wien, KHM)

RUDOLF ALS GESETZGEBER

Der Kaiser des Heiligen Römischen Reiches, jener übergeordneten staatlichen Instanz, die halb Europa umfaßte, hatte nur wenig Macht und geringe Rechte. Durch die Umgestaltung des mittelalterlichen Kaiserreiches mit seiner ausgeprägten Feudalstruktur in eine Summe von nahezu unabhängigen Territorialstaaten der einzelnen Reichsfürsten, denen es gelungen war, in ihrem Herrschaftsgebiet zu absolutistisch regierenden oder doch zumindest sehr starken Territorialherren aufzusteigen, war die Macht des Kaisertums mehr und mehr ausgehöhlt worden. Was blieb, war ein Ehrenvorrang mit einer großen Prestigebedeutung, aber ohne reale Grundlage der Macht, die bei den Habsburgern aus den ihnen unmittelbar unterstehenden Gebieten — den Erblanden, Böhmen, Ungarn — kommen mußte. Gerade angesichts der ständig präsenten Türkengefahr war zwar die Hilfe der Reichsstände nicht unwesentlich, doch mußten die Habsburger dafür eine Reihe von anderen Problemen, die das Reich beschäftigten, in Kauf nehmen.

Was waren nun die obersten Pflichten des Herrschers — für Rudolf also die des Kaisers und des Landesfürsten in seinen eigenen Ländern? Dieser Pflichtenkanon läßt sich in zwei Worten zusammenfassen: der Kaiser hat „Pax et Iustitia" (Frieden und Recht) zu wahren.

Die zweite dieser Aufgaben, die Funktion des Kaisers bzw. des Landesfürsten als Gesetzgeber und oberster Richter, symbolisiert das kleine Kunstwerk von dem Hofmaler Bartholomäus Spranger, das die Titelseite des Welser Privilegienbuches ziert. Diese Handschrift enthält eine Bestätigung der Privilegien dieses oberösterreichischen Ortes, und eine solche Bestätigung erschien immerhin so wichtig, daß man es von seiten des Hofes für notwendig hielt, die Titelseite von einem erstklassigen Künstler wie Spranger gestalten zu lassen.

Spranger stellt Rudolf als thronenden Herrscher dar, umgeben von den Wappen und Herrschertugenden, unter denen links oben eben auch die Iustitia, die Gerechtigkeit, ist. In der Hand hält der Kaiser dabei Reichsapfel und das Reichsschwert, das nicht nur als Lehensschwert zu deuten ist, das die höchste Stufe im Feudalsystem signalisiert, sondern ebensosehr auch als Gerichtsschwert. Der damit ausgedrückte Gedanke ist der des Kaisers als höchster Richter des Reiches, was er zumindest theoretisch war. Manchmal hat der Kaiser statt dieses Schwertes auch einen Stab in der Hand, der als Gerichtsstab zu interpretieren ist.

Bartholomäus Spranger, Titelseite des Welser Privilegienbuches (Wels, Stadtmuseum)

DER REICHSTAG

Das Heilige Römische Reich Deutscher Nation, die ideell gesehen zentrale Macht Mitteleuropas, wurde nicht nur durch Kaiser und Kurfürsten, sondern strenggenommen durch Kaiser und Stände verkörpert. Diese Stände waren von sozial sehr unterschiedlichem Ursprung. Die soziale Stufenleiter führte von den großen Territorialfürsten, die in ihren Ländern fast völlig souverän schalten und walten konnten, über die geistlichen Würdenträger und Machthaber bis hinunter zu den Reichsgrafen und Städten, die wenig Entscheidungsmöglichkeiten im Reich hatten. Alle diese Stände waren in einem Gremium, dem Reichstag, vertreten. Dieser Reichstag, der in verschiedene Kurien — Kurfürsten, Fürsten, Städte etc. — gegliedert war, denen unterschiedliches politisches Gewicht zukam, wurde vom Kaiser einberufen und bildete die oberste Instanz des Reiches. Das wichtigste Recht dieser Ständeversammlung bestand in der Steuerbewilligung, durch die ein wesentliches Druckmittel gegen den Monarchen gegeben war: man konnte die Bewilligung der vom Kaiser so dringend benötigten Türkensteuer von der Erfüllung der politischen Forderungen abhängig machen. Diese waren religiöser Art — allerdings darf man sich für die damalige Zeit religiöse Fragen nicht in der Art und mit dem Stellenwert in der Gesellschaft der Zeit vorstellen, wie wir es heute zu tun gewohnt sind. Es muß betont werden, daß die konfessionellen zugleich eminent politische Fragen waren und daß man völlig am Verständnis dieser Zeit vorbeigeht, wenn man vom theologisch-distanzierten Standpunkt der Gegenwart aus urteilt. Nicht zuletzt waren die Auseinandersetzungen um die protestantische Konfession auch eine Form des Machtkampfes zwischen dem Kaiser und den Ständen des Reiches.

Die Reichstage als Versammlungen der Reichsstände waren für diese politischen Fragen von entscheidender Bedeutung. Rudolf II. kam auf dem Reichstag im Jahre 1576 an die Regierung. Als sein Vater Maximilian vor der Verlesung des Reichstagsabschiedes, der die Beschlüsse der Reichsversammlung enthalten sollte, starb, verheimlichte Rudolf den Tod seines Vaters vor den Ständen, um das Ergebnis des Reichstages nicht zu gefährden. Rudolf selbst berief in seiner langen Regierungszeit nur fünf Reichstage ein, 1582 in Augsburg, 1594, 1598, 1603 und 1608, jeweils in Regensburg.

Bei den beiden ersten Reichstagen war Rudolf auch selbst anwesend. Zu der rechtlichen und politischen Bedeutung trat bei persönlicher Anwesenheit des Reichsoberhauptes auch ein kultureller, repräsentativer und propagandistischer Faktor hinzu. Die Stände des Reiches, die entweder anwesend waren oder sich durch ihre Räte vertreten ließen, bildeten die höchste Form der Öffentlichkeit dieser Zeit, da in ihren Händen alle politische Macht vereinigt war. Eine Beeinflussung dieses Menschenkreises im Sinne des Kaisers bedeutete somit auch eine Beeinflussung des gesamten Reiches, da die einzelnen Machthaber ihrerseits wieder in den eigenen Ländern die öffentliche Meinung lenken konnten.

Im Rahmen der kaiserlichen Repräsentation auf einem solchen Reichstag kam dem prunkvollen Einritt, der den Reichtum und Geschmack des Fürsten vor Augen führen sollte, besondere Bedeutung zu. Er war der Beginn einer Reihe von parallel zum politischen Ringen ablaufenden kulturellen Ereignissen, Festen, Banketten und religiösen Zeremonien, die der Zerstreuung und der Beeindruckung der Stände dienen sollten. Zur Erinnerung an diese festlich-bedeutsamen Tage wurden meist auch Medaillen geprägt und gedruckte Beschreibungen angefertigt, die für die Teilnehmer als Erinnerungsstücke gedacht waren.

Medaille auf den Reichstag zu Regensburg 1608, Vorder- und Rückseite (Wien, Münzsammlung des KHM)

Einritt Rudolfs II. am Reichstag zu Regensburg 1594 (Wien, Albertina)

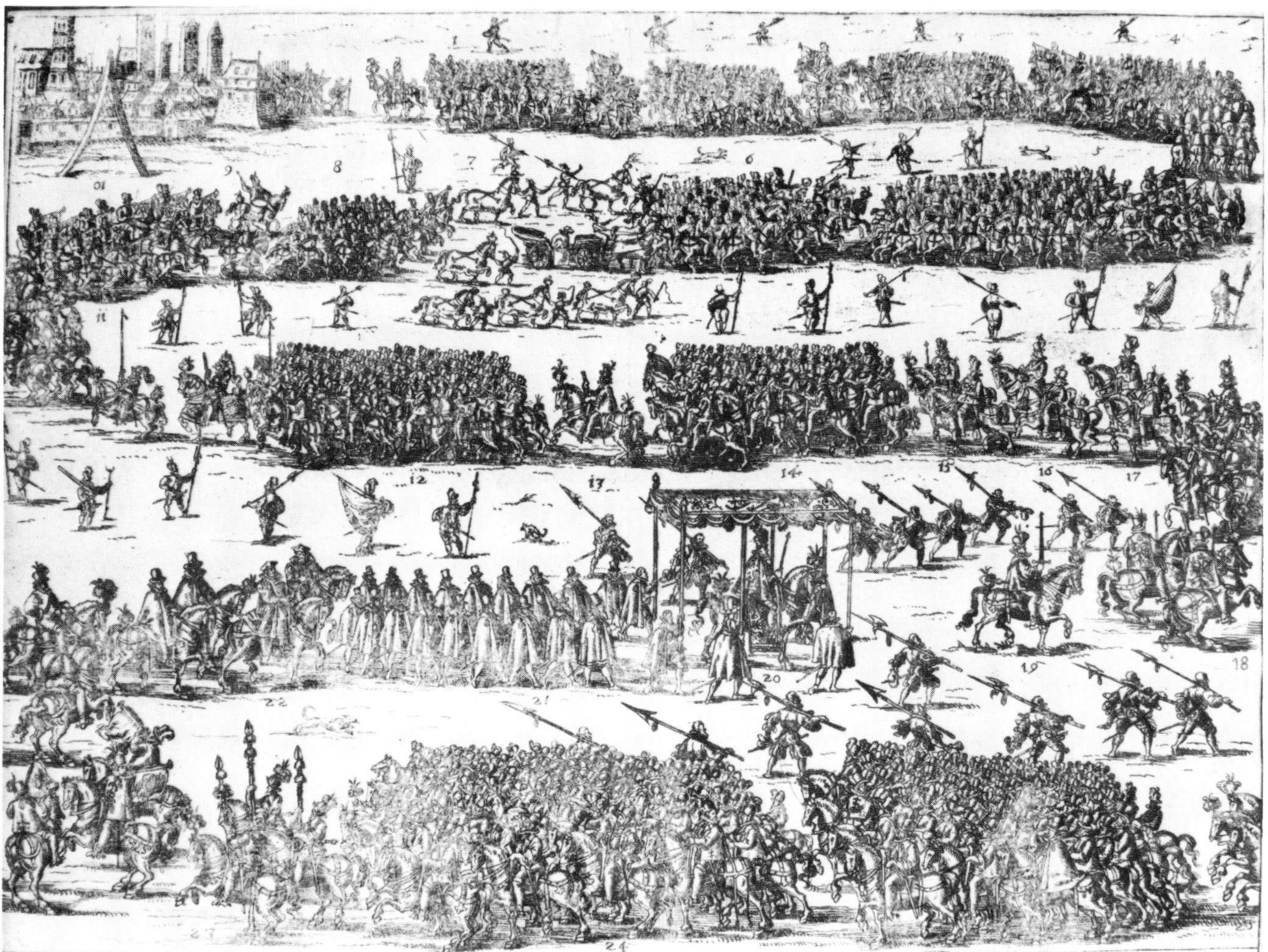

Einritt des Röm: Kay: M:t Rudolphi 2. auff den Reichstag zu Regenspurg, 8. May 1594 ...

DER HOF RUDOLFS II.

Das Hofleben

Das Zentrum des kulturellen und politischen Lebens jeder Monarchie bildet der Hof des Herrschers, hier fallen alle wichtigen Entscheidungen, hier kämpfen die Mächtigen um ihren Einfluß, hierher zieht es die Künstler aller Sparten in der Hoffnung auf Aufträge und reiche Belohnung, die Geschäftsleute in dem Bestreben, gute Geschäfte zu tätigen, die Abenteurer, die ihre Chancen wittern. Kaum ein anderer Hof als der Rudolfs II. in Prag, in das sich der Kaiser 1583 zurückgezogen hatte, bietet uns ein solch buntes Bild des Hoflebens und der verwirrenden Vielfalt von Menschen. Die Graphik des uns schon bekannten Prager Kupferstechers Ägidius Sadeler — gewissermaßen des „Bildreporters des Prager Hofes" — gibt uns einen Eindruck dieses Lebens wieder. Der aus dem Jahre 1607 datierbare Stich zeigt uns den sogenannten Wladislawschen oder Huldigungssaal der Prager Burg auf dem Hradschin — heute ein kahler, leerer und stiller Raum —, der erfüllt ist vom Treiben vor der Audienz beim Kaiser. In der Mitte des Raumes stehen erwartungsvoll Vertreter des politischen Lebens aus aller Welt; man kann ungarische Magnaten mit ihren federgeschmückten Kopfbedeckungen ebenso erkennen wie osmanische Gesandte in orientalischen Gewändern. Auch in diesem Bild läßt sich das Charakteristikum der Höfe dieser Zeit und besonders des rudolfinischen in Prag aufzeigen: Die Höfe waren nicht nur politisches Zentrum, eben Wohnsitz der Entscheidungsträger eines Landes, sondern darüber hinaus auch kultureller Mittelpunkt. Sadeler deutet das an mit der Gruppe am linken Rand des Bildes vor der ersten Fensternische, wo ein Laden gezeigt wird, an dem Bilder — vielleicht seine eigenen Graphiken — und Kunstgegenstände verkauft werden. Bei genauer Betrachtung erkennt man Pokale und Teller, die wohl aus edlem Metall waren.

Das Leben der vielen von diesem Hof abhängigen und von ihm lebenden Menschen spielte sich in geordneten, durch ein starres Zeremoniell geregelten, streng abgestuften Bahnen ab, die nur manchmal von besonderen Ereignissen durchbrochen wurden. Hervorzuheben sind dabei besonders die Feste, deren prunkvolle Ausgestaltung den Rahmen des Alltagszeremoniells sprengte, die politischen Anlässe, wie etwa die Anwesenheit des Kaisers auf Reichstagen oder die Verlagerung des Hofes weg von Prag, wie es das Bild von Lucas van Valkenborch zeigt, auf dem eine Szene wiedergegeben ist, die Kaiser Rudolf II. auf einer Trinkkur zeigt. Auch dieses Gemälde des aus den Niederlanden stammenden Hofmalers macht deutlich, welch buntes Treiben rund um die Person des Kaisers herrschte, welch großer Hofstaat ihn bei all seinen täglichen Verrichtungen umgab, um seiner Person mehr Bedeutung und Ansehen zu verleihen.

Die ältere wissenschaftliche Literatur über Kaiser Rudolf II. vermittelt uns das Bild eines menschenscheuen Sonderlings und Einzelgängers, der kaum in der Öffentlichkeit aufgetreten ist. Wenn diese Charakterisierung für manche krankhaften Phasen seines Lebens auch gelten mag, so ist es sicherlich ein verzerrtes Bild, das uns geboten wird, da die schriftlichen wie auch die bildlichen Zeugnisse deutlich auf die Rolle des Hofstaates und des Hoflebens verweisen, der allerdings — was manche „politisch denkende" Historiker des 19. Jahrhunderts gestört haben mag — weniger politische als vielmehr dominierend kulturelle Züge aufwies.

Aegidius Sadeler, Rudolf II. empfängt im Wladislawschen oder Huldigungssaal der Prager Burg (Wien, Bildarchiv der ÖNB)

Lucas van Valckenborch, Kaiser Rudolf II. bei einer Trinkkur (Wien, KHM)

DER HOFSTAAT RUDOLFS II.

Schon die letzten Bilder haben uns deutlich die Rolle des Hofstaates und des Hoflebens für die Selbstdarstellung des Herrschers gezeigt. Wieder ist es Lucas van Valkenborch, der uns ein lebhaftes Bild dieses Hofstaates mit seinen Gouachemalereien vermittelt. Zwar sind diese Entwürfe einer Hofkleidung und Ausstattung der Hofbediensteten nicht für den Hof Rudolfs II. bestimmt, sondern für den seines Bruders Erzherzog Matthias, doch liefert diese einmalig schöne Serie von Zeichnungen ein hervorragendes Bild der prunkvollen Kleidung und Ausstattung des Hofstaates des späten 16. Jahrhunderts.

Einen Eindruck von der Menge der Menschen, die in dienenden Funktionen bei Hofe das Ansehen des Herrschers erhöhen sollten, geben uns die gerade aus der Zeit Rudolfs reichlich überlieferten Hofstaatsverzeichnisse. Für jeden Handgriff bei Hofe gab es einen oder mehrere Bediente, die die absonderlichsten Funktionen ausübten.

Den zwar besoldeten Adeligen, die dennoch ihrer Funktion nach ein Ehrenamt ausübten, war ein Heer von Hilfspersonal untergeordnet. So waren, um nur ein Beispiel herauszugreifen, für die kaiserliche Tafel eine ganze Reihe von Personen tätig. „Das Küchenwesen stand unter dem Kuchelmeister, welcher 600 fl. und für sich und einen Buben freie Kost erhielt. In Verwendung bei der k. Küche standen: der Küchenschreiber (240 fl.), der Einkäufer (180 fl.), Zuschroter, Mundkoch, 6 Köche (je 170 fl.), zwei Pastetenköche (je 140 fl.), 7 Unterköche (je 100 fl.), 8 Kuchelbuben (je monatlich 8 fl.), 2 Kuchelträger, 3 Zergadenträger, 2 Marktträger, ein Holzhacker (alle je monatlich 2 fl.), der Hofbäcker (180 fl.), Zuckerbäcker (60 fl.) und der Kuchelthürhüter (monatlich 8 fl.). Alle zur k. Küche gehörigen Personen hatten freie Kost, die 4 ersteren auch noch einen Buben. Der k. Hofkeller stand zunächst unter dem Kellermeister (240 fl.) mit 3 Kellerschreibern (je 130 fl.) und zwei Kellerbindern (je 60 fl.). Für die Beleuchtung hatte der Lichtkämmerer zu sorgen, welcher für sich und seinen Gehilfen 240 fl. erhielt." Dazu kamen noch für das Auftragen der Speisen und Getränke 12 Mundschenken, 7 Vorschneider, 4 Panathiere (Speisenträger), 24 Truchsessen und zwei Truchseßdiener sowie das Personal der Silberkammer.

„Die Leibwache des Kaisers bestand aus 100 Mann zu Roß (Hartschiere genannt mit Federn auf den Hüten geschmückt) mit dem Hauptmann Graf von Sonneberg, und aus 100 Mann zu Fuß (Trabanten) mit dem Hauptmann Pappenheimb an der Spitze. Die Hauptleute erhielten jeder 600 fl. jährlich, von den Hartschieren jeder 12 fl. und von den Trabanten jeder 8 fl. monatlich samt der Kleidung."

Zwei besondere Funktionäre im Hofstaat des Monarchen, die durch ihre Tätigkeit die Wichtigkeit des Kaisers unterstreichen sollten, sind hier abgebildet: der Trompeter und der Herold. Der Trompeter hatte vor allem die Aufgabe, bei offiziellen Anlässen das Erscheinen des Herrschers durch einen Fanfarenstoß anzukündigen und damit die Aufmerksamkeit auf diese Zentralperson des Staates zu lenken. Seine Trompete ist mit dem Herrschaftssymbol des Monarchen, einer Fahne, die ein österreichisch-habsburgisches Wappen zeigt, geschmückt.

Eine ebensolche Funktion, nur mehr ins Visuelle gewandt, hatte der Herold zu erfüllen, der den Heroldsrock mit dem Wappen seines Herrn und den Heroldsstab als Symbol der ihm übertragenen Macht trug. Ursprünglich war der Herold jener Mann bei Hofe, der mit den Wappen als den bleibenden Familienzeichen des Adels vertraut war und dessen Funktionen vor allem im Begleiten des Herrschers und im Ordnen der Feste lagen. In der frühen Neuzeit entwickelte sich daraus eine zum Teil politische Funktion in der Diplomatie — der Herold verkündete etwa im Namen seines Herrn Kriegserklärungen an fremden Höfen —, doch ging diese gehobene Rolle bald verloren, und der Herold übte wieder nur seine zeremonielle Rolle aus. Viele Herolde, so auch der Reichsherold Peter Fleischmann, den unser Bild zeigt, haben sich literarisch betätigt und die Feste, an denen sie teilnahmen, beschrieben. Peter Fleischmann etwa hat die Reichstage 1582 und 1594 in deutscher Sprache geschildert und je ein Hofstaatsverzeichnis angefügt, das uns die vielfältigen Tätigkeiten der Menschen am Hofe Kaiser Rudolfs II. genau aufzählt.

Porträt des Reichsherolds Peter Fleischmann (Wien, ÖNB)

Lucas van Valckenborch, Trompeter (Wien, Albertina)

EFFIGIES PETRI FLEISCHMANNI
SAC: CÆS:ᵃᵉ Mᵗⁱˢ: IMPERIALIS HEROLDI.

Die Politiker

Der Hofstaat eines Herrschers bot nicht mehr als den zeremoniellen Rahmen, innerhalb dessen sich die politischen Entscheidungen vollzogen. Die Vielfalt der Länder, die Rudolf II. beherrschte, brachte auch eine Vielfalt der Verwaltungsbehörden und der in diesen Gremien Tätigen mit sich. Die obersten und wichtigsten Instanzen waren die des Heiligen Römischen Reiches, denen die der Erbländer sowie Böhmens und Ungarns folgten.

Der politische Rat des Kaisers war zunächst stark von den Menschen geprägt, die schon am Hofe seines Vaters eine entscheidende Rolle spielen konnten. Im Laufe der Zeit änderte sich die Zusammensetzung natürlich, wobei vor allem der stärker werdende Anteil des böhmischen Adels ins Auge fällt, der sich aber leicht aus der Wahl des Residenzortes und die dadurch bedingte Nähe des böhmischen Adels erklären läßt. Lassen die Beurteilungen der älteren Literatur wieder vermuten, Rudolf, der scheue Sonderling, habe seine politischen Probleme grundsätzlich nur mit seinen ihm vertrauten Kammerdienern besprochen, so rücken neuere Darstellungen auch dieses falsche Bild gerade. Eine ganze Reihe von bedeutenden Persönlichkeiten haben ihren Einfluß auf die Politik des Reiches und der Länder geltend machen können.

Nur zwei Beispiele solcher Hocharistokraten aus der Reihe der politischen Ratgeber des Kaisers, die besonders bedeutsam und einflußreich waren, seien hier genannt: Georg Popel von Lobkowitz, der in seiner Person die Ämter des Oberstrichters, des Oberstkämmerers und des Oberthofmeisters des Königreiches Böhmen vereinigte, oder Karl von Liechtenstein, der als Oberthofmeister und Präsident des geheimen Rates an einer der Schlüsselpositionen des Hofes saß. Auch weniger hocharistokratische, meist juristisch geschulte Männer konnten am Hofe Rudolfs ihren Einfluß geltend machen, so der Vizekanzler Rudolfs in den achtziger Jahren, Siegmund Vieheuser, den er aus dem Hofstaat seines Vaters übernommen hatte, oder der erst spät geadelte Jakob Kurz von Senftenau, der in den frühen neunziger Jahren — er starb schon 1594 — den Posten eines Reichsvizekanzlers bekleidete.

Zwei Männer beherrschten die politische Szene im letzten Jahrzehnt des 16. Jahrhunderts. Ihr unvermittelter Sturz im Jahre 1600 erfolgte gemeinsam, als sie der unberechenbaren Wut Rudolfs in einem seiner ersten schizophrenen Anfälle zum Opfer fielen: Wolf Sigmund Rumpf, der Oberkämmerer und Geheimrat, und Paul Sixt Trautson, Oberthofmarschall und Reichshofratspräsident.

Für die späte Zeit Rudolfs sind Jakob von Breuner, der bis zu seinem Tod im Jahre 1606 Oberthofmarschall war, und etwa gleichzeitig der einflußreiche Hofkammerpräsident Wolf Unverzagt zu nennen. Auffallend, aber nicht unerklärlich ist, daß für die Zeit nach dem Jahre 1606 kaum große Politikerpersönlichkeiten am Hofe Rudolfs wirkten. Diese wurden durch die Unberechenbarkeit des Kaisers abgestoßen oder an den „zukunftsträchtigen" Hof des Erzherzogs Matthias gezogen.

Als einer der letzten einflußreichen Politiker, die Rudolf die Treue hielten, kann Andreas Hanewald gelten, der als Reichshofsekretär eine nur scheinbar untergeordnete Stellung einnahm. Schon ein anderer Geheimsekretär Rudolfs, Johann Barvitius, hatte großen Einfluß auf den Kaiser ausüben können. Hanewald hielt auch in der Endphase des Bruderzwistes noch zu Rudolf, von ihm stammt der bemerkenswerte Vorschlag, die Adeligen zu entmachten und sich direkt über die Untertanen als Herr aufzuschwingen. Bei der Machtergreifung durch Erzherzog Matthias teilte Hanewald das Schicksal seines Kaisers und wurde eingekerkert.

Wolfgang Kilian, Wolf Sigmund Rumpf (Wien, Bildarchiv der ÖNB)

J. van Velde, Karl Liechtenstein (Wien, Bildarchiv der ÖNB)

Grabmal des Paul Sixt Trautson in der Wiener Michaelerkirche

75

Kammerdiener und Vertraute

Neben den offiziellen Politikern, die entweder aus den großen Adelsgeschlechtern stammten oder dem gebildeten, im römischen Recht bewanderten Stand der bürgerlichen Juristen angehörten, die als neue Bürokratie damit ihren Aufstieg begannen, spielten am Hofe Rudolfs auch andere Menschen eine politische Rolle. Es sind jene „Kammerdiener", denen die ältere Literatur allen schädlichen Einfluß auf den Kaiser zuschrieb und von deren Urteil alle politischen Entscheidungen abhängig schienen. Wenn auch die entscheidenden Positionen am Hof Rudolfs nach wie vor mit Adel und Juristen besetzt sind, so kommt doch manchen jener speziellen Vertrauten des Kaisers ungewöhnliche Bedeutung zu. Drei einander folgende Kammerdiener sind es, die das besondere Vertrauen des Kaisers genossen. Daß es gerade Kammerdiener waren, mit denen der Monarch ein vertrautes Verhältnis hatte, ist ja leicht aus dem Zeremoniell zu erklären; diese Kammerdiener waren dem Kaiser am nächsten, weil sie ständig um ihn herum waren, hörten manches, was anderen verborgen blieb und kannten den Kaiser auch in Situationen, in denen er nicht strahlender Repräsentant einer Macht war, sondern schwacher Mensch wie alle. Der erste dieser Kammerdiener, Johann Popp, galt als der „Augapfel" des Kaisers. Ihn löste dann Hieronymus Makowsky von Machau ab, der das Vertrauen Rudolfs in hohem Maße genoß, obwohl er als Utraquist, also als böhmischer Anhänger der Hussiten, von der katholischen Atmosphäre des Hofes eines habsburgischen Herrschers erheblich abwich und von den Vertretern des politischen Katholizismus angefeindet wurde.

Der einflußreichste der Kammerdiener Rudolfs II. jedoch war der aus Tirol stammende, vermutlich einer jüdischen Konvertitenfamilie angehörende Philipp Lang, dem es gelang, eine wirkliche politische Rolle am Hofe zu spielen. Seine Korrespondenz ist uns dadurch erhalten, daß der Kaiser, als der Verdacht auftauchte, Lang habe ihn behext, seinem bisherigen Vertrauten den Prozeß machen ließ, und dazu das Beweismaterial sichergestellt und aufgehoben wurde. Der umfangreiche Briefverkehr des Kammerdieners Lang zeigt, wie viel von diesem Mann abhängig war; ob eine Audienz gewährt wurde, wie ein Fall entschieden wurde, war nicht zuletzt auch von der Einstellung des Herrn Lang abhängig. Briefe, in denen er um verschiedene Gefälligkeiten gebeten wird, finden sich nicht nur von verschiedenen untergeordneten Bittstellern, sondern auch von allerhöchsten Würdenträgern der damaligen Welt, von Kurfürsten, Bischöfen und Erzherzogen.

Ein anderer Vertrauter des Kaisers, zu dem er noch dazu in einer quasi „familiären" Bindung stand, war der Kunstsachverständige und Antiquar Jacopo da Strada und später dessen Sohn Ottavio da Strada, der nicht nur die Funktionen seines Vaters übernahm, sondern auch als Emblematiker im Sinne der rudolfinischen Propaganda tätig war. Die beiden Stradas waren am Hofe Rudolfs in der Funktion von Sammlungsdirektoren — würde man modern sagen — tätig. Sie hatten sich um die Sammlungen des Kaisers zu kümmern und waren als Sachverständige und aufgrund ihrer weitverstreuten Kontakte berufen, die systematische Sammeltätigkeit des Kaisers zu unterstützen. Zu einer Tochter Jacopo da Stradas, zu der jungen Katharina, trat Rudolf außerdem noch in eine Liebesbeziehung; sie wurde seine langjährige Geliebte und schenkte mehreren Kindern des Kaisers das Leben. Der älteste Sohn dieses Paares, Don Julio, hat in extremer Form die in der Familie Habsburg erbliche, auch bei Rudolf zum Ausbruch kommende Disposition zur Schizophrenie geerbt und starb, nachdem er ein junges Mädchen ermordet hatte, nach einem Selbstmordversuch — wobei nicht völlig klar ist, wieweit man dabei nicht dem eigenen Willen des Don Julio nachgeholfen hat.

Tizian, Jacopo da Strada (Wien, KHM)

Die Militärs

Die Jahre ab 1592 sind von einem langen Ringen Mitteleuropas mit den Osmanen in Ungarn überschattet. Durch diese kriegerische Konfrontation bestimmt, treten in den neunziger Jahren am Hofe des Kaisers auch verschiedene militärische Führer in den Vordergrund, die alle eines gemeinsam haben: keiner von ihnen war ein militärisch-strategisches Talent, geschweige denn das Genie, das die Lage an der Türkengrenze zu verbessern imstande gewesen wäre. Eine Feldherrnpersönlichkeit wie Lazarus von Schwendi unter Maximilian II. oder gar ein Prinz Eugen fehlte unter ihnen völlig.

Ein Mann sticht allerdings aus dieser Mittelmäßigkeit heraus, obwohl er nicht eigentlich zu den Militärs zu zählen ist, der Generalproviantmeister Zacharias Geizkofler, dessen Organisations- und Finanzgenie die Führung eines so langen Türkenkrieges ermöglichte. Die Versorgung des Heeres und dessen Finanzierung sind zwar nicht unmittelbar militärische Aufgaben, allerdings weiß man, daß ohne ausreichende Geldmittel und ohne eine gute Organisation des Nachschubes kein Heer im Felde bestehen kann.

Die Namen der eigentlichen Befehlshaber der Truppen unter Rudolf II. sind aber alle nicht in die Kriegsgeschichte eingegangen, obwohl wir eine ganze Liste aufzählen können. Die bedeutendsten wurden auch in einer zeitgenössischen Graphikserie festgehalten, die uns den Grafen Georg von Basta zeigt, der seit 1598 Befehlshaber des Kaisers in Siebenbürgen war und der durch seine Ungeschicklichkeit, mit der er die politische Eroberung des Landes mit der gegenreformatorischen Durchdringung vermengte, viele Chancen verdarb.

Fähiger war ohne Zweifel Hermann Christoph Graf von Rusworm, der allerdings seine Kräfte durch politische Intrigen, hinter denen nicht zuletzt der als Feldherr unfähige und daher auf Rusworm eifersüchtige Erzherzog Matthias stand, nicht entfalten konnte. Seine Auseinandersetzungen mit Basta und dem Italiener Giovanni Belgiojoso führten schließlich zu seinem Untergang, da er in eine Kabale verwickelt wurde, in deren Verlauf er den Bruder Belgiojosos im Zweikampf tötete. Vor Gericht gestellt, wurde er zum Tode verurteilt, und trotz energischer Vorstöße seiner Freunde setzten sich die Gegner Rusworms durch, und der Feldherr wurde enthauptet. Rusworm wäre ein Mann gewesen, dessen organisatorisches Talent auf einen Umbau des Heeres gezielt und der die Idee der Schaffung einer stehenden Armee vertreten hätte.

Auch Adolf von Schwarzenberg, ein Anhänger des Erzherzogs Matthias, war einer von Rusworms Gegnern. Sein Name erlangte Bekanntheit, weil es ihm durch eine Kriegslist gelungen war, die Festung Raab im Jahre 1598 wiederzuerobern, eine Tat, die großes Aufsehen erregte und den Namen des glücklichen Feldherrn in aller Munde brachte. Rudolf II. selbst stilisierte diese Wiedereroberung zu einer ganz großen Tat seiner Armee um und verlieh Schwarzenberg ein Wappen, in dem Türke und Rabe (= Raab) ewig an diese „Heldentat" erinnern sollten. Die sonstigen militärischen Leistungen Schwarzenbergs allerdings sind kaum der Rede wert.

Lucas Kilian, Zacharias Geizkofler (Wien, Albertina)

Lucas Kilian, Georg Basta (Wien, Albertina)

Lucas Kilian, Christoph Rusworm (Wien, Albertina)

Crispyn de Passe d. Ä., Adolf von Schwarzenberg und die Eroberung von Raab 1598 (Wien, Bildarchiv der ÖNB)

Nunc, ut Cæsareum places tibi, inhoere, numen;
Consilio rebus nunc ades atque manu.
Rex Romana uovit (sievit) hic et marioue olim,
GEIZCOFLERE tuæ gloria prima domus.
Diuesque regum dominis patriæque fidelis.
Suscipiebit statuæ pos[ter]a turba tuæ.

Eidem Generos[issi]mo et Nobiliss[im]o D[omi]no d[omi]no suo alter[utr]o ergo Dominicus Custos eiconogr. D.D.d.t Aug.und.

Pugnando ob patriam patienter vulnera, Ductor;
Inter eos egregios, eximie BASTA, Duces.
Hinc tua Thrax vergus dudum qui sentit et horret
Incipta pugnax facta pacata manu;
Hungarice, æternam sopetem, fugituros ab Istro
Præbebit laudi maiorumque tuæ.

Antiquis dombus, (quouis sub iudice) laus est
Antiqua genitum magna placere domo.
At plus laudis habet, domibus VIRTVTE probari
Antiquis, prisca Nobilitate satum.
Conciliant, RVESWORME, sibi hi moresque, genusque,
Cæsarem, et Austriacam, Boiaricamque, Domos.

Monte suum a nigro auxit cognomen Adolphus
Natus Agathinus, fateor, loquor, unica senseis
Gloria: Dalminum clades fortissimus ultor
Genere ut, in castro Hluesino Thuricæ huius.

Der Einfluss des politischen Katholizismus

Die Vertrauten, Politiker und Militärs am Hofe Kaiser Rudolfs II. waren zugleich auch die wichtigsten Entscheidungsträger, doch muß noch ein Faktor berücksichtigt werden, um ein klares Bild der Verhältnisse zu gewinnen. Die katholischen Habsburger waren der Religion und ihrer Organisation, der römisch-katholischen Kirche, überaus verpflichtet, stellte diese doch ein wesentliches bewahrendes und damit herrschaftsstützendes Element im Staate dar. Umgekehrt ist aber auch der Einfluß des politischen Katholizismus auf die Politik der casa de Austria nicht zu gering anzusetzen.

Das Oberhaupt der römischen Kirche, der Papst, war für die frühe Neuzeit mehr als eine bloße moralische Autorität. An der Kurie in Rom liefen die politischen Fäden Europas zusammen, und der Papst, der selbst auch im Kirchenstaat über eine weltliche Herrschaft verfügte, konnte weitaus mehr Einfluß geltend machen, als es seiner realen Machtbasis entsprochen hätte. Rudolf II. standen von den vielen Päpsten, die während seiner Regierungszeit den Stuhl Petri innehatten, zwei bedeutende Männer gegenüber, Gregor XIII. und Clemens VIII. Papst Gregor XIII. war ein strikter Vertreter der Gegenreformation. Seine welthistorische Leistung bleibt die Kalenderreform. Der von Julius Caesar eingeführte Julianische Kalender hatte auf der Annahme basiert, daß das Sonnenjahr mit 365¼ Tagen anzusetzen sei. Doch die astronomischen Gegebenheiten lagen weitaus komplizierter. So war es im Laufe der Jahrhunderte bei dem Versuch, das wichtigste christliche Fest, Ostern, das sich nach dem Frühlingsvollmond richtet, auf dieser Grundlage zu berechnen, zu erheblichen Abweichungen zwischen dem berechneten und dem tatsächlichen Frühlingsvollmond gekommen. Versuche der Kalenderreform gab es seit dem späten Mittelalter, doch erst Papst Gregor konnte mit dem nach ihm benannten Gregorianischen Kalender, bei dessen Einführung 1582 10 Tage einmalig entfielen und der einen den astronomischen Gegebenheiten angepaßteren Weg der „Schaltung" brachte, diesen Mißstand beseitigen. Die Protestanten nahmen jedoch diesen Kalender nicht an, ebensowenig die orthodoxen Christen, sodaß noch bis in unser Jahrhundert Uneinheitlichkeit besteht — man denke nur, daß die russische Oktoberrevolution nach unserem Kalender in den November fällt.

Papst Clemens VIII. engagierte sich besonders in der Frage der Türkenbekämpfung: er forderte die Christenheit zur Bildung einer Heiligen Liga gegen den „Erbfeind der Christenheit" auf und bedrängte auch Rudolf II., er möge doch persönlich in den Krieg gegen die Ungläubigen ziehen. Zwar waren seine Bemühungen zum Teil erfolgreich, vor allem was die finanzielle Hilfe der katholischen Staaten für den Kaiser anlangte, doch kam es durch die politischen Spannungen innerhalb Europas nie zu einer wirklich einheitlichen Aktion gegen die Osmanen, und Rudolf zog selbst auch niemals gegen die Türken ins Feld.

Die Päpste machten ihren Einfluß am Hofe des Kaisers vor allem mit Hilfe ihrer Nuntien, also der Gesandten der Kurie, denen höchstes politisches Gewicht zukam, geltend. In speziellen Fällen sandten sie auch besonders geschickte, diplomatisch begabte Geistliche, die ihre Sache beim Kaiser vertreten sollten. Einer von ihnen war der Konvertit — er war zunächst Lutheraner, dann Kalviner gewesen — Johann Pistorius, der im Jahre 1600, als die Nuntien den in ihrem Sinne schlechten Zustand des Kaisers nach Rom meldeten, zu Rudolf gesandt wurde, um ihn zu heilen.

Ebenfalls ein Konvertit war der Wiener Bischof und Kardinal Melchior Khlesl, der, im Dienste Erzherzog Ernsts und später Matthias' stehend, in Nieder- und Oberösterreich die Gegenreformation mit Gewalt durchzuführen begann und damit große Erfolge für die katholische Sache buchen konnte. Er beeinflußte weit mehr als andere Kleriker die innere Politik des Reiches, was uns bei der Frage des „Bruderzwistes" erneut beschäftigen wird.

Agostino Canacci, Papst Gregor XIII. (Wien, Bildarchiv der ÖNB)
Aegidius Sadeler, Papst Clemens VIII. (Wien, Albertina)
Domenicus Custos, Johannes Pistorius (Wien, Bildarchiv der ÖNB)
Aegidius Sadeler, Bischof Melchior Khlesel (Wien, Albertina)

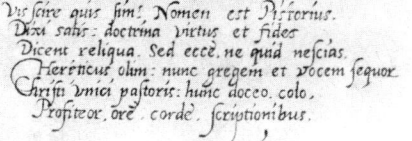

Gesandter und Vertrauter

Außer den Menschen seiner nächsten Umgebung, den in ihrer Rolle bei politischen Entscheidungen sosehr überschätzten Kammerdienern, hatte Rudolf II. einen langjährigen Vertrauten, den er von frühester Jugend an kannte, Johann Freiherrn von Khevenhüller.

Die Khevenhüller sind ein altes Kärntner Adelsgeschlecht, das aber auch in anderen Ländern Österreichs ausgedehnte Besitzungen hatte, so war etwa ein weiterer Zweig des Hauses in Niederösterreich ansässig und auf dem niederösterreichischen Landtag vertreten. Johann Khevenhüller wurde 1538 als Sohn des Christoph Khevenhüller geboren, der als Kriegskommissarius, Rat der Wiener Hofkammer und Landeshauptmann in Kärnten eine einflußreiche Position bei Hofe besaß. So fiel dem jungen Johann der Eingang in höfische Kreise nicht schwer. Er gewann das Vertrauen Maximilians II., der ihn 1560 erstmals nach Spanien sandte. Weitere Reisen 1566 und 1568 gemeinsam mit Karl II. von Innerösterreich folgten. Auch 1571 mußte Khevenhüller in einer heiklen Mission nach Madrid reisen, er sollte gegen die Besetzung des Reichslehens Finale durch Spanien protestieren. Kurz darauf wurde er nach Adam von Dietrichstein Botschafter am spanischen Hof und blieb bis zu seinem Tod 1606 in dieser Funktion. Philipp II. verlieh ihm sogar das Goldene Vlies, und Rudolf, der ihn ebenfalls sehr schätzte, machte ihn zum Kämmerer und zum Geheimen Rat.

Als Rudolf Kaiser geworden war, bestätigte er den ihm persönlich bekannten Gesandten in Spanien, was nicht nur politisch eine wichtige Position bedeutete. Spanien, regiert von dem zweiten Zweig der casa de Austria, war im späten 16. Jahrhundert noch immer ein führendes europäisches Land, da ihm sein ausgedehnter Kolonialbesitz und die reichen Länder in Europa, die zu Spanien gehörten, eine Vormachtstellung zusicherten, die allerdings schon in dieser Zeit etwas ins Schwanken kam. Die ständigen Empörungen in den Niederlanden, die man spanischerseits nicht imstande war, unter Kontrolle zu bekommen, trugen zu diesem Machtverfall ebenso bei wie die wirtschaftlichen Folgen der ungeheuren Silberimporte aus der Neuen Welt, die zu einem Verfall des Edelmetallpreises in Europa und damit zur sogenannten „Preisrevolution des späten 16. Jahrhunderts" führten. Doch neben den außenpolitischen Beziehungen zu einem von Verwandten regierten mächtigen Staat war die Beziehung zu Spanien für Rudolf II. auch persönlich wichtig, da er viele Jahre lang mit der Spanierin Isabella verlobt war. Nicht nur seine nach dem Tode Maximilians II. in Spanien lebende Mutter Maria, sondern auch Khevenhüller zählten zu den vehementesten Vertretern der Beschleunigung dieser Heiratsverbindung. Doch Rudolf konnte sich, trotz des Drängens seiner Mutter und seines Vertrauten und sogar trotz der persönlichen Intervention und Mahnung Khevenhüllers auf einer Reise nach Prag, nie zu dem Heiratsentschluß durchringen.

Khevenhüller stand aber auch im Dienste der Kunstinteressen Rudolfs II. und kaufte im Namen des Kaisers verschiedene Kunstwerke und Kunstgegenstände, Juwelen, seltene Steine und Tiere aus der Neuen Welt auf und schickte sie nach Prag. Als einer der wenigen Menschen, von denen wir es sicher wissen, wurde er auch bei seinem Besuch in Prag vom Kaiser selbst durch dessen Kunstsammlungen geführt. Unser reiches Wissen über die Beziehungen zwischen Rudolf II. und seinem Gesandten in Madrid beziehen wir nicht nur aus dem halb offiziellen, halb privaten Briefwechsel der beiden Männer, sondern auch aus dem Tagebuch Khevenhüllers, das uns wertvolle Informationen für die Sammlungsgeschichte und die Diplomatie des Kaisers bietet.

Khevenhüller jedenfalls zählte zu den wenigen echten Vertrauten Rudolfs, die vor allem für seine frühen Jahre als Ratgeber wertvolle Dienste geleistet hatten.

Johann Khevenhüller, Porträt aus dem Khevenhüller-Codex (Wien, Museum für angewandte Kunst)

83

Das Fest des goldenen Vlieses in Prag 1585

Die frühen Jahre Rudolfs II. vor dem Beginn des langen Türkenkrieges, der das weitere Schicksal des Kaisers überschattete, sind von Heiterkeit und Festesfreude getragen. Rudolf setzte damit die Tradition seines Vaters fort, der die Turniere und Maskenaufzüge so sehr geliebt hatte. Das Fest hat seine Bedeutung in der frühen Neuzeit nicht bloß als ein Gegengewicht zum Alltag gehabt, sondern prägte darüber hinaus den Lebensstil des Herrschers und diente der Repräsentation, oft genug auch der Propaganda. Von den vielen überlieferten Festen unter dem jungen Rudolf II. ragt gerade im Hinblick auf die weitergehenden Elemente der Stilisierung des Herrschers das Ordensfest des Goldenen Vlieses 1585 besonders hervor.

Der Orden des Goldenen Vlieses, das Toison d'or, wurde im Jahre 1429 von dem burgundischen Herzog Philipp dem Guten gestiftet. Seine Bedeutung in dem kleinen, auf einer hohen ritterlichen Kulturstufe stehenden Burgund war auch eine politische: diese Ordensvereinigung sollte einer größeren inneren Einheit des Landes dienen. Der Name stammt aus der griechischen Sagenwelt, er bezeichnet das goldene Fell, das Jason und die Argonauten aus Kolchis holten.

Die Vereinigung der Ordensritter des Goldenen Vlieses hat stark religiöse Züge und gleicht der Versammlung eines Ordenskapitels eines Mönchsordens. Die Ordensritter wurden in einer feierlichen Zeremonie aufgenommen, Ordenssouverän war der Herzog von Burgund. Mit der Erwerbung des Landes Burgund durch das Haus Habsburg kam auch der Orden des Goldenen Vlieses bzw. seine Meisterwürde in die Hände Maximilians I.; von da an bildete der Orden des Goldenen Vlieses den Hausorden des Hauses Habsburg; er besteht auch heute noch — obwohl die Habsburger keine regierende Dynastie mehr sind — unter der Leitung eines Mitgliedes dieser Familie.

Die Abbildungen aus einer Bilderhandschrift der Österreichischen Nationalbibliothek zeigen verschiedene Szenen des Prager Festes, bei dem Kaiser Rudolf II. und die Erzherzöge Karl und Ernst aus der Hand des ältesten österreichischen Habsburgers, Erzherzog Ferdinands von Tirol, das Vlies erhielten.

Das kaiserliche Bankett aus Zehetners Beschreibung des Vliesfestes in Prag 1585 (Wien, Handschriftensammlung der ÖNB)

Der Kirchgang aus Zehetners Beschreibung (Wien, Handschriftensammlung der ÖNB)

DIE VLIESALLEGORIE

Das Ordensfest in Prag des Jahres 1585 hatte nicht nur als Fest eines bestimmten Personenkreises Beachtung gefunden, sondern war auch von den Zeitgenossen als politische Demonstration, gewissermaßen als Propagandaakt, beurteilt worden. Anläßlich der Vliesverleihung an Kaiser Rudolf II. widmeten ihm die Prager Jesuiten den abgebildeten kolorierten Einblattdruck, der symbolische Deutungen zuläßt. Erläutert wird der Holzschnitt von einem deutschen Gedicht, das allerdings mehr verschleiert als erklärt. Das Zentrum der Darstellung bildet der Weinberg und der Altar mit Christus, der gleichzeitig auch das Altarsakrament, die Kommunion, darstellen soll. Das Blut des Herrn aus dem Kelch fließt nun in Kapellen, in denen Darstellungen der übrigen sechs Sakramente nach katholischem Ritus zu sehen sind. Umschlossen wird diese Allegorie auf den katholischen Glauben durch die Symbole des Ordens vom Goldenen Vlies, die Ordenskette, die aus Feuereisen, hier auffallenderweise durch Andreaskreuze verbunden, gebildet wird, und an der das Emblem des Ordens, das goldene Schaffell (eben das Toison, das Vlies) hängt. Dieser Kern wird von einer Reihe von Männern umschlossen, die nach ihrem Aussehen, ihren Insignien und Wappen unschwer als Angehörige des Hauses Habsburg zu erkennen sind. Diese verteidigen den von der Kette umschlossenen Weinberg — das Symbol des alten Glaubens — gegen wilde Tiere, gegen Greifen, Löwen, Bären, Adler, Eulen etc. Das Bild verkörpert also insgesamt den Schutz der katholischen Religion durch die Habsburger und die Mitglieder des Ordens vom Goldenen Vlies im besonderen.

Bei der gespannten Lage der Konfessionen im Reiche und in den Ländern, die durch die politische Spannung zwischen Kaiser und Ständen verschärft wurde, ist es nicht verwunderlich, daß dieses Flugblatt der Jesuiten zu Prag die Kritik der Protestanten hervorrief. Der württembergische Hofprediger Lukas Osiander griff dieses Flugblatt in seiner Polemik „Warnung vor der Jesuiten blutdürstigen Anschlag und bösen Praktiken" an und interpretierte die Darstellung so, daß er die Tiere als verschiedene personifizierte Protestanten ansah und somit die Behauptung aufstellte, bei der Flugschrift handle es sich um einen Angriff auf den Protestantismus, da im Holzschnitt der Kampf der Habsburger und der katholischen Mächte gegen den Protestantismus gepredigt werde. Mehrere Flugschriften, verfaßt von Petrus Hansonius, Christophorus Rosenbusch und Georg Scherer, nehmen auf die Osiandersche Polemik Bezug und versuchen, die Jesuiten zu rechtfertigen. Der bekannte Wiener Prediger Georg Scherer greift Osiander sogar in zwei Flugschriften überaus scharf an; in der ersten behauptet er, daß sich die Verteidigung nicht auf die Protestanten, sondern auf die Türken beziehe, in seiner zweiten Flugschrift feiert er seinen Triumph gegen Osiander, indem er schreibt, daß „dem Osiander sein unwahrhaffte Goschen dermassen zerklopffet und zerbleuet worden, daß er nun mehr kaum einem Menschen geschweigen einem Doctori gleichsihet".

Dem Kaiser, so berichtet ein Gerücht, habe das Jesuiten-Gemälde nicht gefallen, hingegen habe ihm die Schrift des Protestanten Osiander Wohlgefallen bereitet. Rudolfs Stellungnahmen in Religionsfragen sind für einen streng katholisch erzogenen, in Spanien aufgewachsenen Habsburger oft recht frappierend, so auch in diesem Fall. Insgesamt gesehen hat aber in dieser an das Fest in Prag 1585 anknüpfenden religiös-politischen Auseinandersetzung die katholische Kirche den Sieg davongetragen, die von Osiander begonnene Polemik wurde durch die gegenreformatorische alte Kirche niedergeschlagen und mit Angriffen auf den Protestantismus abgewehrt.

Allegorisches Flugblatt auf den Orden vom Goldenen Vlies (Zürich, Zentralbibliothek)

Idealpaläste

Die Baukunst diente zu allen Zeiten teils der Repräsentation von Herrschern für die Mit- und Nachwelt, teils sakralen Zwecken. Von den alten Pharaonen an über die römischen Kaiserforen, die mittelalterlichen Burgen und Dome, die barocken Paläste und repräsentativen Stadtanlagen und Straßenzüge des 19. Jahrhunderts, die den Großstädten wie Paris oder Wien ihren unverwechselbaren Stempel aufgedrückt haben, bis zu den mit Marmor und Glas ausgestatteten Bürogebäuden der Banken und multinationalen Konzerne von heute hat jede Zeit ihren Repräsentationsstil entwickelt.

Das späte 16. Jahrhundert und die Zeit Rudolfs II. im besonderen sind natürlich ebenfalls von ähnlichen Bestrebungen erfüllt gewesen, doch hat die allgemein schlechte finanzielle Lage im Hause Habsburg nicht immer eine reale Bautätigkeit in dem von seiten des Kaisers für Mitwelt und Nachwelt gewünschten Umfang ermöglicht. Doch zeugen eine Reihe von Plänen Rudolfs II. von seinem Willen, seine Regierung durch die Errichtung repräsentativer Bauten zu verewigen. Den Vorstellungen der Zeit entsprechend, träumte man von einer großzügig angelegten, mit Gärten ausgestalteten Spätrenaissance-Schloßarchitektur, wie sie in den beiden Gemälden von Hans Vredeman de Vries zu sehen sind.

Hans Vredeman de Vries, 1527 in Friesland geboren, war ein überaus vielseitiger Künstler, der aus einer ebenso begabten Familie stammte. Er trat als Architekt und Ornamentzeichner, als Maler und Dekorateur hervor, arbeitete an verschiedenen Orten, so in Mecheln, Antwerpen, Frankfurt und Wolfenbüttel, Hamburg und Danzig, ehe er an den Hof Rudolfs II. ging und an der Ausgestaltung der Prager Burg mitwirkte. Außer seiner praktischen Tätigkeit als Maler und Architekt hat sich Hans Vredeman de Vries vor allem und mit größerem Erfolg als Theoretiker betätigt. Seine Bilder von Idealpalästen deuten eine mehr theoretische Neigung an und sind für uns eine wertvolle Quelle für die Wunschvorstellungen seiner Zeit. Die gemalten Idealpaläste wären vielleicht verwirklicht worden, wenn der Geldmangel nicht so drückend gewesen wäre. Von einer ähnlichen Palastarchitektur, die für die Lebensform der damaligen Zeit als durchaus funktionell galt, gibt es ja in Italien einige Beispiele. Vor allem in ihrer Verbindung mit einer manieristischen Gartengestaltung hat sie Meisterwerke von starkem Eindruck hervorgebracht, so etwa die Villa d'Este bei Rom, erbaut von Kardinal Farnese, oder der Palazzo Orsini mit seinem berühmten Garten (Bomarzo).

Rudolfs Vater Maximilian II. hatte eine ähnliche Idee in dem von ihm begonnenen Neugebäude bei Wien — heute bildet es einen Teil des Krematoriums beim Zentralfriedhof — zu verwirklichen versucht. Außerhalb der Stadt ließ er sich, angeblich an der Stelle, wo 1529 bei der ersten Wiener Türkenbelagerung das Zelt Sultan Süleymans gestanden hatte, ein Schloß im Stile der villa suburbana erbauen, dessen Vollendung er allerdings nicht erlebte. Rudolf II. setzte eine Zeitlang diesen Bau fort, bis er durch seine Übersiedlung nach Prag sinnlos geworden war. Von da an war dieses Neugebäude einem ständig fortschreitenden Verfall preisgegeben.

Für Rudolf selbst, der in Prag eine alte Residenzanlage vorfand, erfüllte sich der Wunsch nach architektonischen Großtaten nicht, doch fügte er dem bestehenden Baubestand in Wien und Prag einiges bei und konnte außerdem in Linz für seinen Bruder Erzherzog Matthias ein Schloß erbauen, welches seinen Geschmack in dieser Hinsicht erahnen läßt.

Hans Vredeman de Vries, Palastarchitektur (Wien, KHM)

Wien als Residenz

Die Entwicklung der Residenzstädte wurde besonders durch die engen Beziehungen zu den Höfen Europas geprägt. In einer Welt, die vom Einfluß des Herrschers und seiner Hofhaltung wirtschaftlich und kulturell abhängig war, mußte die Wahl des Residenzortes eine ganz entscheidende Rolle spielen. Ein Blick in die Vergangenheit bestätigt, daß die „Kaiserstadt" als gebräuchlicher Beiname für Wien auf die langwährende Funktion dieser Stadt als kaiserliche Residenz hinweist. Erstmals war Wien unter den Babenbergern Residenzstadt, zwar nicht die eines Kaisers, aber doch die der mächtigen Markgrafen und späteren Herzöge aus dem Haus der Babenberger, die in dieser Stadt rege kulturelle Tätigkeit entfalteten. Nach dem Aussterben dieses Geschlechtes und den Machtkämpfen um die Nachfolge behielten die ersten Habsburger, denen es gelungen war, das Erbe der Babenberger anzutreten, Wien als Residenzort bei. Erst die Vergrößerung des Besitzstandes des Hauses Habsburg und die Ereignisse im späten Mittelalter brachten es mit sich, daß Wien nun nicht mehr so selbstverständlich Residenz der Landesfürsten Österreichs war. Die schlechten Erfahrungen Friedrichs III. mit den Wienern, die ihn in der Hofburg belagert hatten, beeinflußten vor allem Maximilian I. stark, der Wien als Aufenthaltsort mied und Innsbruck, aber auch Wiener Neustadt bevorzugte. Mit dem Jahre 1526 und der Erwerbung der böhmischen und Teile der ungarischen Länder kam es zu einer erneuten Gebietserweiterung und damit auch zu einer Schwerpunktverlagerung im Herrschaftsgebiet der österreichischen Linie des Hauses Habsburg. Zwar war Ungarn, das die Osmanen bedrohten und dessen Hauptstadt Buda sich nicht im Besitz der Habsburger befand, keine Konkurrenz für Wien, dafür aber wurde Böhmen und dessen Hauptstadt Prag immer beliebter.

Maximilian II. residierte teilweise in Wien und teilweise in Prag, dazwischen machte er natürlich auch viele Reisen, wie es für einen Monarchen von europäischer Geltung, wie den Kaiser des Heiligen Römischen Reiches, notwendig war. Rudolf II. verbrachte die ersten Regierungsjahre hauptsächlich — sieht man wieder von seinen Reisen ab — in Wien.

Als Rudolf 1571 nach Wien zurückkehrte, wurde mit dem Bau des sogenannten rudolfinischen Traktes der Hofburg begonnen, der für den Thronfolger nicht nur Platz, sondern auch eine eigene repräsentative Behausung bieten sollte. So ließ Maximilian zwischen 1575 und 1577 einen eingeschossigen Bau schaffen, der allerdings erst gegen Lebensende Rudolfs unter großen Schwierigkeiten — es mangelte sehr am Geld — fertiggestellt werden konnte, seit dem 18. Jahrhundert wird dieser Trakt der Hofburg als „Amalienburg" bezeichnet.

Mit der Übersiedelung Rudolfs II. nach Prag wurde der Bau für seinen Bruder und Statthalter in Niederösterreich, Erzherzog Ernst, weiter ausgebaut, doch investierte man nun in die Wiener Burg — die ja nun nicht mehr kaiserliche Residenz war — nicht mehr so viel Geld.

Rudolf residierte bis zu seinem Tode in Prag, und auch sein Nachfolger, sein Bruder Matthias, wählte diese Stadt als Residenz. Erst dessen Nachfolger Kaiser Ferdinand II. kehrte mit dem Hof nach Wien zurück und begann mit einem Neuaufbau des Wiener Hoflebens. Doch die große Zeit der „Kaiserstadt Wien" sollte erst kommen, als 1683 der zweite und letzte Ansturm der Osmanen auf Wien abgewehrt werden konnte. Die Vernichtung der Vorstädte und einiger Häuser der Stadt bot die Möglichkeit der barocken Ausgestaltung der Residenzstadt. Erst diese Phase hat Wien sein heutiges Gepräge verliehen. Daran konnte auch die große Umgestaltung im 19. Jahrhundert, als man die Befestigungen abbrach und an ihrer Stelle die berühmte Ringstraße anlegte, nicht mehr allzuviel ändern.

Wien. Stich aus Giovanni Botero, „Le Relazioni universali", Venedig 1596 (Wien, ÖNB)

Wien, Hofburg, Amalien- oder rudolfinischer Trakt

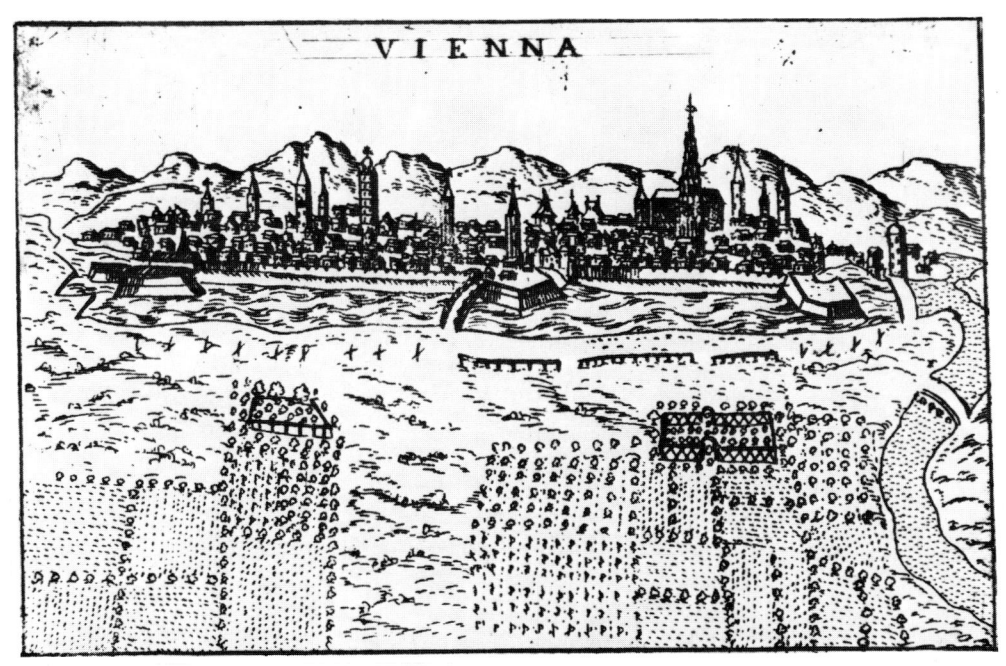

DAS NEUGEBÄUDE

Heute liegt es — kaum als Sehenswürdigkeit zu bezeichnen und weitgehend unbekannt — am Rande der Stadt und wurde, soweit sich seine Reste erhalten haben, in einen traurigen Ort, in das Krematorium des Wiener Zentralfriedhofes, eingegliedert. Zur Zeit Rudolfs II. noch muß das von seinem Vater Maximilian II. zu erbauen begonnene Neugebäude eine sehenswerte Anlage gewesen sein. Maximilian II. dachte daran, sich in dem ebenen Gelände östlich der Stadt eine villa suburbana im Stile der italienischen Renaissancevillen zu erbauen und mit einem Garten zu umgeben, den er bei der von ihm als Residenz benützten Wiener Hofburg aus Platzmangel durch die nahen Befestigungsanlagen nicht anlegen konnte. Die Leidenschaft des Kaisers für Gärten und Hortologie ist im Zusammenhang mit seiner großen naturwissenschaftlichen Interessen zu sehen. Die Gartenanlagen beim Neugebäude geben dem Kaiser Gelegenheit, die seltenen Pflanzen, die er aus aller Welt bezog — man denke nur an seine Beziehungen zu den Botanikern Charles de l'Ecluse und Augier Ghiselain de Busbecque —, zu züchten. Die Quellen erzählen, daß hier noch zur Zeit Rudolfs II. exotische Früchte reiften, mit denen man die Hoftafel bereicherte. Doch nicht allein die Ausgestaltung des Gartens war gediegen, auch die Architektur und die Innenausstattung muß sehenswert gewesen sein. Bedeutende Künstler wirkten bei der Ausgestaltung dieses Lustschlosses mit. So stammten die Fresken im Neugebäude von dem jungen Bartholomäus Spranger, der uns schon als einer der geschätztesten Hofmaler am Hofe Rudolfs II. begegnet ist, und dem Niederländer Hans von Mont. Mont dürfte ein eigenartiges Schicksal gehabt haben. Nach dem Tode Maximilians und der Einschränkung bzw. Einstellung des Baues am Neugebäude wartete Mont vergeblich darauf, von Kaiser Rudolf in dessen Dienste übernommen zu werden. Er soll, wie man zeitgenössischen Andeutungen entnehmen kann, in die Türkei gegangen und dort zum Islam übergetreten sein.

Auch die Ausstattung des Gartens mit kostbaren Brunnen, so etwa einige von dem Schöpfer des Grabmales Maximilians II. in Prag, dem Bildhauer Alexander Colin, dürfte von großer Pracht gewesen sein.

Durch die Verlegung des Hofes nach Prag war das Neugebäude funktionslos geworden, und es begann gewissermaßen noch vor der Fertigstellung zu verfallen. Wie großartig das Gebäude und seine Gartenanlagen gewesen sein müssen, zeigt uns ein Bild des niederländischen Hofmalers Lucas van Valkenborch, der einige Hofszenen vom Hofleben des Kaisers dort gemalt hat. Das abgebildete Gemälde stellt einen kaiserlichen Waldspaziergang dar, der für uns nicht allzuviel aussagt, im Hintergrund allerdings erkennen wir das Neugebäude und besitzen damit eine wichtige zeitgenössische Abbildung, die noch durch eine Graphik aus späterer Zeit ergänzt wird.

Noch weiter östlich als das Neugebäude, ebenfalls weit außerhalb der damaligen befestigten Stadt, lag auch das kaiserliche Schloß Ebersdorf, das ebenfalls von Maximilian II. und seinem Sohn Rudolf ausgestaltet wurde. Hier befand sich ein kaiserliches Jagdrevier. Wir müssen uns die Rolle der Jagd im Rahmen der höfischen Welt vergegenwärtigen, um die Bedeutung solcher Jagdschlösser zu verstehen. Die Jagd zählte einerseits zu den wichtigsten Vergnügungen des Adels, andererseits war sie auch ein wesentlicher Bestandteil des Zeremoniells bei allen Festlichkeiten, in deren Verlauf eine große Hofjagd nie fehlen durfte. Für die Feste des Wiener Hofes war dabei Kaiserebersdorf ein wichtiger Stützpunkt.

Lucas van Valckenborch, Waldspaziergang vor dem Hintergrund des Neugebäudes (Wien, KHM)

Das Jagdschloß Kaiserebersdorf (Wien, Bundesdenkmalamt)

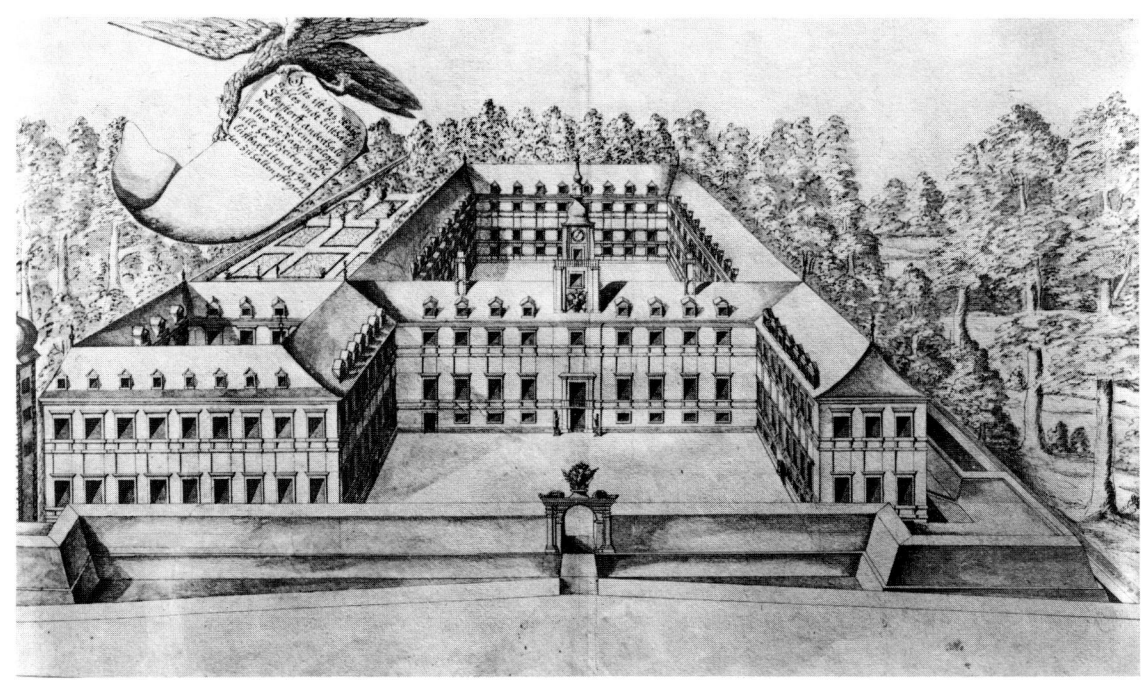

Prag als Residenz Rudolfs

Mit der Erwerbung Böhmens durch das Haus Habsburg nach dem Tod Ludwigs II. in der Schlacht von Mohács waren eine alte Residenzstadt und ein altes Kulturzentrum an das Haus Habsburg gekommen. Prag als die Hauptstadt Böhmens, die Stadt der Krönung mit der Wenzelskrone, war nicht nur schon lange Residenz der böhmischen Könige, sondern diente im späten Mittelalter unter dem Luxemburger Karl IV. und seinen Nachfolgern auch schon einmal als Residenz der Kaiser des Heiligen Römischen Reiches Deutscher Nation. Karl IV. war es vor allem, der der Stadt in baulicher und kultureller Hinsicht sein Gepräge aufgedrückt hat. Wie kaum eine andere Stadt hat sich Prag den mittelalterlichen Reiz bis heute erhalten können. Noch heute geben die mittelalterlichen Gäßchen und die von der Burg, dem Hradschin, überragte Kleinseite mit den italienisch anmutenden Palästen und Häusern, die über die Moldau führende Steinerne Brücke aus der Regierungszeit Karls IV. und die Altstadt mit ihren winkeligen Gassen und ihren kleinen Plätzen den Eindruck wieder, den das rudolfinische Prag gemacht haben muß.

Die besondere Atmosphäre dieser Stadt, in der Deutsche und Tschechen wohnten, wird vielleicht heute noch am besten in dem Häusergewirr rund um die Burg spürbar, in der Goldenen Gasse etwa, der Slata ulica, mit ihren kleinen Häusern, in denen die Alchemisten und Goldmacher Rudolfs gearbeitet haben sollen. Rudolfs Beziehungen zu den geheimen Wissenschaften, besonders zur Alchemie, waren sehr intensiv, wenn sie auch von der Forschung meist übertrieben wurden. Es ist nötig, sie im Vergleich zur Beschäftigung anderer Zeitgenossen des Kaisers mit diesen Fragen zu sehen. Dabei stellt sich heraus, daß Rudolf nicht viel mehr getan hat, als andere seiner leichtgläubigen Standesgenossen, die ebenfalls an Alchemie und Goldmacherei geglaubt haben.

Ein weiterer heute noch sehr eindrucksvoller Teil Prags hat dieser Stadt durch Jahrhunderte ihr Gepräge gegeben, die alte Judenstadt mit ihren Synagogen und Friedhöfen, die sich bis heute erhalten haben. Zur Zeit Rudolfs II. wirkte in Prag ein Mann, dessen Name zur Legende geworden ist, der bekannte Rabbi Löw. Dessen hervorragendes Wissen um die Kabbala, die jüdische Geheimwissenschaft von der Auslegung der Texte und den daran anschließenden Spekulationen, hat Rudolf dazu gebracht, Rabbi Löw in einer Audienz zu empfangen. Die Sage berichtet, daß es Rabbi Löw gelungen sei, dem Golem, einem aus Lehm geformten Menschen, Leben einzuhauchen.

Doch ebenso wichtig wie diese geistigen Beziehungen zwischen dem Ghetto Prags und dem Hof auf dem Hradschin sind die finanziellen, die vor allem mit dem Namen des Primators der Prager Judengemeinde Marcus Mordechai Meysel verknüpft sind. Dieser reiche Mann borgte der kaiserlichen Kammer immer wieder Geld, eine Aufgabe, die bedingt durch das christliche Zinsverbot immer mehr in die Hände der Juden kam. Sie blieb auch in späterer Zeit mit der Einrichtung der Hofjuden und Hoffaktoren — bekannt ist ja der Jud Süß — eine Domäne dieser Bevölkerungsgruppe.

Diese faszinierende Stadt also, die uns in dem abgebildeten Steinmosaik vor Augen geführt wird, wählte Rudolf II. 1583 zu seiner Residenz. Die Technik des Steinmosaikes, auch Pietra-dura-Technik genannt, war eine, die Rudolf besonders liebte. Ihre Meister waren vor allem in Florenz zu finden, Meister, die es verstanden, aus verschiedenen Steinen und Mineralien Kunstwerke ersten Ranges zu schaffen. In diesen Arbeiten verbanden sich Sinn für Natur — in Form des Sammelns kostbarer Steine — und Kunsthandwerk, wie es gerade für die Zeit des Manierismus typisch ist.

Der Prager Judenfriedhof

Die goldene Gasse (Slata ulica) auf dem Prager Hradschin

Die Prager Burg. Florentinisches Steinmosaik (Wien, KHM)

95

Die Prager Burg

1583 hatte also Rudolf II. Prag zu seiner Residenz gewählt. Die Gründe dafür mögen vielfältig gewesen sein. Erstens lag Prag inmitten des wirtschaftlich reichsten und blühendsten Landes, das Rudolf besaß, zweitens war er als böhmischer König auch Kurfürst des Heiligen Reiches und konnte so seine Stellung betonen, drittens war Wien wegen der nahen Grenze im Hinblick auf die Osmanen eine unsichere Residenz, die schon einmal von einem Sultan belagert worden war, und schließlich dürfte auch die einmalige Lage der Stadt und das damalige besondere geistige Klima Prags Rudolf angezogen haben.

Ebenso wie in Wien fand der Kaiser auch in Prag bereits eine Burg vor, in der er residieren konnte, den Prager Hradschin, der mächtig über der Kleinseite auf einem Hügel emporragt.

Die Geschichte dieser Burg auf dem Hradschin geht zurück bis ins 9. Jahrhundert. Eine romanische Burganlage des 11. Jahrhunderts wurde im 13. Jahrhundert von den Premysliden umgebaut und unter dem Luxemburger Karl IV. erweitert. Im späten 15. Jahrhundert erfolgte schließlich eine weitere Umgestaltung im spätgotischen Stil, und auch in der habsburgischen Zeit, besonders nach dem Brand von 1541, hielt die Bautätigkeit in Prag an. Ein königliches Lustschloß, das Belvedere, wurde zwischen 1538 und 1564 im Renaissancestil errichtet. Die Zeichnung des am Hofe Rudolfs II. wirkenden Landschaftsmalers und Zeichners Pieter Stevens gibt uns einen guten Eindruck der Anlage der Prager Burg, wie sie mit wenigen Veränderungen auch heute noch erhalten ist. Pieter Stevens war ein niederländischer Künstler, der, wie so viele andere, einer ganzen Dynastie von künstlerisch tätigen Menschen entstammte. Er wurde 1567 in Antwerpen geboren, wo er auch seine Ausbildung zum Freimeister absolvierte. Von 1594–1612 war er Kammermaler Rudolfs II., unterbrochen wurde seine Tätigkeit in Prag durch Reisen, vor allem nach Italien. Zuletzt wird Stevens 1624 in Prag genannt.

Als Rudolf II. beschloß, seinen Hof nach Prag zu verlegen, befand sich die Burg auf dem Hradschin in keinem sehr guten Zustand. Ein Bericht an den Kaiser zeigt die Mängel — vor allem auch was die damals ohnehin sehr primitiven sanitären Einrichtungen anlangt — deutlich auf. Rudolf befaßte sich einige Male mit Umbauplänen für die Prager Burg, die aber letztlich immer wieder am Geldmangel scheiterten, Kostenvoranschläge und andere Hinweise auf die Absichten Rudolfs II. aus den Jahren 1604 und 1606 liegen uns vor.

Dennoch hat Rudolf II. für die Prager Burg mehr getan, als ihm die älteren Historiker zubilligen wollten, die ihm, dem überhaupt so negativ Beurteilten, auch alle Bautätigkeit absprachen. Die kunstvolle Ausgestaltung mit Brunnen ist uns ebenso belegt wie die Freskierung der Decke über dem neuerbauten Stallgebäude durch den uns von seinen Idealpalastgemälden her bekannten Johann Vredeman de Vries, dem Rudolf II. 1597 für seine Malerei die Summe von 950 Talern versprochen hatte. Allerdings ergaben sich Schwierigkeiten in der Abwicklung dieses Geschäftes, und im Jahre 1599 nahmen die Ältesten der Prager Malerzunft zu Prag eine Schätzung vor und beschrieben dabei das Deckengemälde. In der Mitte war Jupiter gemalt worden, um ihn herum die vier Elemente und an den Seiten die zwölf Monate — alle diese zyklischen Themen waren in der Kunst des Manierismus äußerst beliebt — außerdem waren perspektivische Architektur und Marmorsäulen in diesem Saal von de Vries geschaffen worden. Auch das Sommerhaus, der weiße Turm sowie der spanische und der neue Saal gehen auf Rudolf zurück.

Auch ein weithin und von außen sichtbares Ausstattungsstück am Veitsdom, der böhmischen Krönungskirche, erinnert an Rudolf II. Im Jahre 1597 ließ der Kaiser durch den Magdeburger Uhrmacher Hans Bechler eine Turmuhr anbringen und bei dieser Gelegenheit das darunterliegende Turmfenster mit einem vergoldeten Gitter versehen, das ein goldenes „R", also eines der Embleme Rudolfs II., enthält und auch heute noch an Rudolf II. erinnert.

Gitter mit Initialen Rudolfs II. am Turm der Veitskirche am Prager Hradschin

Pieter Stevens, Der Prager Hradschin (Prag, Städtisches Museum)

97

Das Linzer Schloss

Die Tatsache, daß Rudolf II. sowohl in Wien als auch in Prag traditionsbestimmte Burgen als Residenz vorgefunden hatte, und sein beständiger Geldmangel verhinderten, daß Rudolf sich eine seinen eigenen Vorstellungen entsprechende Residenz baute. Dennoch ist ein Schloßbau von ihm ausgeführt worden, der allerdings nicht für ihn selbst gedacht war, sondern für seinen Bruder Erzherzog Matthias, der in Linz residierte.

Mit dem Bau am Linzer Schloß wurde im Jahre 1600 begonnen, als Baumeister diente der Niederländer Anton Moys, über den wir allerdings sonst wenig wissen.

Der Bau des Linzer Schlosses konnte schon nach recht kurzer Zeit im Jahre 1607 vollendet werden. In diesem Jahr wurde auch mit dem Bau der Kirche begonnen, wie uns ein Brief eines Finanzbeamten, des oberösterreichischen Vizedoms Adam Gienger, an den Vertrauten Rudolfs II., den Kammerdiener Lang, beweist. Darin übermittelte Gienger diesem auch drei verschiedene Formeln für eine Inschrift auf dem Grundstein der Kirche, aus denen der Kaiser die ihm genehmste aussuchen solle.

Das heute noch erhaltene Linzer Schloß gibt uns also Zeugnis von der Bautätigkeit des Kaisers, denn am Bau wirkten Künstler des Hofkreises Rudolfs II. mit. So wurde etwa der Rittersaal von dem aus der Schweiz stammenden Hofmaler Joseph Heinz dekoriert.

Einen guten Beweis für die Absicht, den Bau als Denkmal für die Nachwelt wirken zu lassen, geben auch die verschiedenen Bauinschriften, die den Kaiser als Bauherrn nennen und verherrlichen. Eine besonders schöne Bauinschrift hat sich in der Brunnenstube der Schloßwasserleitung erhalten, sie lautet: DER ANFANG DIESES STOLENS WAR IM 1602. JAHR ALS MAN 1606 ERKENDT WAR DISES STOLENS ARBEIT VOLLENDT RUDOLPH DER ANDER MIT SEIM NAM RÖMISCHER KAISER LOBESAM LIESS DISEN STOLLN TREIBEN FORTT. DIE WASSER BRINGEN AN DISS ORTH SO YETZT EIN SCHÖNER PRUNNEN QUELL DER IN DAS SCHLOSS FLEUST CLAR UND HELL. GOTT WOLLE DISEM KAISER GEBN GLÜCK SIEG GESUNDT UND LANGES LEBN.

Der Kaiser selbst manifestiert sich in der Inschrift über dem Portal mit allen seinen Titeln, eine Tradition, die Ferdinand I. im Schweizertor der Wiener Hofburg gepflegt hat und die auch der Nachfolger Rudolfs – für den das Linzer Schloß erbaut wurde –, der spätere Kaiser Matthias, in sein Portal am Prager Hradschin aufgenommen hat.

Portal des Prager Hradschin aus der Zeit Kaiser Matthias'
Linz, Portal des Schlosses

DIE POLITISCHE SITUATION

GETEILTE MACHT

Die habsburgischen Länder Europas waren nicht alle in der Hand Kaiser Rudolfs II. vereint. Hatte Spanien mit der Linientrennung am Beginn des 16. Jahrhunderts, als Karl Spanien und sein Bruder Österreich erhielt, eine eigenständige Entwicklung genommen, so war der Zusammenhalt der unter der österreichischen Linie des Hauses stehenden Länder trotz einer Aufteilung unter verschiedene Regenten ein größerer. Schon einmal, im späten Mittelalter, war es zu einer Teilung der österreichischen Länder unter verschiedene Mitglieder der habsburgischen Dynastie gekommen, was damit zusammenhängt, daß eine Belehnung mit diesen Ländern nicht an den ältesten Sohn erfolgte, sondern an alle Söhne gleichzeitig „zu gesamter Hand", was in der Praxis zu großen Schwierigkeiten führte. Unter Maximilian I. wurde diese Trennung in drei Länderkomplexe wieder durch eine Vereinigung überwunden, doch nicht für lange.

Ferdinand I. hatte drei Söhne und verfügte in seinem Testament die Aufteilung seiner Länder unter diese drei Söhne. Mehrere Gründe mögen ihn zu diesem ungewöhnlichen Entschluß, der die Einheit und Stärke des Hauses schwächen mußte, bewogen haben: Zunächst die unsichere religiöse Haltung seines ältesten Sohnes Maximilian, der dem Protestantismus zuneigte, so daß Ferdinand ihm nicht die gesamten Länder übergeben und diese damit der Gefahr einer Protestantisierung aussetzen wollte, dann die habsburgische Familientradition der Belehnung „zur gesamten Hand" und schließlich wohl auch persönliche Motive. Die Zuneigung zu seinen anderen Kindern, besonders zu Erzherzog Ferdinand, war hier sicher ein ebenso wesentlicher Beweggrund, wie seine persönlichen Erfahrungen als jüngerer Bruder, der mit seinem älteren Bruder Karl V. um sein Erbe ringen hatte müssen und sich schließlich, wenn auch zunächst unter sehr entwürdigenden Umständen, durchsetzen hatte können.

Ferdinand I. teilte also in seinem Testament 1564 die österreichischen Länder folgendermaßen auf: Maximilian erhielt Nieder- und Oberösterreich sowie Böhmen und Ungarn, wobei in diesen beiden Ländern natürlich eine Wahl durch die Stände notwendig war. Außerdem war Maximilian als Nachfolger im Reiche vorgesehen, doch auch hier hing natürlich die Verwirklichung dieser Vorstellung von der Zustimmung der Kurfürsten des Reiches ab; alle diese Wahlen erfolgten allerdings noch zu Lebzeiten des Vaters.

Erzherzog Ferdinand erhielt Tirol und die Vorlande, also den reichen Streubesitz des Hauses in Vorarlberg, der Schweiz und in Süddeutschland bis an den Rhein. Diese Länder werden oft auch als Vorderösterreich oder Oberösterreich — nicht zu verwechseln mit dem gleichnamigen Bundesland! — bezeichnet. Erzherzog Ferdinand waren aus seiner nicht standesgemäßen Liebesheirat mit der Augsburger Patriziertochter Philippine Welser große Nachteile erwachsen. Sie führte zu Konflikten mit seinem Vater, die Kinder aus dieser Ehe „zur linken Hand", auch Söhne, waren nicht erbberechtigt. In zweiter Ehe nach dem Tode Philippine Welsers heiratete er standesgemäß Katharina von Mantua, doch entstammten dieser Ehe nur Töchter. Nach seinem Tod im Jahre 1595 übernahm Erzherzog Maximilian III. die Regentschaft, ihm folgte Erzherzog Leopold, der eine jüngere Tiroler Linie begründete, die erst 1688 erlosch. Zu dieser Zeit vereinigte Leopold I. Tirol wieder mit den übrigen habsburgischen Ländern.

Erzherzog Karl II. erhielt 1564 Innerösterreich, das waren die Länder Steiermark, Kärnten und Krain, er residierte mit seiner bayerischen Frau Maria in Graz. Aus der großen Anzahl der Kinder dieses Paares übernahm nach dem Tode Karls 1590 und einer kurzen Vormundschafts-Regentschaft Erzherzog Ferdinand II. Innerösterreich, der nach dem Erlöschen der maximilianischen Linie als Kaiser die beiden Herrschaftskomplexe wieder vereinigte.

Zu diesen Machtteilungen kommt noch die Statthalterschaft in Nieder- und Oberösterreich, die zuerst von Rudolfs Bruder Ernst, dann von dem jüngeren Matthias ausgeübt wurde. Beide waren tatkräftige Männer, die durchaus unabhängige Politik betrieben.

Begräbnisstätte Ferdinands von Tirol in der Silbernen Kapelle in Innsbruck

Martin Rota, Erzherzog Ernst (Wien, KHM)

Pietro de Pomis, Karl II. und seine Familie (Miniaturkopie des Bildes im Grazer Dom, Klosterneuburg, Stiftssammlung)

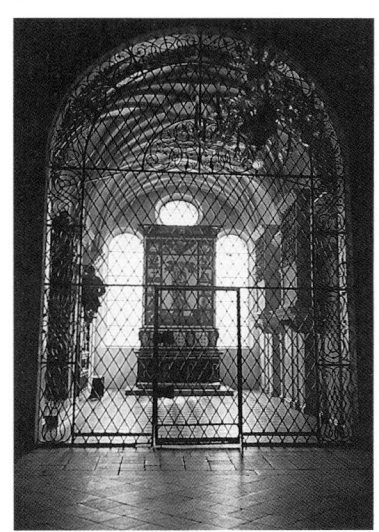

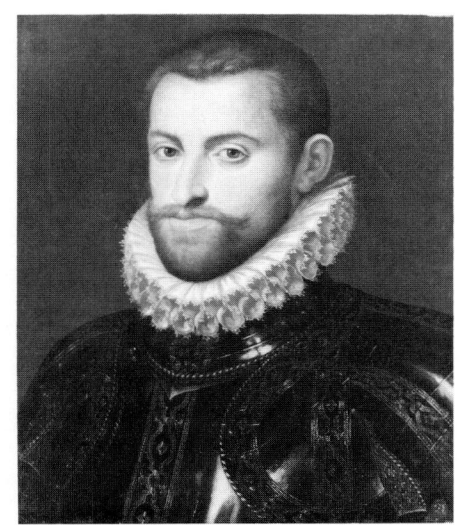

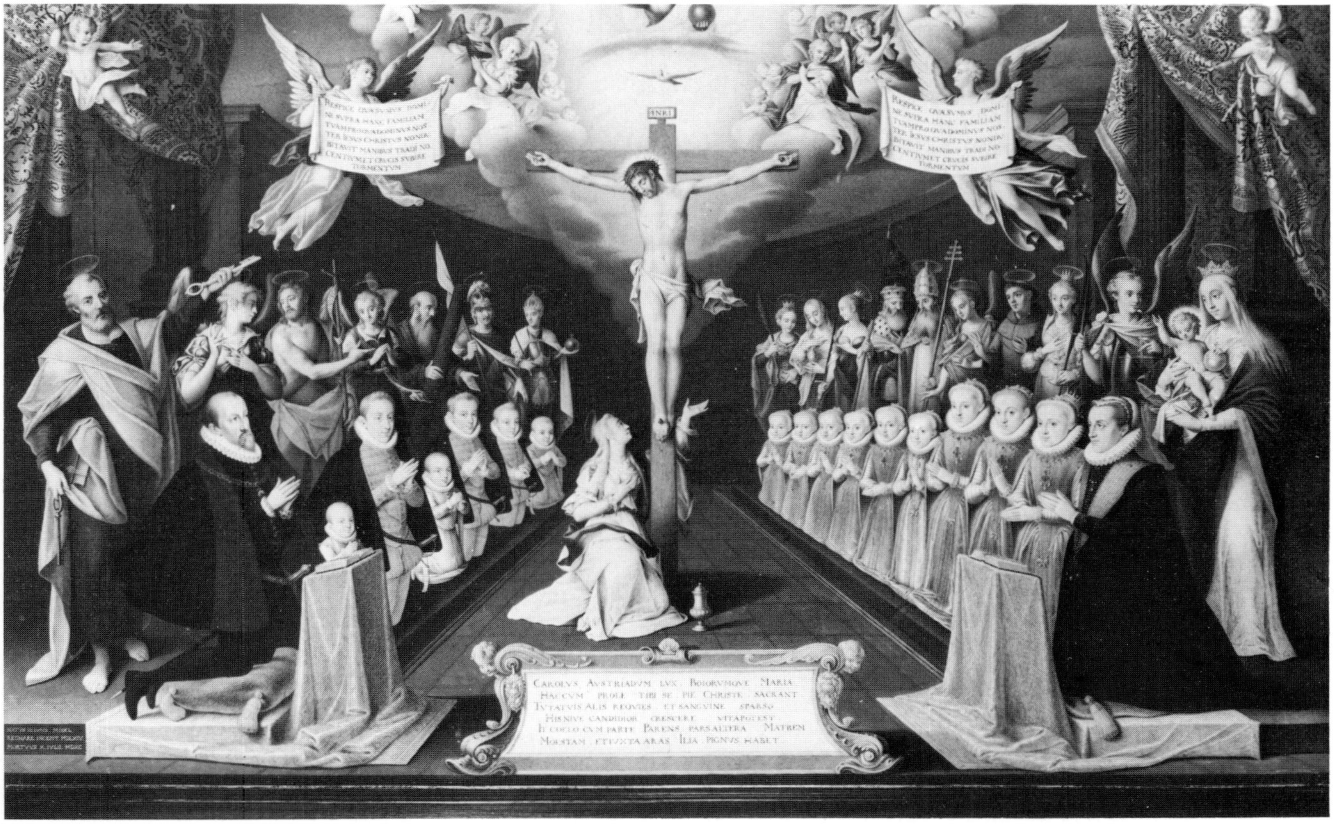
CAROLVS AVSTRIADVM LVX BOIORVMQVE MARIA

RELIGIÖSE PROBLEME IM REICH

Mit der Durchsetzung der Reformation seit dem Jahre 1517, dem Jahr, in dem Martin Luther seine Thesen an der Wittenberger Schloßkirche anschlug, ist die religiöse Auseinandersetzung um alten und neuen Glauben das Zentralproblem Mitteleuropas geworden. Auch die schon bald beginnenden Religionsgespräche zwischen den beiden Konfessionen, die, wie das Beispiel des Regensburger Religionsgesprächs von 1601 zeigt, bis weit in die Regierungszeit Rudolfs II. hinein fortdauerten, waren nicht geeignet, den Gegensatz friedlich zu bereinigen. Eine reiche polemische Literatur, aus der hier mit dem Flugblatt des Hans Wechter ein Beispiel gezeigt werden soll, verschärfte die Lage und trug wenig zu ihrer Lösung bei.

Die akuten Konflikte um die Religionsfrage in der ersten Hälfte des 16. Jahrhunderts hatten im Jahre 1555, mit dem Abschluß des Augsburger Religionsfriedens und der kurz darauf erfolgten Abdankung des strikte prokatholischen, den Ideen einer mittelalterlichen Universalmonarchie nachhängenden Kaisers Karl V. eine zeitweilige Lösung gefunden. In der zweiten Hälfte des 16. Jahrhunderts und speziell auch in der Zeit Rudolfs II. ergaben sich aus den Bestimmungen des Augsburger Religionsfriedens und seiner Zusatzbestimmungen viele kleine Konfliktsituationen, die als Kampf um konfessionelle und territoriale Einzelpositionen charakteristisch für diese Zeit sind.

Der Kampf um die Auslegung der Bestimmungen des Augsburger Religionsfriedens war mit einigen Fragen verknüpft, deren wichtigste die der „Declaratio Ferdinandea" war. In dieser Deklaration ist vorgesehen, daß jeder geistliche Fürst (Bischof), wenn er zum Protestantismus übertritt, sein Territorium aufzugeben hat. Als 1582 der Kölner Erzbischof Gebhard Truchseß von Waldburg aus persönlichen Gründen — er wollte ein Stiftsfräulein heiraten — zum Protestantismus übertrat, entwickelte sich diese Frage zu einer großen politischen Schwierigkeit, die sogar zu militärischen Aktionen, bekannt als „Kölner Krieg", führten, in der sich schließlich die katholische Partei durchsetzen konnte.

Nicht ganz so heftig, wenn auch vehement genug, entfaltete sich eine zweite Reichsangelegenheit, der Straßburger Kapitelstreit, der von einer Auseinandersetzung des Bischofs von Straßburg mit seinem zum Großteil protestantischen Domkapitel ausging. Im Verlauf des Konfliktes war es auch zu außenpolitischen Kontakten der Protestanten des Reiches zur internationalen Szene des Protestantismus, vor allem zu den französischen Hugenotten gekommen, eine Verwirrung, die schließlich zu einer Doppelwahl eines protestantischen und eines katholischen Bischofs führte und die erst mit der Änderung der Lage in Frankreich eine Lösung fand. Wieder konnte sich die alte Religion durchsetzen.

Eine Folge all dieser Ereignisse und Konflikte war, daß sich die Religionsparteien im Reich mehr und mehr militärisch gaben und es zu einer konfessionellen Bündnisbildung kam, die mit Liga und Union zwei feindliche Lager bildeten, deren Gegensätze unmittelbar in den Dreißigjährigen Krieg führen sollten.

Hans Wechter, Flugblatt zu den religiösen Veränderungen im Reich (Wien, Albertina)

Das Regensburger Religionsgespräch 1601 (Wien, Albertina)

Probleme der Reichspolitik

Die im Wappen des Reiches vereinigten und oftmals in der Gebrauchskunst der Zeit verwendeten Symbole für die Einigkeit des Heiligen Römischen Reiches Deutscher Nation, der Stände und des Kaisers entsprachen kaum der politischen Realität. Eine Reihe von Problemen erschütterte das Reich seit dem Beginn der Reformation, wobei die religiöse Problematik als Ideologie den Rahmen abgab, innerhalb dessen sich die wirtschaftlichen, politischen und rechtlichen Auseinandersetzungen, die für den Beginn einer neuen Zeit charakteristisch sind, vollzogen. Im Hintergrund der religiösen Fehden standen die massiven politischen Interessen der einzelnen Reichsstände, wobei vor allem die größeren Territorien sich selbständig entwickelt hatten und zu eigenständigen Machtgebilden, den frühneuzeitlichen Territorialstaaten, aufgestiegen waren. In diesen Territorialstaaten hatten die Reichsfürsten einen frühen Absolutismus durchzusetzen begonnen, und die Abhängigkeit von einer Zentralgewalt, die der Kaiser in der Tradition des römischen Weltreiches verkörperte, war den Fürsten nicht angenehm.

Die Reformation als politisch-religiöse Bewegung hatte den Fürsten des Reiches ein Kampfmittel in die Hand gegeben, durch das sie ihre Opposition zum Kaiser formulieren konnten. Die Bedrängung der habsburgischen Kaiser durch die vehemente Expansion der Osmanen im Osten, deren Bekämpfung auch eine Hilfe des Reiches erforderte, tat ein Zusätzliches, um die Position des Kaisertums zu schwächen und den protestantischen Ständen eine Erfüllung ihrer Forderungen zu sichern.

Zwar verlief ein Großteil der Auseinandersetzung auf dem Gebiet der Religionspolitik, doch war durch die unentrinnbare Verquickung von Religion und Politik in der frühen Neuzeit auch die Reichsverfassung und damit indirekt auch das Funktionieren des Reiches stark betroffen.

Sogar die politischen Organe des Reiches, deren Aufgabe es war, die Reichsverfassung zu vollstrecken, wurden durch die religiösen Konflikte in Mitleidenschaft gezogen.

Diese Entwicklung begann auf dem Augsburger Reichstag des Jahres 1582, als der evangelische Administrator des Erzstiftes Magdeburg, Joachim Friedrich von Brandenburg, Sitz und Stimme in dieser Ständeversammlung forderte, was gegen die Bestimmungen des geistlichen Vorbehaltes verstoßen hätte. Zwar konnten sich die katholischen Reichsstände durchsetzen, und der Administrator mußte auf seine Session verzichten, doch waren die Folgen weitreichend. Die Revisionsinstanz des Reichskammergerichtes, eine zentrale Reichsbehörde, wurde lahmgelegt, und innerhalb der nächsten Jahre brach so die Rechtssprechung auf Reichsebene zusammen. In der Folge konnten die Streitfälle des Reiches nun nicht mehr auf dem Rechtswege erledigt werden, sondern mußten meist gewaltsam entschieden werden.

Auch auf den Reichstagen selbst, als der höchsten Ständeversammlung, kam es schon 1603 zu einer schweren Auseinandersetzung, als die Pfalz gegen die Bezahlung der Türkensteuern protestierte und den Beschluß durchzusetzen versuchte, daß jeder Reichsstand nicht mehr Steuern zahlen mußte, als er selbst bewilligt hatte. Unüberbrückbar wurde der Konflikt der Religionsparteien aber erst, als am Reichstag des Jahres 1608 die beiden Parteien — erhitzt durch den Streit um die Reichsstadt Donauwörth, über die die Reichsacht verhängt und von Bayern vollstreckt worden war — nicht mehr zu einer Einigung kommen konnten. Der Streit um die Auslegung des Religionsfriedens endete mit dem Auszug der Pfalz aus dem Reichstag, der damit als gescheitert betrachtet werden konnte, denn es kam erstmals kein Reichstagsabschied zustande. Das oberste und wichtigste Reichsorgan war damit nutzlos geworden.

Wilhelm Peter Zimmermann, Reichsadler (Wien, ÖNB)

Territoriale Einbussen im Reich

Eine der territorialen Scheinpositionen der Habsburger im Reich, ein Land, das im Titel der habsburgischen Kaiser noch sehr lange aufschien, war Württemberg. Das Herzogtum Württemberg, im süddeutschen Raum nahe den Besitzungen des Hauses Habsburg gelegen, die unter Vorderösterreich zusammengefaßt werden, wurde vom Hause Habsburg am Beginn des 16. Jahrhunderts erworben. Zu diesem Zeitpunkt wurde der Herzog Ulrich von Württemberg von den Truppen des Schwäbischen Bundes aus seinem Land vertrieben, und das Territorium wurde 1520 gegen Bezahlung der Kriegsschulden an den Kaiser Karl V. übergeben. Von 1522—1534 befand es sich im wirklichen Besitz der österreichischen Linie des Hauses Habsburg. Im Vertrag von Kaaden 1534 ging das Land wieder an Herzog Ulrich zurück, der allerdings dafür die „Afterlehenschaft", also eine lehensrechtliche Unterordnung unter das Haus Habsburg bzw. unter Österreich dulden mußte. Diese für den Herzog eines blühenden Landes demütigende Bindung wurde in der Zeit Rudolfs II. im Jahre 1598 aufgehoben, und Herzog Friedrich von Württemberg war wieder der oberste Herr seines eigenen Landes und — zumindest theoretisch — nur mehr dem Kaiser des Reiches als Lehensmann untertan.

Dieser territoriale „Verlust" eines ohnehin mehr theoretischen als praktischen Anspruches wurde auch von der Propaganda der Zeit zum Anlaß genommen, eine Medaille zu prägen, die auf der Vorderseite das Wappen Württembergs zeigt. Auf der Hinterseite ist der Heilige Christophorus, ein Schild mit dem Reichswappen haltend, dargestellt. Die lateinische Inschrift, RUDOLF II. IMPERATOR AUGUSTUS PII FELICIS DECRETO, heißt übersetzt „durch ein frommes glückliches Dekret — als Rechtsakt — Kaiser Rudolfs" und nimmt auf diese Auflösung des Afterlehenschaftsverhältnisse durch den Kaiser Bezug.

Jakob van der Heyden, Friedrich Herzog von Württemberg (Wien, Bildarchiv der ÖNB)

Medaille auf die Aufgabe des Afterlehensverhältnisses über Württemberg in einer barocken Nachzeichnung aus Köhlers Münzbelustigung (Wien, ÖNB)

Der Vertrag von Kaaden (Wien, Haus-, Hof- und Staatsarchiv)

DER BAUERNKRIEG IN NIEDER- UND OBERÖSTERREICH

Die im Vordergrund stehenden religiösen und politischen Probleme des Reiches dürfen nicht darüber hinwegtäuschen, daß starke soziale Spannungen bestanden, die durch die große Bauernbewegung der Jahre 1525/26 und ihr Scheitern nicht gelöst worden waren. Die Herrschaft in Mitteleuropa in der Zeit des Kaisers Rudolf II. basierte auf der Ausbeutung der Masse der bäuerlichen Bevölkerung durch wenige privilegierte Grundherren, den Adel und den Klerus.

Durch die Umgestaltung der Wirtschaft am Beginn der Neuzeit war es zu einer Verschärfung dieser Situation gekommen, da der steigende Geldbedarf des Adels und des Klerus, der ebenfalls dem adeligen Lebensstil huldigte, zusammen mit der stagnierenden Agrarentwicklung zu einer Erhöhung der Zinse und Abgaben geführt hatte. Diese mußten von den untertänigen Bauern, deren Rechtsstellung sich noch dazu durch die Rezeption des römischen Rechtes verschlechtert hatte, getragen werden.

Auch von seiten der Zentralgewalt kam es, bedingt durch die erhöhten Militärausgaben, die zur Türkenabwehr notwendig waren, zu einer Erhöhung der Steuern der Stände, und diese wälzten die Belastungen voll auf ihre Bauern um. Zu den finanziellen Opfern, die vor allem in den österreichischen Erblanden besonders hart waren, kamen für diese von der osmanischen Expansion bedrohten Gebiete auch militärische Maßnahmen, wie die Aushebung des dreißigsten, zehnten oder, in Fällen ganz besonderer Gefahr, sogar des dritten Mannes, das heißt, drei Bauern mußten einen Krieger, der gegen die Türken ins Feld zog, erhalten und ausrüsten.

In Oberösterreich, wo der Aufstand der Bauern schon 1595 begann, waren es wieder in erster Linie religiöse Fragen, die den ersten Anlaß zum Aufruhr der Bauern boten. Die Einsetzung katholischer Geistlicher statt der protestantischen Prädikanten führte zu deren Vertreibung und zur Zusammenrottung der Bauern, die bald auch ihre sozialen Forderungen — besonders gegen die starke Robotbelastung in Oberösterreich — erhoben. Die Interimsresolution Rudolfs II. von 1597, die einen Wendepunkt dieser Bauernunruhen bedeutete, nahm daher auch auf diese Frage speziell Rücksicht und beschränkte die Robot auf 14 Tage im Jahr.

In Niederösterreich waren es dagegen die Maßnahmen zur Türkenbekämpfung, die zu den ersten Zusammenrottungen der Bauern Anlaß gaben. Eine Musterung auf dem Gut des verhaßten Bauernschinders Ludwig von Starhemberg führte zu den ersten Aktionen der Bauern. Zwei empörte Untertanen schlugen auf den verhaßten Ausbeuter mit der Hacke ein, sie wurden verhaftet und ohne Prozeß hingerichtet. Daraufhin kam es zu einem allgemeinen Aufgebot der Bauern, die verschiedene Burgen und Herrschaftssitze einnehmen konnten.

In dieser krisenhaften Situation waren Adel und Klerus, die Grundbesitzer des Landes, nicht mehr imstande, der Lage Herr zu werden. Rudolf griff, ebenso wie in Oberösterreich, selbst in das Geschehen ein und trat über die Person des Reichsheroldes Peter Fleischmann mit den Bauern in Verhandlung. Die Versprechungen des Herolds, gemeinsam mit dem idealisierten Bild des fernen Kaisers, der sie nicht bedrückte, führte die Bauern dazu, daß sie im Vertrauen auf Rudolf versprachen, ihren Feldzug gegen die soziale Ordnung zu beenden. Inzwischen hatte aber Erzherzog Matthias bereits ein Söldnerheer unter Wenzel Moraskhy aufgestellt, das durch Niederösterreich zog und schreckliche Strafgerichte durchführte. Um keine Märtyrer unter den Bauern zu schaffen, schützte man kriminelle Delikte vor — Diebstahl, Raub, Plünderung, Sodomie und Ehebruch waren häufige Anklagen —, um die Aufständischen als Verbrecher abzustempeln und hinrichten zu können. Schreckliches Wüten mit vielen Todesurteilen und grausamsten Verstümmelungsstrafen waren die Folge dieses Bauernkrieges. Die Probleme der Bauern, die schreckliche Ausbeutung durch die Grundherren, die menschenunwürdige Abhängigkeit von dem Grundherrn, der alle Rechte über seine Untertanen besaß, und die furchtbare wirtschaftliche Lage des Bauernstandes blieben weiter ohne Lösung. Wieder einmal waren die Hilfeschreie der Entrechteten von den Mächtigen der Zeit niedergeschlagen worden.

Strafen nach dem Bauernkrieg (Niederösterreichisches Landesarchiv)

Abriß der Rebellischen Baurn in Österreich vnter der Ennß/ im Fiertl ob Wienner

Waldt/ vnd ob Manhartsperg/ auf vorgehört Vrtl vnd gehalten Recht/ an denen orten wo sie sich Rottirt vnd zusamen versamblet haben/ seindt gestrafft worden/ In jetzt lauffenden 1 5 9 7. Jahr.

Im Jar des Herren/ als geschehen/
Tausent fünffhundert neinzig sibn/
Vnter der Enß in Österreich
In Vierteln Zway/ die Baurn zugleich
Ob Wienner Wald vnd Manhartsperg/
Die Hauer auch vnterm gebirg/

Auffrührig worden/ vngeschaw
Kein glimpff war jhnen angenem
Wie Kriegs gewalt/ man müßte sich
Solch jhren vrsach vnd mutwilen
Wie hoffen erweisen im bericht

Das Gott nie vngestrafft hab lan
Den Rebellischen vnderthan/
Zaigt diser abriß wie vergieng/
Wie jeder seinen Lohn empfieng/
Wie auf vorgehend Vrtl vnd
Gehalten Recht des Baurnbund/

An denen orten wo sie sich
Rottirei haben druesäglich/
Gestrafft sey worden vberall.
Den nachkhumling vor gleichem soll
Zur Warnung vnd gedechtnuß acht
Ist dis schreiberey billich gmacht.

ERZHERZOG MATTHIAS UND DER KAISER

Die Machtansprüche der Stände im Reich, die religiösen und sozialen Konflikte der Zeit, führten zu Krisensituationen während der Regierungszeit Kaiser Rudolfs II., doch die ärgsten Schwierigkeiten entstanden aus dem Zwist mit seiner eigenen Familie und allen voran mit seinem Bruder Erzherzog Matthias.

Erzherzog Matthias, der um 5 Jahre jüngere Bruder des Kaisers, war zunächst von Rudolf II. für die geistliche Laufbahn vorgesehen worden, doch zerschlugen sich diese Pläne wieder. Der ehrgeizige und gewissenlose junge Erzherzog drängte nach Betätigung. Seine erste politische Rolle spielte er in den damals spanischen Niederlanden, wo er sich als dritte Kraft zwischen den katholischen, absolutistisch-spanischen Habsburgern und den protestantischen Aufständischen seinen Platz zu sichern versuchte. Nach dem Scheitern des niederländischen Abenteuers kehrte Erzherzog Matthias wieder nach Österreich zurück und wurde nach dem Tode des Erzherzogs Ernst im Jahre 1595 Statthalter Rudolfs II. in Nieder- und Oberösterreich. Seine Verbindung zu der treibenden Kraft der Gegenreformation, dem Wiener Bischof und Kardinal Melchior Khlesl, sollte das weitere Wirken des Erzherzogs wesentlich mitbestimmen. Neben der administrativen Funktion in den Donauländern war Matthias zu dieser Zeit auch im Reiche als Reichstagskommissar seines Bruders tätig, und mit dem Beginn des langen Türkenkrieges trat Matthias auch als Feldherr — wenn auch als ein schlechter — in den Vordergrund.

Rudolf II. blieb Zeit seines Lebens unverheiratet, wenn er auch sein ganzes Leben hindurch Heiratsprojekte verschiedener Art erwog. Da er nicht wie alle seine Vorgänger legitime Söhne hatte, wurde die Nachfolgefrage immer akuter. Rudolf, der zwar eine Reihe illegitimer Kinder hatte, aber keinen erbberechtigten Sohn, wurde daher von seinen Verwandten stets gedrängt, die Erbfolge zu klären. Diese Frage stand schon in den achtziger Jahren erstmals zur Debatte, wurde aber im Laufe der Zeit, als sich auch immer klarer abzuzeichnen begann, daß der Kaiser weder heiraten noch einen seiner Brüder als Nachfolger bezeichnen würde, immer akuter. Dazu kam noch, daß die Politik des Kaisers mit zunehmendem Alter immer eigenwilliger wurde und auch die persönlichen Schwierigkeiten mit dem geistig kranken Kaiser sich phasenweise steigerten. So wurden zeitweise, wenn Rudolf in einer depressiven Phase seiner schizophrenen Schübe befangen war, wichtige Regierungsgeschäfte verzögert, und ausländische Gesandte mußten lange auf ihre Abfertigung warten.

Diese schwierige Situation im Verein mit dem Ehrgeiz des Erzherzogs Matthias und der hinter diesem stehenden machthungrigen Persönlichkeit des Kardinals Khlesl führte zu einer inneren Krise im Hause Habsburg, die als „Bruderzwist" bekannt ist. Doch außer dem Erzherzog Matthias, der sicherlich als treibende Kraft angesehen werden kann, waren auch andere Erzherzöge an dieser Verschwörung gegen den Kaiser beteiligt. Vor allem darf der Einfluß von Maximilian III., dem Deutschmeister des Deutschen Ritterordens und gescheiterten König von Polen sowie Landesfürst in Tirol, einem weiteren Bruder Rudolfs, auf die Ereignisse nicht unterschätzt werden. Aber auch der in Graz residierende junge Erzherzog Ferdinand, der spätere Kaiser Ferdinand II., drängte nach der Macht, die nur durch einen Sturz des Kaisers frei werden konnte.

Aegidius Sadeler, Kaiser Matthias im reichen allegorischen Rahmen (Wien, Albertina)

Erzherzog Maximilian III. der Deutschmeister aus dem Porträtbuch des Hieronymus Beck von Leopoldsdorf (Wien, KHM)

Der Bruderzwist

Hatte sich der Unmut der Erzherzöge über ihren kaiserlichen Verwandten bisher nicht öffentlich geäußert, so trat mit der Jahrhundertwende hier ein Wandel ein. In der Konferenz von Schottwien, einem kleinen Ort in Niederösterreich, zu der sich die Erzherzöge Matthias, Maximilian und Ferdinand trafen, setzten sie unter der geistigen Führung Khlesls erste Schritte gegen den Kaiser. Das Programm Khlesls sah vor, daß die verschiedenen Erzherzöge und sonstige einflußreiche Verwandte dem Kaiser brieflich die Schwierigkeiten der Lage vorstellen und ihn zur Regelung der Nachfolgefrage und zu einer „medicinischen und geistigen Kur" auffordern sollten.

Die Beschlüsse von Schottwien kamen nicht zur Ausführung, doch fand im Jahre 1605 auf Initiative Erzherzog Maximilians in Linz erneut ein Tag statt, auf dem die Erzherzöge die Lage besprachen. Die Rettung sah man vor allem in einem persönlichen Gespräch mit dem Kaiser, doch erlaubte dieser seinem Bruder Maximilian die Reise nach Prag, um die er bat, nicht.

Dem politischen Geschick Khlesls gelang es in der Folge, im Wiener Vertrag vom 25. April 1606 die Erzherzöge dazu zu bewegen, Erzherzog Matthias zum Oberhaupt des Hauses zu erklären. Mittlerweile hatte sich allerdings auch die Situation in Ungarn deutlich verschärft. Zu dem seit 1592 andauernden, bis zur gegenseitigen Erschöpfung geführten Türkenkrieg war mit der Rebellion des Stephan Bocskay ein innerer nationalungarischer protestantischer Widerstand gekommen, und beide Angelegenheiten verlangten dringend nach einer Lösung.

Rudolf II. allerdings, der sich an die Hoffnung einer persischen Hilfe gegen die Osmanen und an sein gutes Recht gegen den Rebellen Bocskay klammerte, wollte von einer Beendigung des Krieges nichts wissen.

Schließlich konnte man aber doch dem Kaiser das Zugeständnis abnötigen, seinen Bruder Matthias mit Friedensverhandlungen mit den Osmanen und mit Bocskay zu beauftragen. Matthias gelang es, mit der ungarischen Insurrektion im Wiener Frieden einig zu werden und die kriegerische Auseinandersetzung mit den Osmanen im Frieden von Zsitvatorok zu beenden. Rudolf jedoch wollte die beiden Friedensschlüsse nicht anerkennen. Matthias verdächtigte den Kaiser, daß er den Türkenkrieg fortsetzen wolle, und suchte daher nach Bündnisgenossen, die er in den niederösterreichischen, ungarischen und mährischen Ständen fand. Als Preis für ihren Kampf gegen die bestehende Ordnung und für die Sache des Erzherzogs Matthias allerdings verlangten die Stände religiöse Zugeständnisse, die ihnen Matthias im Buhlen um ihre Freundschaft auch versprach.

Rudolf war nun genötigt, ebenfalls nach Bundesgenossen zu suchen, und er fand sie in den böhmischen Landständen, denen er im sogenannten „Majestätsbrief", dessen verhängnisvolle Rolle am Beginn des dreißigjährigen Krieges bekannt ist, ebenfalls religiöse Zugeständnisse machen mußte. Die Situation wurde immer schwieriger, doch fand sie im Vertrag von Lieben, dem tschechischen Ort Stará Líbena, am 25. Juni 1608 eine vorläufige Lösung. In diesem Vertrag zwischen Rudolf und Matthias trat der Kaiser seinem jüngeren Bruder Ungarn sowie Ober- und Niederösterreich ab. Er selbst behielt das Königreich Böhmen und die Kaiserwürde im Heiligen Römischen Reich.

Rudolf hatte durch diesen Vertrag schwere Rückschläge in seiner Politik und in seinem Prestigestreben zu ertragen, die er nicht verwinden konnte. Auf der anderen Seite hatte Erzherzog Matthias nicht alles erreicht, was er wollte und was ihm sein Ehrgeiz vorgaukelte. Er war zwar designierter König in Böhmen, ohne dieses Land in seinen Besitz nehmen zu können, doch die seit Jahren schwebende Nachfolgefrage im Reich war noch immer ungelöst. So waren beide Teile von der Regelung unbefriedigt, und der nächste Teil des Machtkampfes mußte beginnen.

Der Vertrag von Lieben (Stará Líbena) 1608 (Wien, HHStA)

Das politische Ende Rudolfs II.

Den Anlaß zu der weiteren Auseinandersetzung zwischen den beiden feindlichen Brüdern bot eine schon lange schwebende Reichsangelegenheit, die Erbfolgefrage in den Herzogtümern Jülich, Cleve und Berg. Ein habsburgischer Erzherzog, der junge Bischof von Passau, Leopold, ein Sohn Erzherzog Karls von Innerösterreich, trat in dieser Angelegenheit in Erscheinung, indem er Truppen warb, die für die kaiserliche Besetzung dieser Territorien bestimmt waren. Erzherzog Leopold stand dem Kaiser nahe, er hatte sich dessen Sympathien nicht zuletzt dadurch erworben, daß er an dem Linzer Tag und am Wiener Vertrag nicht beteiligt war.

Als 1609 der letzte Herzog von Jülich ohne Erben gestorben war, begann ein erbitterter Kampf um die Nachfolge zwischen Brandenburg, Sachsen und Pfalz, der noch dazu mit der internationalen Politik, vor allem mit der religiösen Lage in Frankreich, innig verbunden war und deshalb äußerst brisant zu werden drohte. Die Ermordung Heinrichs IV. von Frankreich entschärfte die Lage und führte zum Einmarsch protestantischer Truppen in den umstrittenen Gebieten. Was blieb, waren die von Leopold geworbenen „passauischen Truppen", die Rudolf nun für seine politischen Interessen und gegen seinen Bruder Matthias einsetzen wollte. In diesem Zusammenhang ist auch der Plan, den ihm genehmen Erzherzog Leopold als Nachfolger im Reich zu bestimmen, wichtig geworden.

Auch auf politischer Ebene versuchte Rudolf, Terrain zu gewinnen. Er berief im Frühjahr des Jahres 1610 einen Kurfürstentag nach Prag ein, der versuchen sollte, die Situation zu bereinigen. Die Vorschläge zugunsten des Kaisers, die man dem Erzherzog Matthias unterbreitete, stießen auf seine Ablehnung, Matthias forderte die Aufgabe der Machtstütze des Kaisers, jenes „passauischen Kriegsvolkes", das durch seine Einfälle in die österreichischen Lande des Matthias für Unruhe sorgte.

Ein Vertrauter des Kaisers, Herzog Julius von Braunschweig, wurde als Vermittler beauftragt, doch konnte er nichts erreichen. Den Endpunkt der Auseinandersetzung bildete der Einmarsch des passauischen Kriegsvolkes in Böhmen. Es drang bis Prag vor und nahm die Prager Kleinseite — wie die Graphik zeigt — in Besitz und belagerte gewissermaßen die Altstadt. Erst im März 1611 mußte das Heer abziehen. Am 24. März 1611 zog Matthias im Triumph in Prag ein.

Rudolf wurde auf der Prager Burg interniert. Matthias ließ sich von den böhmischen Ständen zum König wählen und wurde am 23. Mai 1611 im Veitsdom gekrönt. Rudolf besaß nun nichts mehr außer der Kaiserwürde, er war gewissermaßen zu einem Kaiser ohne Land geworden, und auch diese Tatsache, daß er die Kaiserwürde gegenüber seinem grenzenlos ehrgeizigen Bruder bewahren konnte, ist der Intervention eines protestantischen Reichsfürsten, des Kurfürsten Christian von Sachsen, zu verdanken.

Die Kurfürsten des Reiches schrieben dennoch einen Wahltag aus, um die Nachfolgefrage zu regeln, und mißachteten damit erneut kaiserliches Recht. Rudolf jedoch mußte diese Demütigungen nicht lange erdulden, sein Tod im Januar des Jahres 1612 erlöste ihn von den häßlichen Auseinandersetzungen um seine Herrschaft.

Der Einfall des passauischen Kriegsvolkes in Prag (Wien, Bildarchiv der ÖNB)

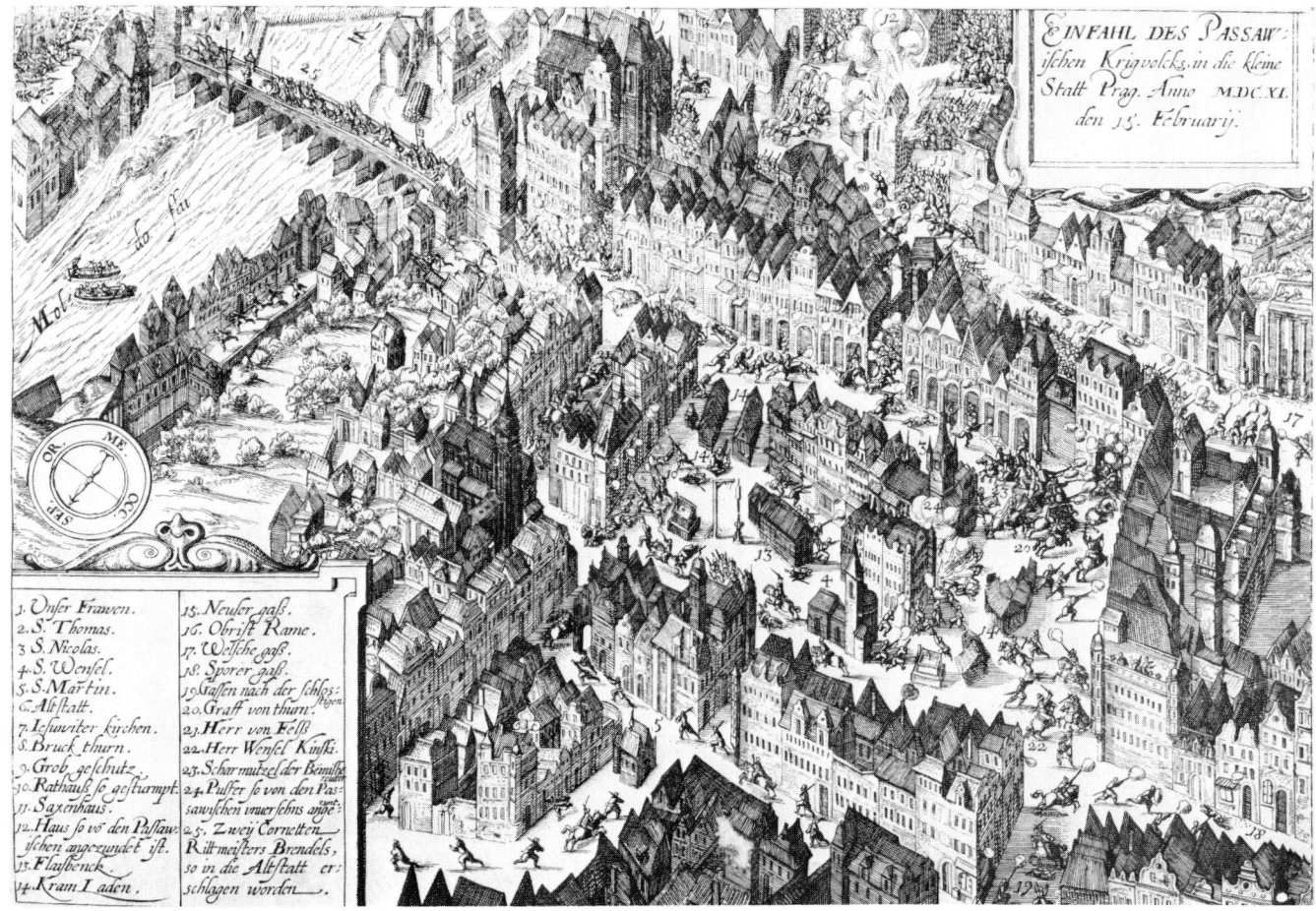

RUDOLF ALS MÄZEN UND SAMMLER

Rudolf als Förderer der Künste

Rudolf II. hatte als Staatsmann im Laufe seines Lebens keine großen Erfolge zu verzeichnen, seine Qualitäten lagen auf einem ganz anderen Gebiet.

Zu den Tugenden eines Herrschers gehörte nach dem tradierten Bild auch Mäzenatentum und das Anlegen von Sammlungen. Wie kaum ein anderer Herrscher hatte sich Rudolf der Pflege dieser kulturellen Aufgaben gewidmet und im mitteleuropäischen Raum damit bestimmt einen Höhepunkt erreicht, obwohl alle seine Vorfahren und auch seine Nachkommen einen besonderen Hang zur Kunst und insbesondere zur Sammeltätigkeit gezeigt hatten.

Beide Bereiche, die Kunstförderung, vor allem der bildenden Künste, und das Anlegen von Sammlungen griffen bei Kaiser Rudolf völlig ineinander. Am Hofe in Prag wirkten eine Reihe der besten Künstler seiner Zeit, deren künstlerisches Schaffen der Kaiser förderte, und ihre Werke waren der Hauptbestandteil der kaiserlichen Kunstsammlungen, die sich also, modern ausgedrückt, in erster Linie der zeitgenössischen Kunst widmeten. Neben diesen Werken der Hofkünstler sammelte aber Rudolf auch noch andere Meister, vor allem Dürer und die Werke der italienischen Manieristen, sowie erlesenes und kostbares Kunsthandwerk. Ergänzt wurden diese Werke aus Menschenhand durch allerlei Gegenstände aus der Natur wie Mineralien und Gesteine, Muscheln und seltene Tiere, wie es dem Geschmack und dem Denken der Zeit entsprach. Das so entstehende Sammelsurium wurde Kunst- und Wunderkammer genannt und bildete die Grundlage der modernen Museen, in denen sich die einzelnen Teile der Sammlungen organisatorisch verselbständigten, sodaß heute etwa in Wien dem Kunsthistorischen Museum ein Naturhistorisches, das den naturkundlichen Aspekt der Kunst- und Wunderkammern weiterführt, gegenübersteht.

Es ist kein Zufall, daß zwei Reliefs des Hofkünstlers Adriaen de Vries in unmittelbarem zeitlichen Zusammenhang entstanden sind; die eine Bronzereliefplatte stellt eine Allegorie auf den Türkenkrieg dar und verherrlicht die „kriegerischen Leistungen" Rudolfs und die zweite, heute im Schloß Windsor aufbewahrte Plastik betitelt sich „Rudolf II. führt die Kunst in Böhmen ein" oder auch „Relief mit Allegorie über die Kunstpflege Kaiser Rudolfs II.".

Das Relief, das sich dem Ausweis der Inventare nach noch 1621 im „zweiten Gewölb" der rudolfinischen Kunstkammer befand, bedarf einer eingehenden Interpretation, da alle seine Figuren allegorische Bedeutung haben. In der Mitte der Komposition reitet Rudolf II. in römischer Kaisertracht auf einem sich aufbäumenden Pferd. Über dem Haupt des Kaisers ist ein gekröntes R. II. eingraviert, und ein Adler mit einem Lorbeerkranz im Fang schwebt über der Reitergruppe. In der linken Hand hält der Kaiser den Feldherrnstab und einen Palmenzweig. Er wendet sich nach hinten hinab zu den als junge Frauen dargestellten Personifikationen der Künste, die ihm folgen. Die Malerei empfängt, sich verneigend, eine Gabe aus der Hand des Kaisers. Außer ihr sind die Architektur (mit Winkel und Zirkel), die Skulptur (mit Hammer und einer Statuette), die Musik (mit einer Trompete), die Poesie (mit einem Buch) und die Astronomie (mit einem Himmelsglobus) dargestellt. Hinter ihnen erscheint ein alter, lorbeergekrönter bärtiger Mann zu Pferde. Auch er hält ein Buch in der Hand. Wahrscheinlich stellt er die Philosophie dar.

Das Bildungsprogramm der Zeit enthielt normalerweise die Sieben Freien Künste, die artes liberales, die aus antiker Tradition stammenden eines freien Mannes würdigen Wissenschaften: Astronomie, Rhetorik, Grammatik, Dialektik, Arithmetik, Geometrie und Musik.

Das hier gezeigte Programm ist typisch für die rudolfinische Auffassung. Es werden vier der Freien Künste im herkömmlichen Sinn mit drei „bildenden Künsten", die sogar die Hauptpersonen sind, kombiniert, wobei die mit den „artes liberales" verbundene Siebenzahl erhalten bleibt.

Adriaen de Vries, Rudolf II. führt die Kunst in Böhmen ein (Schloß Windsor, England)

22. ADRIAN DE VRIES. BRONZEPLATTE: RUDOLF II. FÜHRT DIE KUNST NACH BÖHMEN EIN. (SAMMLUNGEN IM SCHLOSSE ZU WINDSOR IN ENGLAND

Hans von Aachen

Am Musenhofe Rudolfs II. in Prag hatten sich eine große Anzahl von Künstlern versammelt, die stilgeschichtlich dem europäischen Manierismus zuzurechnen sind. Ihre Zusammensetzung war überaus international.

Hans von Aachen ist sicherlich eine der zentralen Gestalten des Hofes Rudolfs II. Nach der Ausbildung in Italien und einer längeren Periode des Schaffens in München, wo er auch religiöse Bilder gemalt hatte, wurde er 1592 von Rudolf als Kammermaler berufen. Der mit einer Tochter des berühmten Musikers Orlando di Lasso verheiratete Aachen lebte dann bis zu seinem Tod im Jahre 1615 in Prag.

Die Bildthemen des Hans von Aachen sind vor allem drei Bereichen entnommen. Mehr als bei jedem anderen der Künstler der Prager Hofwerkstätte war das Porträt, insbesondere das Herrscherporträt, für Aachen ein wichtiger Bildvorwand. Ein zweiter entscheidender Themenkreis war für alle Maler des rudolfinischen Hofes — insbesondere aber für Hans von Aachen — die antike Mythologie. Diese mythologischen Themen, die uns heute oft ziemlich unverständlich sind, waren dem gebildeten Publikum des späten 16. Jahrhunderts, das einer späthumanistischen Bildungswelt angehörte, voll verständlich. Man verstand auch die in manchen mythologischen Themen enthaltenen Anspielungen auf politische Zustände gut. In vielen mythologischen Gemälden, wenn auch nicht durchwegs in allen, waren solche aktuellen oder aktualisierbaren Anspielungen enthalten.

Der dritte Motivbereich, dem sich Hans von Aachen zugewandt hat, waren die allegorischen Gemälde, die Ereignisse aus der Zeit verherrlichen sollten. Wir werden diesen Beispielen der Kunst des Hans von Aachen noch bei der Allegorisierung und Verherrlichung der Türkenkriege und der Siege Rudolfs II. begegnen.

Bei der Darstellung des Liebesverhältnisses des Göttervaters Zeus = Jupiter mit der Tochter des Königs von Theben, Antiope, bei der Amor, der die Liebe versinnbildlicht, zusieht, handelt es sich um ein beliebtes Thema der Kunst des 16. Jahrhunderts; Correggio, Tizian und Tintoretto, aber auch der Hofmaler Bartholomäus Spranger haben dieses Thema als Vorwurf genommen.

In dem Gemälde „Scherzendes Paar", das ein im Manierismus beliebtes Motiv, das des Spiegels, aufgreift, hat sich Hans von Aachen mit seiner Lebensgefährtin selbst dargestellt.

Hans von Aachen, Scherzendes Paar (Wien, KHM)
Hans von Aachen, Zeus, Antiope und Amor (Wien, KHM)

BARTHOLOMÄUS SPRANGER

Der neben Hans von Aachen wohl bedeutendste Manierist am Hofe Rudolfs II. war der Niederländer Bartholomäus Spranger. 1546 in Antwerpen geboren, zog er über Paris und Mailand nach Italien, lernte in Parma die Werke Correggios und Parmigianinos kennen und wirkte schließlich in Rom, von wo aus er auf Empfehlung Giovanni da Bolognas zu Maximilian II. berufen wurde. Von seinem Vater übernahm ihn Rudolf in seinen Hofstaat. Spranger wurde 1598 geadelt und lebte bis zu seinem Tod 1611 in Prag.

Ein Großteil des Schaffens Sprangers ist Themen der antiken Mythologie gewidmet; in diese mythologische Form kleidete Spranger auch seine Allegorien auf Kaiser Rudolf II., die aber nicht so sehr im Mittelpunkt seines Schaffens stehen wie die vergleichbaren Bilder des Hans von Aachen. Als Porträtist im Sinne des höfischen Repräsentationsporträts des Monarchen ist Spranger nicht hervorgetreten, doch existierte ein Selbstporträt des Künstlers, das uns das Bild eines etwas mürrischen Mannes vermittelt.

Auch bei Spranger war die Freude an erotischen Darstellungen eine wichtige Motivation für die Wahl seiner Bildthemen. Besonders gern stellte er Liebesszenen dar — ein Motiv, an dem die griechische Mythologie, denkt man nur an die vielen Liebesabenteuer des Göttervaters Zeus, besonders reich ist. Ein Beispiel dafür ist das Bild, das Vulkan, den Gott des Feuers und der Schmiede, den griechischen Hephaistos, mit Maia, einer der vielen Geliebten des Göttervaters Zeus und Mutter des Hermes, in einer neckischen Szene zeigt.

Auch das Motiv „Herkules und Omphale" bietet den Vorwand für einen reizvollen Rückenakt. Der mythologische Hintergrund ist der, daß der Halbgott Herkules zur Strafe als Sklave an Omphale, die Königin von Lydien, verkauft wird. Der einjährige Dienst bei seiner Herrin verweichlicht den Helden so sehr, daß er Löwenfell und Keule an Omphale abgibt und in Frauenkleidung Frauenarbeit verrichtet, also am Spinnrocken spinnt.

Im Gegensatz zu den meisten anderen Hofkünstlern Rudolfs II. hat Spranger auch biblische Stoffe dargestellt und Altargemälde gemalt.

Bartholomäus Spranger, Vulkan und Maia (Wien, KHM)
Bartholomäus Spranger, Herkules und Omphale (Wien, KHM)

Joseph Heintz

Ein weiterer der auch kunsthistorisch bedeutsamen Hofmaler vom Hofe Rudolfs II. ist der aus der Schweiz stammende Joseph Heintz, der 1564 in Basel geboren wurde. Er lernte in der Werkstätte des Hans Bock und wurde vor allem durch die Werke Holbeins beeinflußt. Später ging er nach Rom, wo Hans von Aachen sein Lehrer wurde. 1591 berief ihn Rudolf nach Prag, doch führten ihn seine Reisen einige Male nach Italien zurück. In seiner späten Phase wandte er sich religiösen Themen zu. Er starb 1609 in Prag. Joseph Heintz ist wie die meisten seiner Kollegen am Prager Hof nicht nur mit Gemälden hervorgetreten, von ihm stammen auch sehr lebendige, nicht so sehr stilisierte und gekünstelte Zeichnungen, die uns heute vielleicht geschmacklich näherstehen.

Deutlicher als bei den meisten anderen Hofkünstlern — obwohl auch dieser Aspekt bei ihrer Kunst nicht fehlt — wird bei Heintz die Rolle der Erotik für die Kunst. In älteren Werken wird dieser Aspekt stark übertrieben und alle Freude an erotischen Darstellungen und an der Nacktheit auf die Person des Herrschers zurückgeführt. Rudolf hatte sicherlich ein gesundes Interesse für Frauen und auch — vor allem in seiner späten Lebensphase — für anregende erotische Darstellungen. Die antike Mythologie bot dem Künstler für solche Szenen eine Fülle von Anregungen, und sicherlich ist manches auf diese Weise erklärbar. Doch darf man diesen Gesichtspunkt auch nicht überbewerten. Die Kunst des 16. Jahrhunderts, deren geistigen Hintergrund Renaissance und Humanismus bildeten, war in erotischen Dingen freizügiger als spätere Zeiten, vor allem das besonders prüde 19. Jahrhundert.

Ein gutes Beispiel für ein solches „erotisierendes Gemälde" des Joseph Heintz ist seine „Ruhende Venus", die in ihrer gekünstelt gedrehten Pose ein gutes Stilbeispiel für den Manierismus bildet.

Eine ähnliche Freude an erotischen Themen mit einer vielleicht tieferen Bedeutung ist auch an dem Gemälde „Mythologische Hochzeit" zu sehen, das in seiner ganzen Gestaltung ebenfalls ein schönes Beispiel für die Kunstauffassung des europäischen Manierismus ist.

Joseph Heintz, Ruhende Venus (Wien, KHM)
Joseph Heintz, Mythologische Hochzeit (Wien, KHM)

Roelant Savery

Das Dreigestirn Hans von Aachen, Bartholomäus Spranger und Joseph Heintz wurde durch eine Reihe weniger bedeutender Maler ergänzt, die ihre Werke in einer ähnlichen Weise gestalteten. Manieristischer Stil und mythologische Themen sind für alle Künstler charakteristisch. Zu diesen Malern kontrastiert eine andere Künstlerpersönlichkeit am Hofe, die des Hofmalers Roelant Savery. Er stammte wie viele der Hofkünstler Rudolfs aus den südlichen Niederlanden, dem heutigen Belgien, wurde in Courtrai geboren und wirkte in Amsterdam, Prag, Wien und Utrecht. Seine kunsthistorische Bedeutung liegt in der Vermittlung des flämischen Stils in die nördlichen Niederlande. Die Spezialität dieses Meisters waren Naturbilder, vor allem Tierbilder, aber auch Landschaften und Blumenbilder. Nur selten haben Saverys Gemälde einen mythologischen oder biblischen Hintergrund, und wenn, dann nur, um die Darstellung möglichst vieler und verschiedenartiger Tiere auf einem Bild zu rechtfertigen, so etwa, wenn er das Paradies darstellt oder Orpheus unter den Tieren. Doch für gewöhnlich bedurfte er für seine Darstellungen von Landschaften mit Tieren keines besonderen Vorwandes. Im Werk Roelant Saverys findet ein anderer Aspekt des geistigen Klimas am Prager Hof, das naturwissenschaftliche Interesse und die Naturbeobachtung, seinen künstlerischen Niederschlag.

Kunsthistorisch ist auch das beginnende Interesse an der naturgetreuen Abbildung der Landschaft wichtig geworden, das insbesondere die niederländische Malerei des 17. Jahrhunderts prägen und dominieren sollte. Einige dieser Landschaftsbilder zeigen Motive der Alpen, da Rudolf II. die Landschaftsspezialisten unter den Hofmalern nach Tirol sandte, als in der Spätphase seiner Regierung erwogen wurde, Tirol in seinen Besitz zu nehmen und seinen Wohnsitz nach Tirol zu verlegen. Saverys Gemälde „Landschaft mit Holzfällern" spiegelt eine solche Szene aus der Welt der Alpen.

Roelant Savery, Landschaft mit Vögeln (Wien, KHM)
Roelant Savery, Landschaft mit Holzfällern (Wien, KHM)

129

Dirk de Quade van Ravesteyn

Einer der weniger hell leuchtenden Sterne unter den Malern am Prager Hofe ist der Niederländer Dirk de Quade van Ravesteyn oder auch Ravenstein. Über seinen äußeren Lebensablauf wissen wir nur sehr wenig. Sein Aufenthalt von 1589 bis 1599 und 1602 bis 1608 als Hofkünstler in Prag ist belegt, nach dem Jahre 1612 dürfte er vermutlich in den Niederlanden gelebt und gewirkt haben. Aus schriftlichen Aufzeichnungen sind uns zwei seiner Gemälde, die er für Kaiser Rudolf II. schuf, bekannt. Es handelt sich um ein Porträt des Kaisers und eine Darstellung der Venus — allerdings können beide Bilder als verschollen gelten.

Erhalten geblieben ist uns von diesem Künstler jedoch ein allegorisches Tafelgemälde, das sich ursprünglich in der Galerie des Klosters Strahow in Prag befand und heute in der Kunstsammlung der Prager Burg zu sehen ist. Die Ausdeutung dieses Gemäldes ist überaus schwierig, der Bildinhalt ist jedoch in seiner Bedeutung für die Auffassung der Herrschaft durch Rudolf II. sehr interessant.

Auf dem Bild sind vier allegorische Frauengestalten als wichtigste Figuren aufzufassen, die Reichtum, Macht, Güte und Frieden verkörpern sollen. In der Mitte, gekennzeichnet durch ein Schwert, ist die Macht zu sehen, daneben der Reichtum mit dem Füllhorn, die Güte beugt sich zur Macht. Man könnte diese beiden Gestalten, Macht und Güte, allerdings auch im Zusammenhang mit der Rechtsprechung interpretieren: richterliche Strenge und „Clementia" des Monarchen, Gnade und Milde, die den wahren Herrscher auszeichnen. Von dem viel später regierenden Habsburger Leopold II. ist ein Ausspruch überliefert, der in diesen Zusammenhang einführt: „Laßt meine Richter streng sein, damit ich milde sein kann." Hinter den Gestalten steht die Personifikation des Friedens, die in der rechten Hand Tauben hält und mit der linken einen gerüsteten Mann — wohl den Krieg verkörpernd — anfaßt bzw. wegzudrängen scheint.

Ebenfalls hinter den sitzenden weiblichen Gestalten steht ein Engel oder Genius, der Kronen auf die Häupter der beiden Frauen setzt, eine aus Kornblumen auf das Haupt des Reichtums und eine Blumenkrone auf das Haupt der Macht. Dahinter beschützt ein herbeifliegender Engel oder Genius den Aufflug des Adlers, der Rudolf II. verkörpert. Dieses Motiv des auffliegenden Adlers ist in der Emblematik Rudolfs II. und in der davon beeinflußten Medaillenkunst sehr häufig verwendet worden. Dieser symbolische Adler zeigt den Weg für eine gute und erfolgreiche Herrschaft des Kaisers auf. Noch ein kurioses Detail am Rande ist bemerkenswert: Das zu den Füßen der sitzenden allegorischen Gestalten liegende Wappenschild soll wohl die Farben des Bindenschildes, rot-weiß-rot, zeigen, allerdings wurde — wohl durch einen Fehler des Malers — die Farbkombination vertauscht, sodaß dieses Wappenschild in den Farben weiß-rot-weiß gehalten ist.

Dirk de Quade van Ravesteyn, Allegorie auf die Regierung Rudolfs II. (Prag, Narodni Galerie)

GIUSEPPE ARCIMBOLDO

Die eigenwilligste und aus der großen Menge der anderen Manieristen am Hofe Rudolfs herausragende Künstlerpersönlichkeit ist sicherlich in dem Italiener Giuseppe Arcimboldo zu sehen. Er wurde 1530 in Mailand geboren und wirkte als Porträtmaler an den Höfen Ferdinands I. und Maximilians II., von dem ihn Rudolf übernahm. 1587 schied er aus dem Hofleben aus, knapp vor seinem Tod 1593 wurde er von Rudolf II. geadelt. Für die Kunsttheoretiker unter seinen Zeitgenossen war Arcimboldo einer der Großartigsten, so wird er in dem Werk von Lomazzo als Künstler und Festarrangeur in höchsten Tönen gelobt.

Arcimboldo wirkte nicht nur als Maler am Hofe in Wien und Prag, er übernahm darüber hinaus auch andere Aufgaben, von denen wir durch schriftliche Zeugnisse — nicht zuletzt durch die italienischen zeitgenössischen Kunsttheoretiker — informiert sind. Eine seiner wichtigsten Obliegenheiten war es, als „künstlerischer Berater" oder „Festarrangeur", würden wir modern sagen, bei den Hoffestlichkeiten zu wirken. So ist etwa für die großen Festlichkeiten anläßlich der Hochzeit Karls von Innerösterreich mit Maria von Bayern 1571 in Wien — jene Gelegenheit, bei der Rudolf aus Spanien zurückkehrte — ein schriftlicher Festentwurf überliefert, den Arcimboldo gemeinsam mit dem Humanisten Johann Baptista Fonteius ausgearbeitet hat. Außerdem gibt es Kostümzeichnungen von Giuseppe Arcimboldo, die sich verschiedenen Festen der Zeit Maximilians II. und Rudolfs II. zuordnen lassen. Die Mehrzahl dieser Zeichnungen wird heute in der graphischen Sammlung der Uffizien in Florenz aufbewahrt.

Die zukunftsweisenden Gemälde Arcimboldos sind allerdings jene „grotesken" Porträts, die aus verschiedenen Früchten, Wurzeln, Fischen etc. zusammengesetzt sind. Sie inspirierten vor allem die Kunst des 20. Jahrhunderts — Vertreter der abstrakten Malerei, phantastische Realisten und Surrealisten. Beispiele dafür wurden bei den Porträts Kaiser Rudolfs II. bereits gezeigt.

Giuseppe Arcimboldo, Festzeichnungen für die Hochzeit 1571 in Wien (Firenze, Uffizien)

Gramatica condotta da Prisciano latino et Aristarca greco
Vestita azurri

Dialettica condotta da Zenone et Chrysippo, è Aristotele
Vesta Biancha Vergata d'ore

PORTRÄTMALEREI

Das Abbilden von Persönlichkeiten des Hofes konnte eine Reihe von Gründen haben. Den wichtigsten haben wir schon kennengelernt, das Bild des Herrschers als Repräsentationsporträt, das sehr oft dann auch in einer graphischen Technik vervielfältigt und damit weiterverbreitet wurde. Eine andere wichtige Verwendung des Porträts wird heute durch die Photographie erfüllt. So wie man Photos an entfernt lebende Verwandte sendet, wurden gemalte Porträts an andere Höfe geschickt, und so wie man heute einer Heiratsanzeige ein Bild beigibt, diente das Porträt bei der Heiratspolitik der frühen Neuzeit als eine Orientierungshilfe bei der Auswahl der Heiratskandidaten bzw. Heiratskandidatinnen. Bei den „standesgemäßen" Heiraten in fürstlichen Häusern wurden nur selten Ehen geschlossen, deren Partner sich vorher auch persönlich kennen und schätzen gelernt hatten. Meist waren politische Gründe ausschlaggebend, dennoch spielte, wenn eine Auswahl möglich war, das Aussehen eine nicht unwesentliche Rolle.

Rudolf II. hat im Laufe seines Lebens eine Reihe von „Bräuten" angesammelt und zwischen ihnen — sehr theoretisch — gustiert. Seine erste langjährige Braut war die Tochter Philipps II., Isabella, mit der er schon im zartesten Kindesalter verlobt wurde. In den neunziger Jahren galt Maria von Medici, die später den französischen König Heinrich IV. heiratete, als Kandidatin.

Zwischen den Jahren 1603 und 1606 tauchte ein ganzer Reigen an Heiratskandidatinnen auf. Als erste dieser möglichen Bräute war schon im Jahre 1603 die Erzherzogin Anna aus Innsbruck, eine Tochter Ferdinands von Tirol aus seiner zweiten Ehe mit Anna Katharina von Mantua, im Gespräch. Rudolf II. schickte seinen Hofmaler Hans von Aachen nach Innsbruck, um „die Erzherzogin Anna zu sehen und zu conterfeten". Das bei dieser Gelegenheit entstandene Porträt der Erzherzogin ist uns erhalten, es zeigt sie mit einer prachtvollen Spitzenkrause, die im ersten Jahrzehnt des 17. Jahrhunderts besondere Größe erreichte. Rudolf vertraute seinem Hofkünstler völlig, nicht so der — mit Aachen verfeindete — Kammerdiener Philipp Lang, damals ein mächtiger Mann bei Hofe, er schrieb an Herzog Vincenzo von Mantua: „Es wird diese oder die ander wochen ir kais. maj. den Hans von Ach nach Inspruk verschiken, die princessin abzuconterfeien. So ist's gross von nötten, das euer altezza ihren maller, den niderlender, in continento nach Inspruk senden und die erzherzogin lassen abmahlen, ehe der Hanss von Ach hin kompt; den er wird mit fleis nichts gutz mallen, dieweil er andere ketzerische hairad practesirt und diese heirad verhindern wird." So war noch ein zweiter Maler tätig, und wir sind — der Fall ist selten genug — in der glücklichen Lage, heute zwei Bilder der Erzherzogin Anna zu besitzen, die in ganz verschiedenen Stilarten gemalt sind. Das Bild von Franz Pourbus d. J. ist uns zwar nur in einer Werkstattreplik bekannt, zeigt aber doch deutlich die modernere, von der niederländischen Malerei geprägte Art der Darstellung.

Im Jahre 1604 zeigte sich eine neue Möglichkeit. Der Besuch des kunstliebenden und weltlich gesinnten Kardinals Allessandro D'Este im Sommer dieses Jahres, mit dem Rudolf künstlerische Interessen verbanden, brachte die Favorisierung der jungen Julia d'Este von Modena mit sich, die Hans von Aachen ebenfalls malte. Da der Kaiser auch von der Herzogin Margarete von Savoyen ein von Rubens gemaltes Bild besaß, konnte er zwischen diesen drei Hauptbewerberinnen gustieren, was ihn allerdings nicht hinderte, zur gleichen Zeit auch die Tochter des Herzogs von Württemberg porträtieren zu lassen. Herzog Karl Emanuel von Savoyen allerdings drängte 1606 auf den Abschluß der Heirat und drohte, seine Tochter anderweitig zu verheiraten, als Kandidat für eine „gute Partie" stand der englische Prinz Heinrich, der älteste Sohn Jakobs I., im Blickfeld. Als Rudolf vom Drängen des Herzogs hörte, äußerte er sich zu seinem Vertrauten und Kammerdiener Philipp Lang: „Das muß die englische sein; er will also seine Tochter einem Calvinisten geben", und nach einer Weile: „Gut! dann werde auch ich eine Ketzerin nehmen und die Jesuiten und Kapuziner zum Teufel jagen!" Mit diesem Scheitern der drei Möglichkeiten der Jahre 1603—1606 trat nach außen hin relative Ruhe in dieser Frage ein.

Hans von Aachen, Anna von Tirol (Wien, KHM)
Franz Pourbus d. J., Anna von Tirol (Wien, KHM)

Die Plastik

Die Malerei am Hofe wurde durch die Plastik künstlerisch ergänzt. Hier ist als wichtigster Vertreter der Niederländer Adriaen de Vries zu nennen, der die repräsentativen Porträtbüsten Rudolfs und die allegorischen Verherrlichungen seiner Türkensiege geschaffen hat. Daneben wären noch einige Kleinplastiker zu erwähnen, die sich vor allem der Kunst der Medaille zugewandt hatten, so Paulus von Vianen und Antonio Abondio.

Die größte und repräsentativste Plastik der Zeit allerdings ist zwar für Rudolf II. und im Sinne der representatio maiestatis, des Herrscherkultes, entstanden, jedoch lebte der Künstler, Alexander Colin, nicht am Musenhofe Rudolfs selbst, sondern in Innsbruck. Auch er stammte aus den Niederlanden, er wurde in Mecheln geboren und arbeitete zunächst in Heidelberg am Ottheinrichbau, später ließ er sich dann in Innsbruck nieder, wo er die qualitätsvolleren Teile des Maximiliangrabes in der Hofkirche gestaltete. Seine italianisierenden plastischen Grabmäler sind weit verbreitet, da er gegen Bestellung auch für räumlich entfernte Auftraggeber arbeitete.

Schon Maximilian II. hatte Alexander Colin mit der Herstellung eines Grabmales für seine Eltern, für Kaiser Ferdinand I. und dessen ungarische Gemahlin Anna, beauftragt. Geplant war ein Doppelgrab in Form einer Tumba, deren Sargdeckel die Figuren der beiden Verstorbenen nebeneinander in Lebensgröße liegend darstellen sollte. Rudolf II. beauftragte nun Alexander Colin, der zu Beginn seiner Regierung noch immer an dem Grabmal für Ferdinand und Anna arbeitete, dieses Grabdenkmal, das man im Prager Veitsdom aufstellen wollte, zu erweitern und als dritte Figur seinen Vater Maximilian II. aufzunehmen.

Maximilian II. war am Reichstag zu Regensburg 1576 gestorben, und seine sterblichen Überreste wurden feierlich nach Prag überführt, wo er nach dem bei fürstlichen Bestattungen üblichen Begräbniszeremoniell im Prager Veitsdom beigesetzt wurde.

Das Grabmal, das Alexander Colin aus Marmor schuf, ist ein Meisterwerk der Plastik dieser Zeit. Der Typus ist dem mittelalterlichen Hochgrab entnommen, wie es etwa von den Herrschergräbern die Grabarchitektur für Kaiser Friedrich III. in der Wiener Stephanskirche zeigt.

Ein ganz anderer Typ des Grabes, an dem übrigens Alexander Colin auch mitgearbeitet hat, ist das Kaiser Maximilians I., der nicht liegend auf dem Grabdeckel gezeigt wird, sondern vollplastisch ausgeführt, kniend im sogenannten „Gestus der ewigen Anbetung".

Die Grabdenkmäler hatten für die damalige Zeit eine besondere Bedeutung, einerseits waren sie die einzigen öffentlich zugänglichen „Denkmäler" der Zeit, die auch dem „kleinen Mann" einen Eindruck der Hofkunst vermitteln konnten, andererseits trugen sie zur Betonung der Kontinuität des Kaisertums im Hause Habsburg entscheidend bei.

Da nicht jeder Herrscher — wie Maximilian I. — dazu neigte, sein Grabmal selbst zu planen, war die Herstellung eines repräsentativen Grabdenkmales für den Vorgänger eine wesentliche Pflicht jedes Monarchen.

Prag, Veitsdom, Grabmal für Ferdinand I. und Anna sowie Maximilian II. von Alexander Colin

Ferdinand I., Detail aus dem Grabmal im Veitsdom

KUNSTKAMMERSTÜCKE

Ein überwiegender Teil der plastischen Produktion in der Hofkunst Rudolfs II. ist nicht von großer Dimension, vielmehr entstehen kleine, aber erlesene Stücke, die man meist als Kunstkammerstücke bezeichnet, weil sie die „Kunst- und Wunderkammern", die Kunstsammlungen der Zeit, füllten.

Der bedeutendste Künstler am Hofe in Prag, der solche Kunstwerke herstellte, war der Plastiker und Goldschmied Paulus von Vianen, der auch als Medailleur hervortrat.

Vianen wurde 1570 in Utrecht geboren und erfuhr seine Ausbildung in Rom. Auch sein Weg nach Prag führte über München, wo er 1599 Meister wurde. Von 1603 bis zu seinem Tod im Jahre 1613 lebte Paulus von Vianen in Prag und war im Auftrage Rudolfs II. tätig.

Die in der Werkstatt Vianens und seiner weniger bedeutenden Kollegen entstandenen Kunstkammerstücke waren allerdings nicht bloß zur Freude Rudolfs und zur Aufbewahrung in der Kunstkammer des Kaisers bestimmt. Viele dienten als dekorative Stücke bei der Ausgestaltung der kaiserlichen Tafel, die dem Zeremoniell und Repräsentationsbedürfnis entsprechend auch im Alltag reich ausgestattet war.

Gerade die Hofrepräsentation, die durch solche Kostbarkeiten augenfälligst demonstriert wurde, hatte auch eine politische Funktion: man erwartete vom Herrscher, dessen Macht man als Untertan unterstützte, auch eine entsprechend aufwendige, beeindruckende Hofhaltung, die mit der anderer Herrschaftszentren zu konkurrieren imstande war.

Die Kleinkunst dieser Zeit hat eine auffallende Grundtendenz. Sie verwendet entweder mit großer Vorliebe edle Materialien, Gold und Edelsteine, oder aber damals seltene kuriose Naturprodukte, die man in vielen Kunstsammlungen der frühen Neuzeit auch selbständig vertreten findet. Manche dieser Gegenstände und Materialien wurden kunstvoll — zum Teil unter Verwendung edlen Materials — ausgestaltet und sollten im Zusammenwirken von Kunst und Natur eine harmonische Einheit ergeben. Diesem Streben nach Harmonie werden wir bei unseren Streifzügen durch die Kunstkammer Rudolfs II. noch einige Male begegnen, im Falle der Kanne des Paulus von Vianen ist das Material von Bedeutung. Die reliefartig verzierte Kanne wurde aus einem großen Stück des edlen Minerals Jaspachat, einer Kalzedonart, gearbeitet und zeigt uns die Meisterschaft der Bearbeitung von Mineralien und Gesteinen und deren kunstvollen Schliff, wie wir sie auch schon bei den Pietra-dura-Mosaiken aus den Florentiner Werkstätten gesehen haben. Ähnlich kunstvoll entwickelte sich die Bearbeitung von Bergkristallen, die Steinschneidkunst, in dieser Zeit zu einer Hochblüte. Die aus Bergkristall geschnittenen Gefäße aus der Werkstätte der Saracchi in Florenz waren ein beliebtes Repräsentationsgeschenk dieser Zeit.

Paulus von Vianen, Jaspachatkanne (Wien, KHM)
Bergkristallgefäß aus der Saracchi-Werkstätte (Wien, KHM)

WERKE DER GOLDSCHMIEDEKUNST

Die Verarbeitung des Goldes war für den herrscherlichen Hof von zentraler Bedeutung. Aus Gold gefertigter Schmuck wurde nicht nur von Damen getragen, sondern auch die Männer der frühen Neuzeit liebten es, sich mit Ringen, Agraffen und Ketten zu schmücken, ja eine vom Herrscher geschenkte Schmuckkette ersetzte beinahe einen Orden und wurde als Auszeichnung verstanden und getragen.

Daneben gab es eine reichhaltige Produktion von Gold- und Silbergeschirr, das auch gern verschenkt wurde. Die Rechnungsbücher der Zeit berichten immer wieder von solchen Geschenken des Kaisers, die zu allen Hochzeiten und Taufen, zu denen der Kaiser eingeladen wurde, von ihm „präsentiert" wurden. Jeder Adelige, jeder Angehörige der Bürokratie und des Hofstaates fand es für notwendig, den Kaiser zu Familienfesten einzuladen. Zwar war Rudolf in den seltensten Fällen persönlich anwesend, immer aber sandte er ein Geschenk, dessen Wert je nach dem Rang des Betreffenden abgestuft war. Die Hofwerkstätten waren allein mit der Herstellung dieser Alltagsgeschenke reichlich beschäftigt.

Wesentlich prunkvoller und auch von bedeutenderen Künstlern gestaltet waren die Geräte aus Gold, die der Kaiser selbst für seine Hoftafel — oder auch, wie bei Rudolf durchaus üblich, für seine Sammlungen bestellte und ankaufte. Auch die Repräsentationsgeschenke, die der Kaiser an fremde Höfe sandte, wenn er eine Botschaft abfertigte, waren erlesen und qualitätsvoll.

Einer der großen Meister der Goldschmiedekunst der Zeit Rudolfs II., Wenzel Jamnitzer, lebte nicht am Prager Hof, stand mit ihm aber in einer sehr regen Beziehung. Jamnitzer lieferte von Nürnberg aus im Dienste vieler Herren nach ihrem Auftrag in alle Länder. Maximilian II. schon bestellte den „Lustbrunnen" bei ihm, der allerdings erst 1578 für insgesamt fast 9000 Gulden an Rudolf ausgeliefert wurde. Durch Unverstand wurde der Brunnen 1747 eingeschmolzen, nur mehr die vier vergoldeten Bronzefiguren blieben erhalten. Dieser „Lustbrunnen" oder Tafelaufsatz des Wenzel Jamnitzer diente der Ausgestaltung der kaiserlichen Festtafel. Die vier erhaltenen Figuren stellen die vier Jahreszeiten dar — ein beliebtes Motiv des Manierismus, wie die vier Jahreszeiten, die vier Elemente, die zwölf Monate, die vier Temperamente, die damals bekannten 4 Erdteile usw.

Wenzel Jamnitzer, Allegorische Figur des Herbst aus einem Tafelaufsatz (Wien, KHM)

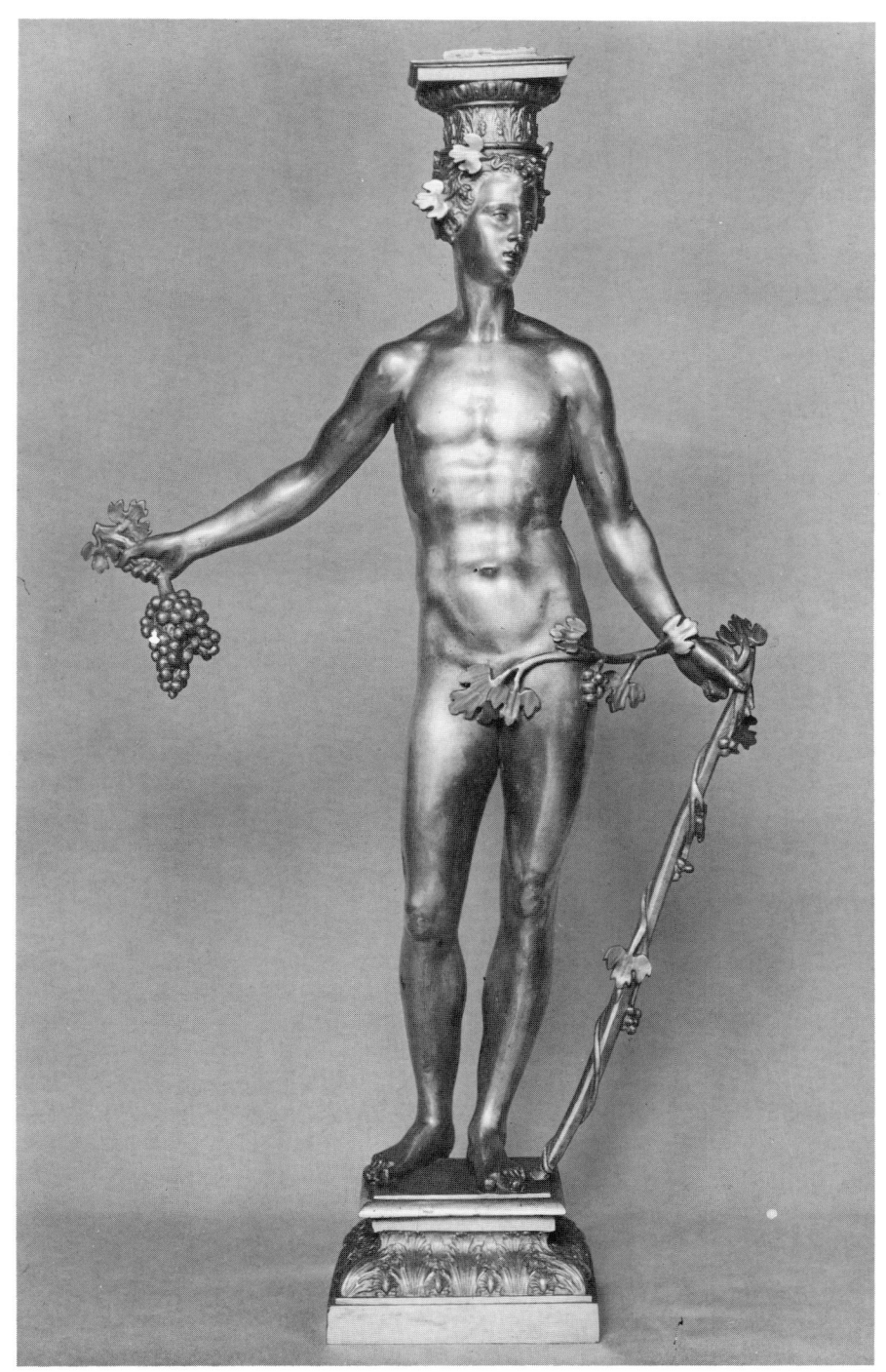

141

SELTENE MATERIALIEN

Bei den vielen prunkvollen Tafelgeräten und Prunkstücken der Sammlung sind zwei Arten zu unterscheiden. Einerseits gibt es jene Stücke, bei denen das Hauptaugenmerk auf der kunstvollen Ausgestaltung lag, zum Beispiel das Tafelgeschirr, das als kleine Reliefplastik gestaltet ist und oft ganze Szenenfolgen aus der Mythologie zeigt. Die andere Art, die auch häufig in den Kunstsammlungen der Zeit und besonders in der Rudolfs zu finden ist, besteht in der Verarbeitung natürlicher Materialien, die von einem naturkundlichen Interesse zeugen. Da waren Nautilusgehäuse, die zu Pokalen verarbeitet wurden, Korallen, die man zu phantasievollen Landschaftsgebilden zusammenstellte, Straußeneier, die man als Pokale faßte, Kokosnüsse oder Seychellennüsse, aus denen man mit Hilfe von Gold und Edelsteinen Kunstgebilde herstellte. Sie sollten den Einklang von Natur und Kunst symbolisieren, ein für diese Zeit charakteristischer Gedanke.

Ein erstes Beispiel einer solchen Bearbeitung von für die damalige Zeit ausgefallenen natürlichen Materialien zeigt der Pokal aus Rhinozeroshorn, der von dem aus Augsburg stammenden und seit 1587 in Prag lebenden Künstler Anton Schweinsberger künstlerisch verziert wurde. Das Interesse für die Natur spiegelt sich bei diesem Stück auch in den kleinen Tieren in der Fassung, die, wie man sagt, nach „verlorener Form" gegossen wurden. Das heißt, man hat echte kleine Tierchen in Ton eingegossen und nach dieser Form die silbernen und goldenen Schmuckfigürchen gegossen.

Ein besonders interessantes Stück ist das aus einem Bezoarstein gearbeitete Deckelgefäß, das die Prager Hofwerkstätte um 1600 hergestellt hat. Als Bezoar wird der Magenstein verschiedener Tiere, vor allem der Kühe, bezeichnet, der aus geschluckten, im Magen verhärteten Haaren entsteht. Seine Bedeutung in der Medizin und im Aberglauben der frühen Neuzeit war groß, und besonders Rudolf II. bemühte sich immer wieder um solche Bezoare, von denen schöne Exemplare kunstvoll — in unserem Fall mit Emailtechnik — gefaßt wurden.

Die Kunst- und Wunderkammern der Zeit waren voll von solchen Dingen, die meisten davon sind, wie ein wehmütiger Blick auf die erhaltenen Inventare zeigt, verlorengegangen, eingeschmolzen, verändert worden, und nur wenige Stücke, wie die aus der Kunstkammer Rudolfs II. verbliebenen, geben uns über dieses Stück Kulturgeschichte Rechenschaft.

Anton Schweinsberger, Pokal aus Rhinozeroshorn (Wien, KHM)
Deckelgefäß aus einem Bezoarstein (Wien, KHM)

Die Triumphkanne

Manche Kunstgegenstände, die für Rudolf angefertigt wurden, haben eine über ihre ästhetische Funktion und die Funktion als bloßes Schmuckstück hinausgehende Bedeutung. Dies gilt etwa für die Triumphkanne, die man früher dem Prager Hofgoldschmied Paulus von Vianen, den wir schon als Medailleur kennengelernt haben, zuschrieb, während in neuerer Zeit eher Wenzel Jamnitzer als mutmaßlicher Künstler gilt. Sicherlich ist die primäre Funktion dieses Triumphkruges die eines Tafelgerätes, aber in den Darstellungen auf den drei Feldern mit Reliefs wird Kunst mit einer Idee verknüpft, die die Kanne über manche anderen, ähnlich kostbar ausgestalteten Gegenstände hinaushebt.

Die Idee des Triumphes, die aus einer antiken Wurzel stammt und als Renaissance-trionfo wiedererweckt wurde, ist einer der Kerngedanken des Herrscherkultes der frühen Neuzeit.

Der Triumph des Herrschers, der im Einzug und in allegorischen Darstellungen, in Triumphbögen und Huldigungsdichtungen gefeiert wird, ist eine der Möglichkeiten. Die Feier des Sieges über Feinde, der Einzug mit der gemachten Beute, die allegorische Stilisierung, wie wir sie bei den Türkenkriegen noch kennenlernen werden, und schließlich der Triumph des Todes und der Triumph im Tode, wie er sich in den Totentanzdarstellungen und in der an den Triumphgedanken angelehnten Begräbnisritual der Zeit zeigt, sind weitere Aspekte.

Die in der Renaissancekunst beliebte Triumphdichtung des Petrarca wird in der Triumphkanne aufgenommen und bildlich zu gestalten versucht. Aus der italienischen Renaissancekunst kennen wir eine Reihe solcher Umsetzungen der Petrarcaschen Ideen, eine davon — sechs Flachreliefs im Stile Mantegnas — ist nach Graz gekommen und heute im Grazer Dom zu sehen. Der Künstler des Triumphkruges nimmt drei der Motive auf: Auf vier Relieffeldern stellt er den Triumph des Ruhmes, der Zeit, des Todes und der Wahrheit dar, wobei das zuletzt genannte bei Petrarca ursprünglich der Triumph der Gottheit hieß. Die Umdeutung ist auch für die rudolfinische Hofkunst, die in allegorischen Gemälden diesen Triumph der Wahrheit mehrmals zum Thema genommen hat, charakteristisch. Den oberen Abschluß der Kanne bildet ein Fries mit der Darstellung der olympischen Götter.

Detail der Triumphkanne, Triumph des Todes (Wien, KHM)
Die Triumphkanne (Wien, KHM)

MEISTERWERKE DER WAFFENSCHMIEDEKUNST

Spricht man von plastischen Kunstwerken und vom Kunsthandwerk der frühen Neuzeit, so vergißt man dabei leicht die Waffen der Zeit, die in ihrer kunstvollen Gestaltung sicherlich vielen anderen schöpferischen Leistungen ebenbürtig waren.

Dabei sind natürlich nicht die Waffen für den wirklichen Kampf gemeint, die Harnische und Stangenwaffen, die Feuerwaffen und Schwerter der Landsknechte, obwohl auch diese in vielen Fällen mit Ornamenten und figuralem Schmuck verziert waren, sondern die Prunkwaffen des Adels und des Hofes, jener Schicht also, die es sich dank ihrer privilegierten Stellung leisten konnte, solche erlesenen, aber auch entsprechend teuren Kunstwerke anfertigen zu lassen. Die Harnische der höfischen Welt waren zum wirklichen Kampf wenig geeignet, sie nahmen im Laufe der Zeit mehr und mehr Kostümfunktion an. Sie sind sozusagen Kleidungsstücke, die uns durch die besondere Haltbarkeit des Materials erhalten geblieben sind, während es von den textilen Stücken nur mehr wenige gibt.

Die wichtigsten Kunstgegenstände auf dem Gebiet der Waffen waren die Harnische, die dem Turnier, der „ritterlichen" Betätigung des Adels, zu dienen hatten. Im Laufe der Zeit verloren die Turniere mehr und mehr den ursprünglichen Charakter der Vorübung für den Krieg und wurden zu einer „sportlichen" Betätigung und — weitaus interessanter — zu einer Maskerade und einem mit verschiedenen Bedeutungsinhalten versehenen Spiel. Da Turniere je nach den Regeln in verschiedenen Harnischen veranstaltet wurden, ließen sich die Herrscher ganze Garnituren anfertigen, die für die verschiedenen Turnierarten geeignet waren.

Mit dem Fortschritt des Manierismus, der alle Lebensbereiche durchdrang, wurde die Ausgestaltung der Harnische immer kostbarer, sie wurden nicht mehr aus blankem, geätztem Stahl hergestellt, sondern wurden mit Reliefs geschmückt. Man trieb ganze mythologische Szenen aus den Harnischen heraus und verzierte sie mit Ornamenten aller Arten.

Weitaus geringere Bedeutung kam in diesem Repräsentationsbestreben den Feuerwaffen zu. Diese waren mehr auf die Praxis, auf den Kampf im Felde, ausgerichtet und mußten für diesen Zweck nicht so kostbar geschmückt werden. Einzig und allein die Jagdwaffen fanden seitens der Künstler mehr Aufmerksamkeit. Ihre Schäfte wurden mit Elfenbein und Silber verziert und ihre Läufe geätzt und boten somit ein reiches Feld für die künstlerische Betätigung. Diese Bedeutung der Jagdwaffen hängt natürlich mit der Funktion der Jagd im adeligen Lebensstil zusammen, die bei keinem der großen Repräsentationsfeste fehlen durfte.

Ein besonders schönes Exemplar einer solchen Waffe, das mehr für die Kunstkammer als für die Praxis des Schießens bestimmt war, ist die Silberbüchse Rudolfs II. und die dazugehörige Pulverflasche, die ein erlesenes Kunstwerk des Manierismus am Prager Hof darstellt. Besonders schön und wertvoll ist die Emailarbeit auf der Schäftung, die Motive der „Grotesken" aufgenommen hat. Diese Grotesken sind nach den knapp vor der Zeit Rudolfs II. entdeckten Ornamenten aus Pflanzen und Tieren in den Grotten Roms benannt und waren ein Hauptmotiv der Gestaltung für die Zeit des europäischen Manierismus.

Prunkharnisch Rudolfs II.
(Wien, Waffensammlung des KHM)

Die Jagdbüchse und die dazugehörige Pulverflasche Rudolfs II.
(Wien, Waffensammlung des KHM)

147

Verbreitung der Motive der Hofkunst

Das Wesen der Hofkunst war nicht Selbstzweck, sondern in ihrer Aufgabe als Repräsentationskunst des Herrschers ist sie auch auf eine gewisse Breitenwirksamkeit ausgerichtet. Viele Darstellungsformen und Motive der Hofkunst fanden auch Eingang in die Kunstwerke des Adels und der Kirche dieser Zeit, die als das wichtigste Publikum der Hofkunst gelten können.

Manche Motive des Herrscherkultes, etwa das Porträt des Herrschers, waren so bekannt, daß sie sogar in die Gebrauchskunst des Alltags Aufnahme fanden. Ein gutes Beispiel ist die glasierte Ofenkachel aus dem Innsbrucker Museum Ferdinandeum, die das Bild des Kaisers enthält. Bekannt sind auch die in Schlesien hergestellten Keramikschüsseln mit dem Bild des Kaisers in farbiger Glasur nach Stichen aus dem Hofkreis. Die Funktion der Graphik ist in diesem Zusammenhang noch einmal hervorzuheben. Die Vermittlungsaufgabe ist nicht nur für einzelne Bildthemen — Porträt Rudolfs II., Kaiser und Kurfürsten, Reichsadler etc. —, sondern auch für stilistische und ikonographische Einzelheiten von Bedeutung.

Beachtenswert ist in diesem Zusammenhang vor allem der Einfluß der Hofkunst und zum Teil auch der Hofkünstler auf die Baukunst des Adels. Ein Beispiel dafür ist etwa das Schloß Bucovice bei Brünn in Mähren, das der böhmische Ständeherr Jan Sembera Cernohorský von Boskovice in den Jahren 1566—1587 nach Entwürfen des kaiserlichen Architekten Pietro Ferrabosco erbauen ließ und das auch im Stil der Ausschmückung mit Fresken ganz deutlich den Einfluß der Hofkunst erkennen läßt. Ein anderes Beispiel ist das Schloß Weikersheim an der Tauber, das von dem Reichsfürsten Wolfgang von Hohenlohe nach 1600 erbaut wurde. Die Ausgestaltung des Schlosses mit Gemälden und plastischem Schmuck enthält manche Anspielungen auf Rudolf II. und die Türkenkriege. Auf großen Gemälden sind eine Reihe von Schlachten des Türkenkrieges abgebildet. Es sind die Schlachten von Tata 1596, Gran (Esztergom) 1594, 1595, 1604, Raab (Györ) 1594, 1598, Komorn (Komarom) 1594, Visegrad 1595, Vác 1597 und Buda 1598 (oder 1603?) dargestellt.

Ähnliche, vielleicht dadurch beeinflußte Wandgemälde hatten sich auch in der Residenz Karls von Burgau, in Günzburg, befunden, diese wurden allerdings 1703 vernichtet. Ein später Nachklang dieser Kunstwerke sind die — erst in der zweiten Hälfte des 17. Jahrhunderts entstandenen — Fresken in Sárvár, Westungarn, wo die Familie Nádasty in Anlehnung an die eben erwähnten Vorbilder ihre Vorfahren und deren Kriegstaten in historisierenden Fresken feierte.

Das vielleicht schönste Beispiel einer Fernwirkung rudolfinischer Propaganda allerdings findet sich in Italien an der Straße zwischen Mantua und Parma in dem kleinen Städtchen Sabbioneta, das als Residenz des Herzogs von Sabbioneta, des Vespasiano Gonzaga (1531—1591), als höfische Residenz des Manierismus ausgestaltet wurde. Dieser „Traum eines Renaissancefürsten" zeigt in einer „Momentaufnahme" einen Höhepunkt der kulturellen Entwicklung, eben des europäischen Manierismus, der nicht zuletzt durch Rudolf II. geprägt wurde.

Hafnerschüssel mit Portrait Rudolfs II. (London DM)

Die Musik am Hofe Rudolfs

Rudolfs besonders intensive Beziehung zur bildenden Kunst, die seine politischen Ambitionen weitgehend übertraf, ist klar erkennbar und wurde auch im Laufe der Jahrhunderte bei der Beurteilung des Kaisers immer wieder hervorgehoben. Weniger bedeutsam schien den Betrachtern immer die Beziehung Rudolfs II. zu den anderen Künsten, zur Musik und zur Literatur. Nun steht fest, daß Musik und Literatur nicht die entscheidende Rolle im Leben des Kaisers gespielt haben — vor allem die literarische Produktion bei Hofe war bestenfalls durchschnittliche Gelegenheitsdichtung —, doch kam gerade der Musik mehr Bedeutung zu, als man annehmen sollte.

Diese Rolle der Musik ist im Interesse Rudolfs begründet, darüber hinaus aber auch in der zeremoniellen Fixierung der Musik im Hofleben. Bei allen größeren Festlichkeiten und politischen Ereignissen war Musik in den Rahmen der kaiserlichen Repräsentation eingegliedert. Deutlich zeigen das die Beschreibungen der Reichstagseinzüge oder die Bilddokumente der Verleihung des Goldenen Vlieses an den Kaiser, wo wir die kaiserliche Hofmusikkapelle bei Tafelmusik sehen, die als künstlerische Untermalung bei Banketten geboten wurde.

Auch einige sehr bedeutende Musiker der damaligen Zeit waren am Hofe Rudolfs tätig. Der Leiter seiner Hofkapelle war Philipp de Monte, der in den Niederlanden geboren war, seine Jugend und die Zeit seiner Ausbildung aber in Italien verbracht hatte. 1568 wurde er von Italien weg an den Wiener Hof berufen, wo er die Leitung der Hofkapelle Maximilians II. erhielt. Rudolf II. übernahm ihn von seinem Vater und beließ ihn bis zu seinem Tod im Jahre 1603 in dieser Funktion. Monte war für die musikalische Gestaltung der Feste am Hofe zuständig, darunter auch für das Hoffest von 1585 anläßlich der Vliesverleihung. Auch auf die Reichstage 1582 und 1594 nahm Rudolf seinen Kapellmeister mit. Monte war der Komponist vieler Motetten, Madrigale, Lieder und Messen und gilt als ein Wegbereiter der Barockmusik.

Der ebenfalls aus den Niederlanden stammende, jüngere Jakob Regnart war ebenfalls zuerst in der Hofkapelle Maximilians II. tätig, und zwar als Kapellsänger. Er wurde von Rudolf in seine Kapelle übernommen und zum Vizekapellmeister unter Monte befördert, 1582 ging er an den Hof Ferdinands von Tirol und kehrte 1598 wieder nach Prag zurück, wo er bis zu seinem Tod im darauffolgenden Jahr wirkte. Von ihm sind vor allem weltliche Musikstücke komponiert worden.

Hans Leo Haßler stammte aus Nürnberg, wo er auch die erste Ausbildung erhielt, die dann in Italien fortgesetzt wurde. Aus Venedig wurde er von der reichen Handelsfamilie der Fugger nach Augsburg geholt, wo er, obwohl Protestant, trotz der katholischen Haltung des Hauses Fugger gerne gesehen war und große Erfolge hatte. Hans Leo Haßler war sicher alles andere als ein weltfremder Künstler, er war als Geschäftsmann im Montanwesen tätig, baute daneben mechanische Musikinstrumente und vermittelte den Handel mit Musikalien. Gerade in dieser Eigenschaft kam er in enge Beziehung zu Rudolf. Er hielt sich selten am Prager Hof auf, widmete dem Kaiser auch keine Kompositionen wie die anderen, wurde aber 1602 zum „kaiserlichen Hofdiener von Haus aus" ernannt und verblieb in dieser Stellung bis zu seinem Tode im Jahre 1612. Haßler ist durch Meßkompositionen ebenso hervorgetreten wie durch die Pflege des weltlichen Gesellschaftsliedes und der italienischen Canzonetten.

Jacobus Handl oder, latinisiert, Gallus ist der vierte der bedeutenden Musiker, die mit der Prager Hofkapelle in Beziehung standen. Er stammte aus Krain, wurde in Italien ausgebildet und verbrachte dann viele Wanderjahre in den Klöstern Niederösterreichs und Böhmens. Wie es seine Laufbahn ergab, wurde er nicht an den Hof direkt berufen, sondern wurde 1585 Kantor einer Prager Kirche.

Die Hofkapelle, die Rudolf von seinem Vater übernommen hatte, wurde in der Regierungszeit Rudolfs nicht nur zahlenmäßig erweitert, es steigerte sich auch die Qualität der Künstler beachtlich.

Hans Leo Haßler in einer anonymen Pinselzeichnung (Wien, Bildarchiv der ÖNB)

Detail aus dem Bankett beim Vliesfest 1585 aus Zehetners Beschreibung (Wien, Handschriftensammlung der ÖNB)

Titel und Notenseite aus einer Veröffentlichung von Jakob Regnart (Wien, ÖNB)

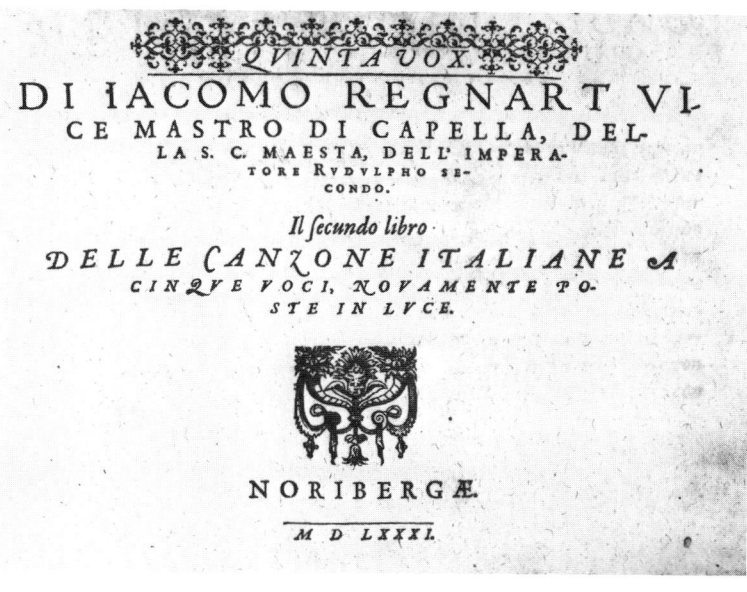

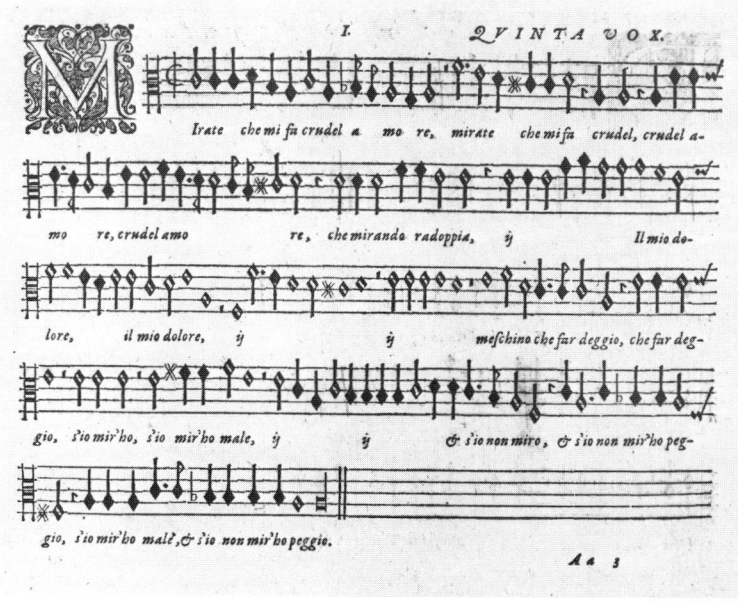

Die Naturwissenschaften

Zu den überlieferten Herrschertugenden gehört nicht nur die Pflege der Kunst, sondern auch die Förderung der Wissenschaften. Mit der Verbreitung von Humanismus und Renaissance war das Interesse auch der Regierenden an den Naturwissenschaften stark angestiegen.

Schon der Vater Rudolfs II., Maximilian, hatte an seinem Hofe eine Reihe von Wissenschaftern beschäftigt, die sich der Erforschung der Natur gewidmet hatten. Allerdings lag sein spezielles Interesse auf dem Gebiete der Botanik und ihrer Anwendung bei der Ausgestaltung der Gärten, bei der Wissenschaft der Hortologie.

Rudolfs Interessen für Natur und deren Erforschung hatten am Hofe seines Vaters einige Anregungen erhalten, nur galt seine Vorliebe mehr der Chemie und der Astronomie.

Manches an der Pflege der Naturwissenschaften dieser Zeit war am Hofe Rudolfs II. wie auch an anderen Höfen sehr stark geheimwissenschaftlich ausgerichtet. Die Chemie wurde vor allem als Alchemie betrieben, als Geheimlehre von der Suche nach dem Stein der Weisen und der Verwandlung unedler Metalle in Gold. Die Astronomie war die Grundlage für die Astrologie, und selbst von dem bedeutendsten Forscher am Hofe in Prag, von dem Astronomen Johannes Kepler, sind Horoskope erhalten, die er erstellt hat.

Zwei für die Entwicklung der modernen Naturwissenschaften bahnbrechende Persönlichkeiten waren in Prag unter dem Schutze Rudolfs tätig, Johannes Kepler und der dänische Astronom Tycho de Brahe.

Tycho de Brahe, 1546 geboren, studierte zunächst die Rechte und beschäftigte sich nur heimlich mit der Astronomie. Erst die Erbschaft eines Vermögens setzte ihn in die Lage, sich ausschließlich seiner Leidenschaft zu widmen. 1572 schon machte er sich durch die Entdeckung eines Sternes einen Namen, und über Empfehlung des Landgrafen von Hessen wurde er an den dänischen Hof berufen, wo er die Sternwarte Uranienborg erbaute. Rudolf II. zog Brahe dann nach Prag, wohin Brahe auch andere bedeutende Astronomen und Mathematiker brachte. Seine naturwissenschaftlichen Leistungen liegen in der Himmelsbeobachtung vor der Erfindung des Fernrohres mit einer bis dahin unerreichten Genauigkeit. Brahe entwarf ein im Gegensatz zu Kopernikus stehendes eigenes Bild des Weltalls, das tychonische System. Sonne und Mond kreisen seiner Theorie nach um die Erde, die übrigen Planeten um die Sonne. Auch für die Entwicklung der Kometentheorie hat Brahe Bahnbrechendes geleistet.

Jünger als Brahe ist Johannes Kepler, der zunächst Theologie studierte, dann aber, angeregt durch die Theorien des Kopernikus, sich mit Astronomie zu beschäftigen begann. 1594 ging er nach Graz an die Landschaftsschule als Landschaftsmathematiker, wurde allerdings durch die in Innerösterreich vehement einsetzende Gegenreformation vertrieben und floh 1600 zu Rudolf nach Prag, wo er nach dem Tod Brahes 1601 kaiserlicher Mathematiker und Hofastronom wurde. 1611 ging er schließlich nach Oberösterreich und wirkte in Linz an der Landschaftsschule. Seine bahnbrechende Planetentheorie entwickelte er in Prag, gedruckt wurde sie erst 1627 in den nach Kaiser Rudolf II. benannten Rudolfinischen Tafeln vorgelegt.

Jakob von der Heyden, Johannes Kepler (Wien, Bildarchiv der ÖNB)

Tycho de Brahe in einem anonymen Stich (Wien, Bildarchiv der ÖNB)

Titelblatt und Titelkupfer zu Johannes Keplers „Tabulae Rudolphinae" von 1627 (Wien, ÖNB)

ASTRONOMIE UND ERDKUNDE

Die Kenntnis von der Erde und ihrem Platz im System des Weltalls hatte im 16. Jahrhundert einen großen Aufschwung erfahren. Zwar war der Hof Rudolfs II., sieht man von dem schon erwähnten Mäzenatentum gegenüber Kepler und Tycho de Brahe ab, in dieser Hinsicht nicht selbständig hervorgetreten, doch herrschte lebhaftes Interesse an diesen Fragen.

Auch bei den in Prag gesammelten naturwissenschaftlichen Geräten ist der für die Zeit so charakteristische Zusammenklang von Kunstpflege und Wissenschaft zu beobachten. Die wissenschaftlichen Instrumente waren nicht, wie heute, nüchtern und zweckorientiert, sondern vielmehr kunstvoll im Sinne des Manierismus ausgestaltet.

Das Interesse für die Astronomie — immer verwoben mit dem Glauben an die Astrologie — manifestierte sich vor allem in Astrolabien und Himmelsgloben, wie etwa dem in der Kunstsammlung des Kaisers von Georg Roll.

Auch viele Globen unseres Planeten und Erdkarten sind im späten 16. Jahrhundert entstanden. Hatte die Zeit der Entdeckungen die Grundlagen geklärt, einen neuen Kontinent entdeckt und den Beweis für die Kugelgestalt der Erde erbracht, so war es dem späten 16. Jahrhundert vorbehalten, die nun bekannte Grundgestalt der Weltkarte zu verfeinern und die Kenntnisse über fremde Länder und Erdteile zu vertiefen. Der Beitrag Mitteleuropas geht dabei, bedingt durch die geographische Lage, die eine Hinwendung zur Seefahrt im Stile Westeuropas nicht ermöglichte, mehr auf die Erforschung Osteuropas. Viele der Reiseberichte und Gesandtenrelationen, die mit dem Hofe des Kaisers verbunden sind, geben dabei Kenntnisse über das osmanische Reich bis tief nach Asien hinein weiter. Das Informationsbedürfnis über die neue Welt hingegen war gering.

Rudolf II. hatte immerhin an einzelnen Fragen, die Amerika betrafen, Interesse. Er hatte schließlich seine Jugend in Spanien verbracht. Immer wieder wünschte er von seinem Botschafter in Spanien, Johann Khevenhüller, Pflanzen und Tiere aus dem neuen Erdteil, und die Inventare seiner Sammlung sagen aus, daß er auch verschiedene „indianische" Geräte und Schmuckgegenstände zu erwerben verstand.

Georg Roll, Himmelsglobus (Wien, Bildarchiv der ÖNB)

Uhren und Automaten

Der Fortschritt der Naturwissenschaften und der mechanischen Künste hat auch ein Handwerk maßgeblich beeinflußt, für das Rudolf II. eine ganz besondere Vorliebe entwickelte, die Uhrmacherei bzw. das Herstellen von Automaten.

Nicht nur die enorm verfeinerte Gerätetechnik, auch die neuen Erkenntnisse der Astronomie führten zu einer präziseren Zeitberechnung. Eine wichtige Folge hatte der Wandel des astronomischen Wissens schon gezeigt: 1582 wurde endlich die schon seit dem 15. Jahrhundert anstehende Kalenderreform durchgeführt. Durch die Erfindung mechanischer Uhren erhielt die Zeitmessung Auftrieb. Rudolf II. hatte eine besondere Vorliebe für Uhren und berief einen der tüchtigsten Uhrmacher seiner Zeit an seinen Hof, den Schweizer Astronomen Jost Burgi, der zuvor an der astronomischen Uhr des Straßburger Münsters mitgearbeitet hatte, dann 1579 nach Kassel berufen worden war. Von 1603 bis 1622 wirkte Burgi in der Goldenen Stadt, dann ging er wieder zurück nach Kassel. Gerade im Hinblick auf Uhren muß man wieder auf den Einfluß der Kunst auf mechanische Instrumente verweisen. Die Schiffsuhr aus dem British Museum, die einst zu den Schätzen des Prager Hofes gehörte, aber durch das Schicksal der Prager Kunstkammer heute in London ist, zeigt das besonders schön.

Auch Automaten, die sich bewegende Figuren und Figurengruppen enthielten, wurden an den Höfen gerne gebaut, gesehen und gesammelt. Außerdem waren Uhren und Automaten das beliebteste Geschenk des Kaisers an Istanbul, wo die kaiserlichen Gesandten mit Hilfe solcher Geschenke den Sultan und vor allem seine politisch so einflußreichen Wesire zu besänftigen und günstig zu stimmen versuchten. Einige wenige solcher Uhren bzw. Automaten sind von der großen Zahl, über die Rechnungen des Hofes und Aufstellungen und Inventare der Gesandten berichten, bis heute in den ehemaligen Sammlungen des Großherrn, dem Topkapi-Saray-Museum in Istanbul, erhalten geblieben.

Schiffsuhr (London, British Museum)
Türkenautomat (Wien, KHM)

157

Ainkürn und Achatschale

Die Kunst- und die Wissenschaftsförderung gehört, wie wir schon gesehen haben, zu den Pflichten des Kaisers, doch noch viel größere Bedeutung, die in eine mythische Schicht der Auffassung des Herrschertums zurückreicht, hat das Sammeln durch den Herrscher, das Anlegen eines Schatzes.

Im Mittelalter war dieser Schatz noch äußerst wenig gegliedert, so wie die Sammlungen eines Kindes, das alles, was ihm gefällt, ohne System zusammenlegt. Viele der Sammlungen der frühen Neuzeit haben diesen Typus der unsystematischen Sammlung, der „Kunst- und Wunderkammer", verkörpert. Daneben gab es aber auch schon systematische Sammler, die sich auf ein Gebiet spezialisiert hatten. Dazu gehört etwa der Onkel Rudolfs II., Erzherzog Ferdinand, der gewissermaßen die Erscheinungsformen des Menschen „sammelte": Harnische, die Körperformen repräsentieren, und Porträts, die über die Physiognomie Auskunft geben können.

Aus dem „kunterbunten" Schatz der frühen Zeit haben sich ab dem 18. Jahrhundert die Spezialsammlungen entwickelt: die Urkunden kamen in Archive, die Bücher in Bibliotheken, die naturkundlichen Sammlungen und Kuriosa wurden verselbständigt. Die Kunstsammlungen unterteilte man in den meisten Fällen in verschiedene Abteilungen — für Antiken, für Plastiken und Kunstgewerbe, für Malerei, für Münzen und Medaillen, für Graphik usw. Wenige Sammlungen oder Sammlungsteile haben den alten Charakter der „Schatzkammer" bewahrt, zum Teil etwa noch die Schatzkammer in Wien, in der auch die beiden abgebildeten Stücke zu sehen sind, denen man im Hause Habsburg besondere Bedeutung beigemessen hat. Das „Ainkürn" ist nüchtern betrachtet der Stoßzahn eines Narwales, doch den Menschen früherer Zeiten galt dieses selten gefundene Naturwunder als das Horn des „Einhornes", jenes mythischen Tieres, das sich „nur von der reinen Jungfrau fangen läßt". Diese Vorstellungen brachten es mit sich, daß man das „Ainkürn" mit der Heiligen Schrift und mit Christus in Verbindung bringen konnte, der aus der Jungfrau geboren wurde. In Herrscherinsignien — besonders im Szepter — findet daher dieses Material häufig Verwendung, es soll die göttliche Legitimierung des Herrschers zum Ausdruck bringen.

Eine ähnliche Bewandtnis hat es mit der Schale aus Achat, die, wie neuere Forschungen zeigen, im 4. Jh. n. Chr. in Trier gefertigt wurde. Eine Inschrift allerdings, die man für eine natürlich im Stein gewachsene hielt und die man noch dazu falsch als . . . XRISTO . . ., das Monogramm für Christus, las, verlieh diesem Stück eine mythische Bedeutung. Man brachte die Achatschale mit der Gralsschale in Beziehung, jener Schale, die der Legende nach bei der Kreuzigung den Engeln dazu gedient hat, das Blut Christi aufzufangen, und die dann einen ganzen Sagenkreis — man denke an Parzifal, Lohengrin etc. — inspirierte. Diese beiden Gegenstände in ihrer mythisch überhöhten Bedeutung wurden 1564 zum unteilbaren Hausschatz des Hauses Österreich erklärt, der immer beim ältesten regierenden Erzherzog aufbewahrt werden sollte. Bei der Erbteilung nach dem Tode Maximilians II. bekam also, trotz der energischen Proteste Rudolfs, der ältere Erzherzog Ferdinand von Tirol diese beiden Objekte, und erst nach dessen Tod (1595) konnte der Kaiser die beiden begehrten Kultgegenstände seiner eigenen Sammlung einverleiben.

Die Achatschale (Wien, Schatzkammer)

Rudolf als Dürersammler

Diesen für seine Zeit nicht ganz selbstverständlichen Teil der Sammlung ließ Rudolf II. mit geradezu detektivischem Eifer suchen und nach oft hartnäckigen Verhandlungen durch Ankauf der Bilder des deutschen Malers Albrecht Dürer anlegen. Das Interesse an dieser „altdeutschen" Malerei war in einer Zeit, die ihr ganzes Kunststreben nach Italien ausrichtete, ungewöhnlich, doch war gerade dieses Sammelinteresse Rudolfs II. eines seiner ernsthaftesten. Bekannt ist das zähe Ringen des Kaisers mit der Reichsstadt Nürnberg um das sogenannte „Allerheiligenbild" Dürers, das er nach langen Verhandlungen 1585 um die für damalige Verhältnisse stolze Summe von 700 Gulden erstand. Es ist erstaunlich, daß der Kaiser diesen Preis sofort bezahlte, während er sonst — ebenso wie alle seine Vorgänger und Nachfolger — für das Schuldenmachen berüchtigt war.

Rudolf sammelte nicht nur Gemälde des Meisters, auch Dürerzeichnungen waren für ihn ein begehrtes Sammelobjekt. So gelang es ihm mit Hilfe des bewährten Khevenhüller, einen Band mit 200 Dürerzeichnungen aus dem Nachlaß des großen Kunstsammlers, Kardinals und Beraters Karls V., Granvella, zu erwerben.

Mit den Gemälden des Albrecht Dürer wurden die Kunstsammlungen des Kaisers um ein Gebiet bereichert, das bisher gefehlt hatte, die religiösen Motive. Szenen aus der Bibel oder den Heiligenlegenden bildeten für Dürer ein beliebtes Bildthema, wie etwa die hier gezeigte Marter der Zehntausend, die eine Heiligenlegende illustriert.

Außer der Darstellung der Madonna mit dem Kind aus dem Jahre 1512 erwarb Rudolf II. für seine Sammlungen weitere Bilder Albrecht Dürers, die sich heute noch in Wien, im Kunsthistorischen Museum, befinden, etwa das Bildnis Johann Klebergers, des Schwiegersohnes des bedeutenden Humanisten Willibald Pirckheimer.

Der Maler, Kunsttheoretiker und Schriftsteller Carel van Mander, der die Rudolfinischen Sammlungen in den Jahren 1601 bis 1603 mehrmals besichtigte, berichtet auch noch von anderen Dürergemälden in der Kunstkammer: ein Bild der Heiligen drei Könige, ein Bild mit zwei Engeln und eine Kreuzigungsdarstellung werden von ihm erwähnt.

Albrecht Dürer, Madonna (Wien, KHM)

Albrecht Dürer, Marter der Zehntausend (Wien, KHM)

Die Gemma Augustea

Die Sammeltätigkeit Rudolfs II. umfaßte neben der im Zentrum stehenden zeitgenössischen Kunst seiner Hofkünstler noch eine Reihe von Teilgebieten, z. B. die Antiken. Die Ideenwelt der Antike — wachgehalten durch den Späthumanismus — war auch durch die Bindung der Kaiser an die Traditionen des römischen Reiches sehr stark.

Schon Maximilian II. hatte eifrig antike Statuen gesammelt, allerdings zu einem anderen Zweck: er verwendete sie bei seiner Bautätigkeit am Neugebäude in Wien. Rudolf führte das Sammeln von Antiken fort. Das bekannteste Stück seiner Sammlung ist wohl die sogenannte „Gemma Augustea", ein Meisterwerk der antiken Steinschneidekunst. Rudolf hat zu diesem für ihn in Venedig erworbenen Stück eine besondere Beziehung gehabt, da er sich ja dem Kaiser Augustus, dessen Emblem, den mit einem Fischschwanz versehenen Steinbock, er führte, besonders verbunden fühlte. Die Gemme selbst zeigt im oberen Feld Augustus neben der Göttin Roma sitzend beim Empfang des siegreich heimkehrenden Tiberius, im unteren Feld wird dem Tiberius ein Siegeszeichen aufgerichtet: Die Soldaten, die dieses Denkmal aufstellen, sind umgeben von anderen Soldaten und von gefangenen Barbaren. Die Gemme ist nur eines von mehreren Werken der antiken Steinschneidekunst, der Glyptik, die für den Prager Hof erworben und zum Teil den Erfordernissen der Moderne durch neue inhaltsreiche Inschriften tragende Fassungen angepaßt wurden.

Rudolfs Sammeltätigkeit unterschied ihn von den meisten seiner Vorgänger und Zeitgenossen. Rudolf sammelte systematisch, zwar nicht, was die Themen, aber was die Methode des Sammelns anlangt. Er hatte seine Agenten und Vertrauten — unter ihnen die uns schon bekannten Strada und Johannes Khevenhüller —, die den Kunstmarkt der Zeit im Interesse des Kaisers und in Kenntnis von dessen Wünschen durchforschten und manches interessante Stück, das sonst nie den Weg nach Prag und in der weiteren Folge zum überwiegenden Teil nach Wien gefunden hätte, erwerben konnten.

Die Gemma Augustea (Wien, KHM)

Italienische Manieristen

Weitaus verständlicher als seine Sammelleidenschaft für Dürer ist im Sinne der Zeit Rudolfs Begeisterung für die italienischen Manieristen, deren Hauptwerke er ebenfalls für seine Prager Sammlungen zu erwerben trachtete.

Seine regelmäßigen Gesandten und speziellen Beauftragten in Italien und Spanien waren ständig nach solchen Bildern auf der Suche, und Rudolf versäumte keine Gelegenheit, ein Bild aus der Schule der italienischen Manieristen zu erwerben. So gelangten im Laufe der Zeit eine Reihe von Bildern von Parmigianino und Correggio in die Prager Kunstkammer. Die Bilder zeigen meist mythologische Themen, so das Gemälde von Correggio eine der so beliebten erotischen Szenen nach Motiven der antiken Götterwelt: den Seitensprung des Göttervaters Zeus mit Io, einer Hera-Priesterin, die er, um sie vor Verfolgungen durch Hera zu schützen, in eine weiße Kuh verwandeln muß. Parmigianino zeigt in seinem berühmten Gemälde Amor, den Gott der Liebe, beim Schnitzen der Pfeile.

Das Selbstbildnis Parmigianinos im Konvexspiegel ist ein Gemälde, das geradezu Symbolcharakter für die Kunst dieser Zeit hat. Das Spiegeln, das Spiel mit Proportionen, überhaupt das Selbstporträt sind integrierende Bestandteile der Theorie des europäischen Manierismus im 16. Jahrhundert und werden in diesem einen Bild zu einer großen Meisterleistung der manieristischen Malerei zusammengefaßt.

Parmigianino, Selbstbildnis im Konvexspiegel (Wien, KHM)
Correggio, Jupiter und Io (Wien, KHM)
Parmigianino, Amor (Wien, KHM)

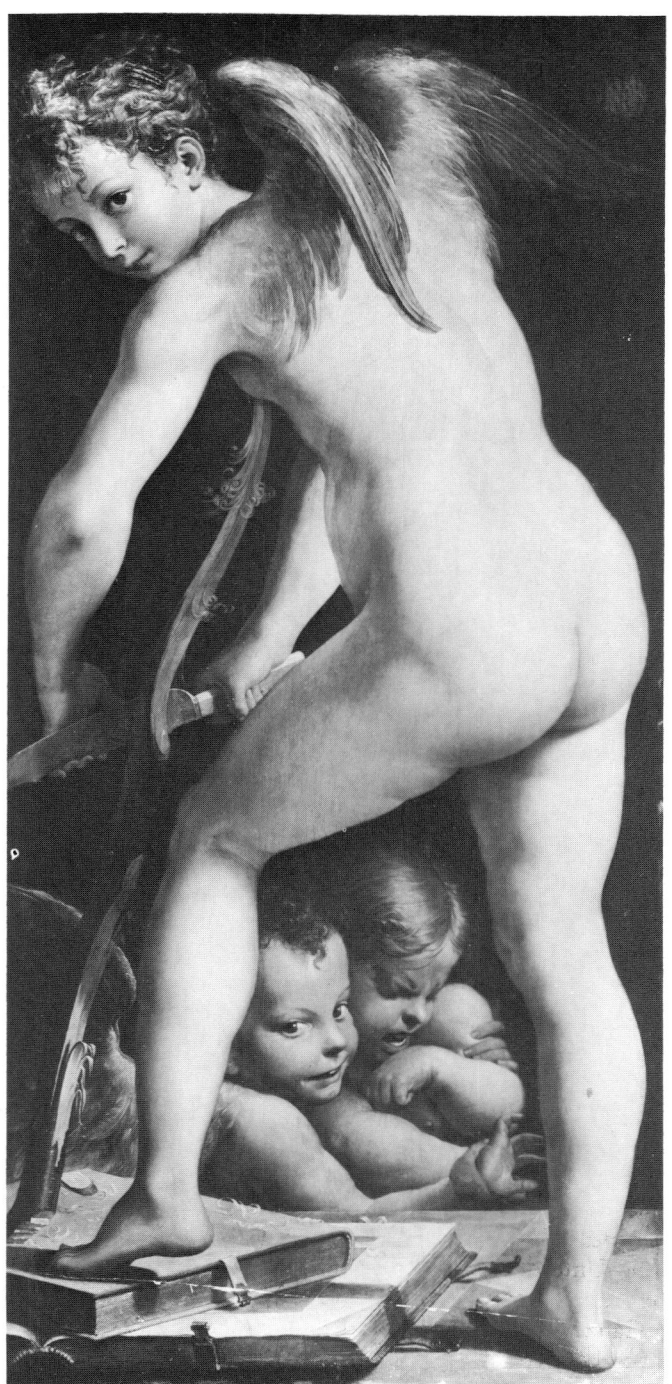

BREUGHEL

Wien besitzt heute eine der bedeutendsten Sammlungen der Gemälde des Pieter Breughel des Älteren, genannt Bauernbreughel, des Begründers einer ganzen Malerdynastie. Seine an Hieronymus Bosch orientierten Bilder mit sprichworthaften oder moralisch-lehrhaften Inhalten begründen die Tradition des bäuerlichen Sittenbildes und beeinflussen auch stark die Landschaftsmalerei durch ihre feinsinnige Beobachtung.

Der Sammeltätigkeit des Erzherzogs Ernst, des Bruders Rudolfs II., ist der Grundstock dieser Gemälde zu danken. Aus seinem Nachlaß kamen sie in den Besitz des Kaisers. Unter den Stücken, die gesichert im Besitz Ernsts waren, ist etwa das berühmte Kinderspielbild und verschiedene Jahreszeitenbilder Breughels.

Das hier ausgewählte Bild hat ein Thema, das wiederholt für politische Aussagen verwendet worden ist — so auch hier bei Maler Breughel: Es handelt sich um ein Motiv aus der Bibel, die Geschichte vom bethlehemitischen Kindermord. Die Bibel berichtet, daß König Herodes, als er von der Geburt des Messias durch die Weisen aus dem Morgenland gehört hatte, befahl, alle Knaben zu töten, um so den Messias mit zu vernichten. Maria und Joseph flüchteten mit dem Kind nach Ägypten, und so entging Christus dem Blutbad.

Dieses schockierende Thema — die Tötung wehrloser Kinder galt zu allen Zeiten als eine schreckliche Untat — wurde oft dargestellt und in ein aktuelles Geschehen mit politischer Aussagekraft verarbeitet, denn nichts konnte einen Gegner mehr diffamieren, als die Anschuldigung des Mordes an unschuldigen Kindern. Breughel verlegt die biblische Szene in die Niederlande und stellt die Schergen des Herodes als spanische Soldaten dar, die während der Befreiungskämpfe der Niederlande gegen die spanische Unterdrückung schrecklich im Lande gehaust hatten.

Ganz ähnliche stilistische und bildliche Vorlagen stecken auch hinter den oft reproduzierten Holzschnitten, die türkische Streifscharen zeigen, wie sie Kinder ermorden, aufspießen, auf Zäune stecken oder mit dem Schwert entzweischlagen. Auch damit sollte der Haß gegenüber dem Gegner geschürt, sollten Ressentiments geweckt werden und sollte eine Verstärkung der Türkenfurcht, die man politisch auszuwerten imstande war — wie wir noch sehen werden —, erreicht werden.

Titelblatt einer Türkenflugschrift von 1556 (Nürnberg, Stadtbibliothek)

Pieter Breughel d. Ä., Bethlehemitischer Kindermord (Wien, KHM)

DER TÜRKENKRIEG

DER SULTAN DES OSMANISCHEN REICHES

Von den schwerwiegenden Problemen des 16. Jahrhunderts, der Umgestaltung der mittelalterlichen Welt in eine neuzeitliche und den damit verbundenen rechtlichen, wirtschaftlichen, politischen und religiösen Schwierigkeiten, war die Bedrohung des mitteleuropäischen Raumes durch eine äußere Gefahr eines der schwierigsten. Die Bedrohung ging von dem expansiven osmanischen Reich aus, das sich im Mittelalter aus einer relativ kleinen Kernzelle in Anatolien entwickelt hatte. Unter der Führung der tatkräftigen Dynastie der Osmanen war es den Türken gelungen, im 15. Jahrhundert weit auf dem Balkan vorzudringen und 1453 auch die Stadt Konstantinopel, den letzten Rest des ehemals großen und machtvollen byzantinischen Reiches, zu erobern.

Unter dem großen Sultan Süleyman dem Prächtigen, oder, wie ihn die Türken selbst nennen, Kanûni Süleyman, dem Gesetzgeber, drangen die Osmanen auch nach Ungarn vor. In der Schlacht von Mohács vernichteten sie nicht nur das ungarische Heer, auch der junge ungarische und böhmische König Ludwig II. ließ in dieser Schlacht das Leben. Sein Erbe in territorialer Hinsicht fiel an die Habsburger, damit allerdings erbten sie auch die „Türkengefahr", da sie es nun waren, die sich mit dem übermächtigen Gegner im Osten auseinandersetzen mußten.

War der Sultan Süleyman eine mächtige Persönlichkeit gewesen, unter dem der osmanische Staat ausgezeichnet funktionierte und durch seine durchorganisierte und bestens geschulte Militärmacht, die den despotischen Befehlen des Sultans blind folgte, Angst und Schrecken in Europa verbreitete, so waren die Nachfolger dieses Großherrn weniger eindrucksvoll. Rudolf II. standen in seiner Regierungszeit drei verschiedene Sultane gegenüber, zunächst Murad III. (1574—1595), ein Enkel jenes Süleyman, der den langen Türkenkrieg begonnen hatte. Ihm folgte sein Sohn Mehmed III. (1595—1603), der ebenso wie sein Vater ein wenig tatkräftiger Herrscher war. Die Quellen berichten über alle diese Sultane nach Süleyman, daß sie dem Harem und seinen Genüssen sowie dem „cyprischen Wein" verfallen waren. Wenn diese Behauptungen auch den Charakter eines immer wiederkehrenden Klischees tragen, so ist doch die Tatsache unumstößlich, daß nicht zuletzt auch durch die Schwäche der Zentralgewalt ein langsamer Verfall des osmanischen Reiches begann. Auf Mehmed III. folgte wieder einer seiner Söhne, Ahmed I. (1603—1617), unter dem der Friede von Zsitvatorok, der das Ende des langen Türkenkrieges besiegelte, abgeschlossen wurde.

Zu diesem für Rudolf so wichtigen Hof in Istanbul unterhielt der Kaiser auch rege diplomatische Beziehungen, die allerdings durch ein der Despotie im osmanischen Reiche angepaßtes Zeremoniell und eine große Willkürlichkeit in der Behandlung der Gesandten für diese nicht immer angenehm war.

Audienz beim Sultan aus Salomon Schweigers Reisebeschreibung einer Reise nach Konstantinopel 1608 (Wien, ÖNB)

Titelblatt einer Türkenflugschrift von 1582 mit einem Porträt des Sultans (Wien, ÖNB)

Türckische / Persische vnd Tartarische Zeittungen.

Sendbrieff auß Constanti-

nopel geschriben / von gestalt / angesicht vnd bildnuß Amurathis / deß jetzt regierenden Türckischen Keisers / auch von gegenwertigem
Zustand / vnd fürnembsten Regenten / gebrauch vnd gelegenheit deß Türckischen Keiserthums / Dergleichen vom Persischen Krieg / vnd
gewonheit etlicher wilder Tartarischer Völcker.

Contrafactur
deß jetzt regirenden

Amurathis /
Türckische Keisers.

Es wirdt auch hierin ordenlich vermelt / die Bekanttnuß deß
Glaubens / welche Gennadius / der Christen Patriarch zu Constantinopel / dem
Türckischen Keiser auff sein begern angezeigt vnd vberantwort.

M. D. LXXXII.

DER TÜRKENKRIEG

Wenn wir vom langen Türkenkrieg der Jahre 1592—1606 in der Regierungszeit Rudolfs II. sprechen, so deshalb, weil dieser Krieg nur eine von größeren militärischen Aktionen unterbrochene anhaltende, auch für uns heute als Krieg zu bezeichnende Auseinandersetzung war, denn ein ständiger Kleinkrieg an der Grenze herrschte immer. Dies ist vor allem dadurch bedingt, daß die Religion der Osmanen, der Islam, dem Gläubigen einen ununterbrochenen Kampf gegen alle Ungläubigen zur Verbreitung der Religion gebietet, den djihad, den Heiligen Krieg. In diesem Kampf gab es auch keinen Friedensschluß, nur einen von der Praxis diktierten Waffenstillstand, der allerdings durch Einfälle mit weniger als 4000 Mann und ohne Kanonen nicht gebrochen wurde.

Diese dauernden Kriegswirren an der osmanischen Grenze zeitigten große Rückwirkungen auf das Innere des Landes. Man war ständig genötigt, Truppen zu unterhalten, deren Bezahlung durch die Stände es diesen ermöglichte, ihre Forderungen durchzusetzen. Viele Flugschriften verbreiteten Nachrichten über türkische Einfälle, schürten damit die Türkenfurcht und machten die Bevölkerung williger, die hohen Türkensteuern zu bezahlen.

Unter den vielen kleineren Geplänkeln an der Türkenfront erregte der Überfall einer Streifschar auf den ungarischen Markt Siksó (Sixo) im Jahre 1577 besonderes Aufsehen. Von ihm berichtet ein Einblattdruck, dessen abgebildeter Holzschnitt einen nachhaltigen Eindruck von den Kriegsgreueln vermittelt.

Da es sehr viele Analphabeten gab, waren die Flugschriften meist mit Holzschnitten geschmückt. Manche dieser „Bilder vom Kriegsschauplatz" sind auf den Anlaß zugeschnitten, wie etwa das genannte Beispiel.

Andere hingegen nehmen einfach einen Druckstock irgendeiner Kampfszene auf ihr Titelblatt auf, der oft mehrfach verwendet wurde und der nur Signalwirkung („Hier handelt es sich um den Türkenkrieg") besitzen sollte.

Titelblatt einer Türkenflugschrift vom Jahre 1599 (Wien, ÖNB)
Einblattdruck über die Eroberung des Marktes Sixo 1577 (Zürich, Zentralbibliothek)

Zeittung auß Ungern / von dem unversehnen einfall der Türcken zu Sixo beschehen / am tag Martini / diß 77. jars / auch welcher gestalt sie von den unsern wider umb abgewisen worden sein.

Allermenigklich ist kundt und wol bewust / welcher massen der Türckisch Tyranna / bißanher souil Christlichs Bluts vergossen / ein gut teil der Christenheit eingenomen / die orrmen Christen gefangen / wie das Vich zu harter dienstbarkeit verkaufft / rc.

Demselben nach / hat es sich auch am tag Martini den 10. Novembris diß 77. Jars begeben / das ein jarmarckt zu Sixo 7. meil unter Caschaw in Ungern gewesen / dahin aus den umbgelegnen Stetten und Flecken / rc. ein grosse anzal Volcks hoch und niders stands zusamen komen / und sich keiner gefahr besorgt / noch darauff gerüst. Als aber der Beeg ein Türckischer Oberster zu Villeck 5. meil davon (allda der best Ungerisch Wein wechst) solchen jarmarckt gewisst / hat er sich in der still gefast gemacht / und von den besatzungen der benachbaurten Türckischen Stett und Hausern / als von Besckl / Solschin / Hatwein / Pain / Dabin / Mobenstain / Soboda und andern mehr orten / in die 2500. Türcken unter 13. Fanen gesamlet / mit denen er gemelten jarmarckt zu Sixo überfallen / denselben geplündert / die Leut jämerlich nidergehauen / und deren ein grosse meng in die 2000. gefangen / wie die Hand zusamen gekuppelt und wegkgefürt. Als in solchem jehen überfall ein guete anzal Christen zu rettung jres leibs und lebens / in die Kirchen und auff den Freidhof / der mit einer Mauren umbfangen ist / geflohen haben / sich die Türcken understanden denselben / souil sie ander der zeit gehabt / zuzusetzen / und hat es durch der Christen gegenwehr / manlich und mit schaden abgetriben / Dorüber gleichwol von Christen auch nit wenig tod bliben und beschedigt sein / weil sie zu vorbaumb / und das sie zur gegenwehr nit gerüst gewesen / mit eingeloffen / rc. Da nun solcher Türckische einfall auff den negst gelegnen / der Röm. Kaif. May. Ungerischen Greintzhaußern / als zu Zentre / Caschaw / Docka / Calo / Erla / Onoth und andern orten laut worden / haben sich die Kriegsleut diser besatzungen auffgemacht / und hat es Gott wunderbarlich geschickt / das solches der Kais. Mat. Kriegsvolck / bevorab die Hussern von Caschaw / welche die meisten gewesen / sein unterwegen zusamen gstossen / also das jrer in allem in 400. worden / darun er ist ein mannlicher / dapfferer Ungerischer Kriegsman gewesen / Valentin Preepostrawj genant / durch welches anordnung den Türcken nachgeeilet / und ungefer umb 4. uhr gegen der nacht / haben sie dieselben / Gleich als sie sich gelägert hetten / unnd allda jr übernachten vermeint / antroffen / unnd sich erstlich ob der grossen meng Türcken / und das jr hergegen zu wenig / und nur bey 400. gewesen / etwas entsetzt / unnd anzugreiffen bedencken ghabt / Aber der obgemelte theure Held Valentin Preypostrawj hat jnen stattlich zugesprochen / und vermant unerschrocken zusein / im Namen Gottes / und von wegen gantzer Christenheit / zu rettung und erlösung der armen gefangenen Leut / ritterlich zuzustreiten / und mit den Türcken drauff zuhauen / Dann da es nit geschehe / und sie den Feind mit den armen gefangenen sampt dem grossen Raub also von sich liessen / würd es jnen allen / wo mans in der Christenheit hörer / ein schand und spot sein / auch kündten sie sich gegen Gott nit verantworten / er wölte auch seins teils lieber sterben / dann spott von jm sagen lassen mit solchen und der gleichen mehr vermanen / hat er das Kais. Kriegsvolck also beherzt und begirig gemacht / das sie stracks darauff mit grossem ernst und grim gefallen / und sich so ritterlich mit jnen geschlagen / das sie die Türcken geteilet und in die flucht gebracht / und jnen dapffer nachgejagt / was sie ereilet / alles in der flucht nidergehocken / die armen gefangenen gelediget / und allen Raub wider genomen / Zu welchem dann die Ungerischen Bawrn / die aus allen Dörffern zugeloffen / dem Kais. Kriegsvolck nit geringe hülff gethan. Und befindt sich / das hin und her in drey meilang / über die 600. Türcken tod gefunden sein / Auch deren über 160. fürneme Türcken gefangen / darunter der Olaj Beegk / welcher hart im Kopff und die Hand wund ist / des Beegaken vo Villneck fürnembster 2. oder 3. Aga des Bassa Zickhausen / auch etliche seiner Spagi Janitscharn und andere mehr / es sagen auch die gefangne Türcken sonderlich der Olaj Beegk sie wissen gewiß / das der Beegk von Villneck / der denn den einfall verursacht / in eigner Person seinem meisten teil der seinen / so in der flucht zahergerissen / hart verwundet sein / Und da die Nachts jnen nit überseil / het es sich mögen schicken / das die Feind alle auffs Haupt erleget wern / denn der schrecken groß vnder jhnen / und sie alle zerstrewet gewesen sein. Die Rotkirlischen haben auch neben den gefangnen Türcken mit sich zu rück gebracht / 6. Türckische Fannen / jr Veldtspil / in 200. Heerwägen und Gutschen / mit dem genommenen Raub / als gelt und gelts werth / auch etlich stück Veldtgeschütz / vil Roß / und andere Kriegsrüstung mehr / Als sie aber / nach erlangter Victori wider am heimziehen gewesen / haben gleich den jetzigen newen Cometen am Himel gesehen. Deßhalben zubesorgen / weil den dazumal der Türckische Tyran seinen blutigen Sabel gezuckt / in matzung / Christlichs blut zuvergiessen / so werde diser so schröckliche Comet / der sich denn dazumal von stundan darauff hat sehen lassen / uns die fürgefaste straff endtlich troen und bringen. Was es aber solch zeichen am Himel im grund bedeutet / das ist allein Gott bekant / wir jonst aller Welt wissend / wann dergleichen Cometen erscheinen sein / das dieselben und andere Himlische zeichen anders nichts / dann den gerechten zorn Gottes über unser sünd und vnbußfertiges Leben bedeutet haben / Darauff gewönlich Krieg / Sterben / Tewrze / etc. und alles unglück gevolget ist. Gott verleihe das wir uns bessern / unser sünd beichten / darvon ablaßen / und Gottes allmechtigkeit zur billichen straff nit ursach geben.

M Sonnen Bad.

Die Türkenfurcht

Das osmanische Reich verdankte seine Erfolge in militärischer Hinsicht vor allem seiner ungewöhnlichen Kriegstechnik, die den Mitteleuropäern so fremd war und auf die sie sich erst allmählich einstellen mußten. Ähnlich war es den europäischen Völkern schon einige Male ergangen, wenn sie sich mit der schnellen und beweglichen Kriegstechnik östlicher Reitervölker konfrontiert sahen, so gegen die Awaren im 8. Jahrhundert und gegen die Ungarn im 10. Jahrhundert.

Die gefürchteste Abteilung im osmanischen Heer war die leichte Reiterei, die zu bekämpfen wegen ihrer Schnelligkeit und Beweglichkeit für Europa ein unlösbares Problem darstellte. Die Aufgabe dieser nicht bezahlten und daher auf Beute angewiesenen Truppen, die man Akindschi (türk. akinçi) oder „Renner und Brenner" nannte, war es, das Land zu terrorisieren und Angst und Schrecken zu verbreiten. Der Schlacht mit regulären Truppen waren sie nicht gewachsen, wie das Beispiel der Vernichtung der Scharen des Kasim Beg auf dem Steinfeld bei Enzersfeld 1532 gezeigt hatte.

Doch diese ins Land einfallenden Truppen — die bei anderen Reitervölkern, etwa den Mongolen, die einzige, schnell auch wieder vorübergehende Gefahr bildeten — waren bei den Osmanen nicht die gesamten militärischen Kräfte. Neben ihnen gab es ein regelrechtes osmanisches Heer, das bestrebt war, Gebiete für den Sultan zu erobern und in dauernden Besitz zu nehmen. Dadurch, daß Besitznahme und Staatsbildung von den Osmanen systematisch vollzogen wurden, unterschieden sie sich von den anderen östlichen Reitervölkern, die nie zu einer die Eroberungen einschließenden Staatlichkeit gelangten. Das reguläre osmanische Heer bestand aus der Kavallerie, die aus den sogenannten Sipahis, den Lehensreitern der Grenze, gebildet wurde, und aus den gefürchteten Infanterietruppen, den Janitscharen.

Diese der ursprünglichen Kriegstaktik eines Reitervolkes fremden Fußtruppen entstanden eben aus der Notwendigkeit, eroberte Gebiete dauernd zu besetzen und dem osmanischen Reich anzugliedern. Eine langfristige Eroberung eines Landes ist aber nur mit Hilfe von Fußtruppen möglich. Noch eine zweite Tatsache ist zu bedenken. Die Türken waren ein zahlenmäßig kleiner Volksstamm, der nun nach und nach ein riesiges Reich eroberte, das von Budapest bis Bagdad, vom Schwarzen Meer nach Ägypten reichte und Länder in drei Kontinenten umfaßte. Aus eigener Kraft, ohne Aufnahme Fremder in die Führungsschicht des Staatsverbandes, war die Beherrschung dieses Reiches nicht möglich. So kam man nach einigen Vorstufen zu einem System, das man Knabenlese (türkisch devşirme) nennt. Es bestand darin, daß man auf dem Balkan christliche Knaben von ihren Familien wegnahm — diese leisteten damit den sogenannten Knabenzins — und diese jungen Menschen nach Istanbul (Konstantinopel) brachte, um sie dort zu strengen Mohammedanern zu erziehen. Wie das oft an Konvertiten zu beobachten ist, wurden diese Menschen besonders gläubige und fanatische Anhänger ihrer neuen Religion. Die „umerzogenen" jungen Menschen wurden als Soldaten ausgebildet und bildeten das Corps der Janitscharen, die streng organisiert und gut bezahlt waren und eine treue Truppe des Sultans bildeten. In späterer Zeit war aus dieser sozialen Position heraus auch der Aufstieg in höhere Staatsämter, ja sogar bis zum Großwesir möglich. Der Sultan hatte damit gleichzeitig auch ein Gegengewicht zu den einflußreichen altosmanischen Familien geschaffen.

Die Tüchtigkeit der Janitscharen und ihre unter dem gellenden Schrei „i Allah" geführten Angriffe waren Grund genug, die Angst Europas vor diesem Feind zu schüren. Sie unternahmen ihre Angriffe wie in Ekstase, wobei der Gedanke, daß jeder Muslim, der im Heiligen Krieg für die Verbreitung seines Glaubens fällt, sofort in den siebenten Himmel kommt, und der Genuß berauschender Drogen — etwa Haschisch — diese Menschen völlig außer Rand und Band brachte. Wie schrecklich beängstigend müssen daher auch solche kulturhistorisch kuriosen Bilder von Fakiren auf den Europäer gewirkt haben, der nichts mehr von Trance und noch wenig von berauschenden Drogen wußte und sich nur die schrecklichen Schmerzen, die diese Derwische und Fakire nicht zu kennen schienen, vorstellte.

---

*Fakire aus Hans Lewenklaus „Newe Chronika Türckischer Nation"
1595. Im Hintergrund Budapest (Budapest, Nemzeti Muzeum)*

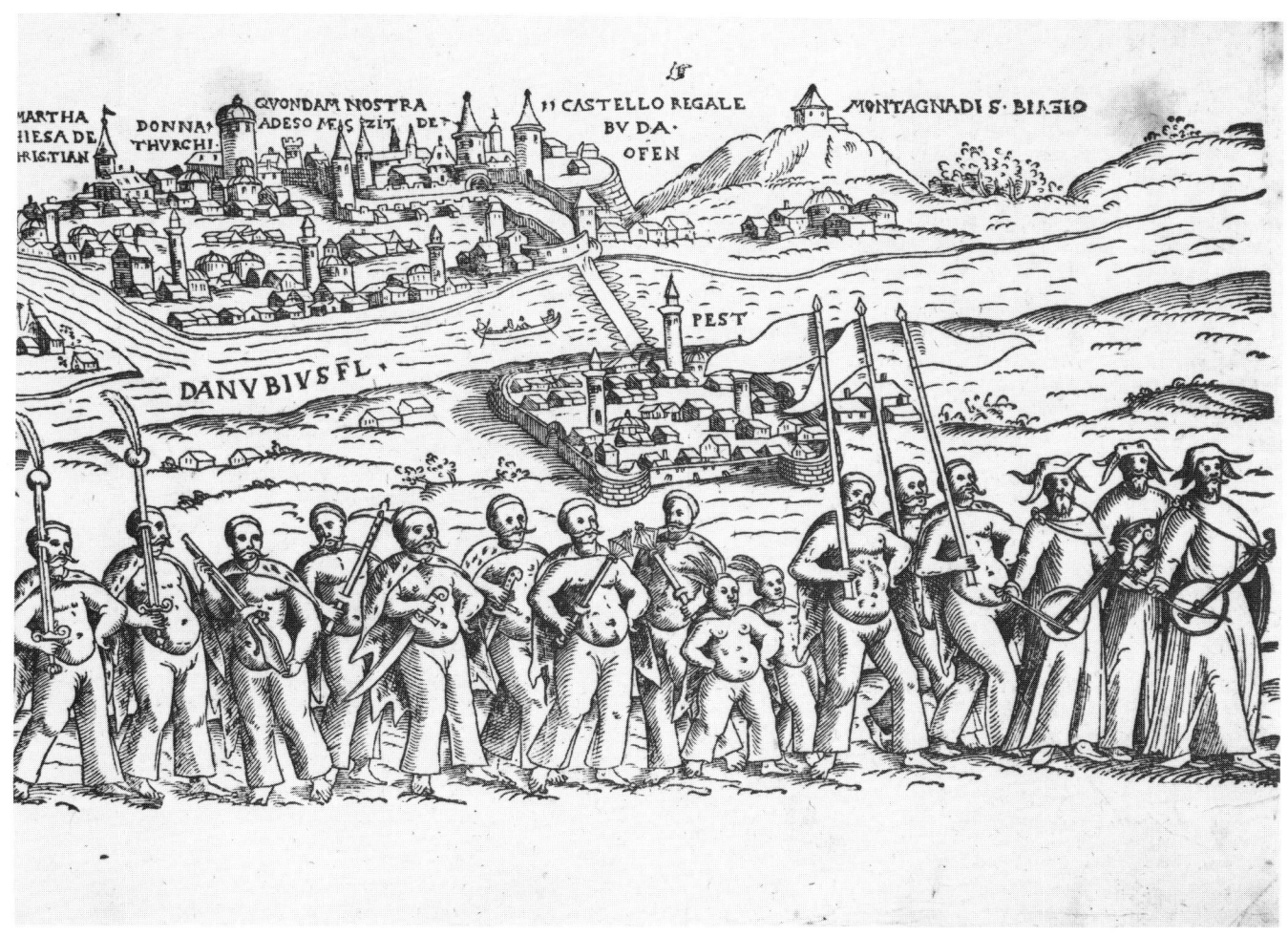

175

DIE ABSAGEBRIEFE

Die religiös-ideologische Grundidee des osmanischen Reiches war also der Heilige Krieg gegen alle — von den Mohammedanern aus gesehen — Ungläubigen, in dessen Verlauf sich jeder gläubige Muslim, wenn es sein von Allah vorgeschriebenes, im Buch des Lebens verzeichnetes Kismet so wollte, durch den Märtyrertod das Paradies, das man sich im übrigen recht irdisch vorstellte, verdienen konnte. Der andauernde Kriegszustand machte es auch nicht notwendig, Feinden den Krieg ausdrücklich zu erklären, wie es in Europa seit dem Mittelalter durchaus üblich geworden war.

Realpolitisch gesehen war das Osmanische Reich aus wirtschaftlichen und sozialen Gründen ständig gezwungen, Krieg zu führen, da es sich bei dem Staat — modern ausgedrückt — um eine religiöse Militärmonarchie mit absolutistischem Regime handelte. Die Truppen der Janitscharen mußten auch in Friedenszeiten bezahlt werden — ganz im Gegensatz zu Europa, wo es noch keine stehenden Heere gab und der Friede daher billiger war als der Krieg, der das kostspielige Aufstellen von Truppen verlangte. So führten die Osmanen fast immer irgendwo Krieg, entweder im Osten gegen die zwar mohammedanischen, aber schiitischen Perser oder gegen die christlichen Staaten im Westen.

Nach den Rechtsvorstellungen des mohammedanischen Staatsrechtes erforderte eine solche Aktion, der Beginn eines Krieges gegen den habsburgischen Kaiser, keine Kriegserklärung, dennoch sind uns in der Zeit zwischen der Ersten und der Zweiten Wiener Türkenbelagerung, also zwischen 1529 und 1683, viele gedruckte Flugschriften überliefert, die solche Kriegserklärungen des Sultans an den Kaiser wiedergeben.

Diese sogenannten „Absagebriefe" haben eine Tradition, die in die Rechtsverhältnisse des europäischen Mittelalters zurückreicht. In dieser Zeit, die den Staat im modernen Sinne als Zentralstaat noch nicht kannte, war jeder Waffenfähige berechtigt, sich selbst zu seinem Recht — selbst gegen den Kaiser — zu verhelfen, und zwar in Form der Fehde, in deren kriegerischem Verlauf es darauf ankam, den Gegner möglichst schwer zu schädigen. Im Laufe der Zeit versuchte man, dieses ungeregelte Durcheinander von Kämpfen im Lande zumindest soweit zu regeln, daß es innerhalb gewisser Formen ablief. Dazu gehörte auch, daß eine Fehde angekündigt werden mußte, daß man das Rechts- oder gar Treueverhältnis, das die beiden Fehdeführenden verbunden hatte, aufkündigte. Dies geschah durch die Absage, die zunächst mündlich, später aber dann schriftlich in Form der Absagebriefe erfolgte. Aus diesen Absagebriefen des Fehdewesens haben sich dann in einem sehr komplizierten Prozeß unsere modernen „völkerrechtlichen" Kriegserklärungen entwickelt.

Diese im Druck verbreiteten Absagebriefe sind also Kriegserklärungen des Sultans an den Kaiser, die aber fingierte Dokumente darstellen. Dennoch ist auffällig, daß die Erscheinungsdaten solcher Flugschriften immer genau mit dem Beginn größerer Aktionen der Osmanen zusammenfallen, was darauf schließen läßt, daß hinter dieser Fälschung jemand steckte, der gute Informationen hatte. Ein Vergleich der Sprache dieser Absagebriefe mit der Übersetzung osmanischer Urkunden des Sultans in der kaiserlichen Kanzlei zeigt, wie ähnlich manche Formulierungen sind, sodaß man den Schluß wagen kann, es handle sich dabei um Produkte, die vom kaiserlichen Hof zumindest mit beeinflußt waren.

Diese Absagebriefe sollten die ohnehin weit verbreitete Türkenfurcht noch zusätzlich schüren und die Bereitwilligkeit der Bevölkerung, Steuern zu bezahlen, erhöhen. Daran konnte auch der kaiserliche Hof — und gerade er — bedeutendes Interesse haben, da eine gesteigerte Türkenfurcht dem Kaiser als Verteidiger gegen diese Gefahr nützen und den Ständen schaden mußte.

Titelblatt des Absagebriefes 1593 (München, Bayerische Staatsbibliothek)

Zeuttung Von deß Türckischen

Keysers abgesanten Feindesbrieff, so er mit den Legaten / dem Römischen teutschen / jetzt Regierenden Keyser Rudolpho dem andern dises Namens / vnserm aller Gnädigsten Herrn / in dem jetzt verloffnen 92. Jar / vberschickt hat.

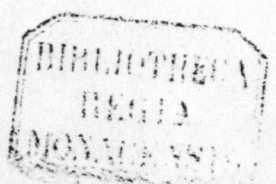

Die Schlacht bei Sisak 1593

Die Jahre vom Regierungsbeginn Rudolfs II. 1576 bis zum Jahre 1592 waren „offizielle" Friedensjahre mit dem Osmanischen Reich. In die Praxis umgesetzt hieß das, daß ein gültiger Waffenstillstand herrschte und der Kaiser jährlich eine diskret als „Ehrengeschenk" umschriebene Tributzahlung an den Sultan sandte. Doch verhinderte dieses und die daneben laufenden Bestechungsgelder an die Wesire und Paschas nicht, daß eine Reihe kleinerer Einfälle immer wieder zur Unruhe an der Türkenfront führten.

Mit dem Jahre 1592 änderte sich die Situation, die Osmanen hatten eben einen Feldzug gegen Persien beendet, die Kriegspartei gewann in Konstantinopel langsam die Oberhand, und auch die lokalen Befehlshaber — allen voran der Pascha von Bosnien, Hassan — drängten zum Angriff. Hassan fiel ins Land des Kaisers ein und belagerte die Festung Sisak in Kroatien, am Zusammenfluß der Save und der Kupa gelegen. Seine Truppen wurden allerdings am 22. Juni 1593 von einem kaiserlichen Heer angegriffen und vernichtend geschlagen. Dieses Heer stand unter der Leitung dreier Feldherren, Erdödy, Auersperg und Eggenberg, wobei der Löwenanteil am Sieg dem steirischen Adeligen Rupprecht von Eggenberg zufiel. Eggenberg und seinen Truppen gelang es, die Türken zu schlagen und in den Fluß zu drängen, wo ein großer Teil von ihnen den Tod durch Ertrinken fand. Unter den Gefallenen auf Seite der Osmanen befand sich auch ihr Führer, Hassan Pascha. Rupprecht von Eggenberg, der gefeierte Held dieser siegreichen Schlacht gegen die Türken, wurde später in einem von ihm erbauten prachtvollen Mausoleum in Ehrenhausen in der Südsteiermark beigesetzt, in dem noch heute einige Ausschmückungsgegenstände an seinen großen Sieg gegen die Türken erinnern.

Die Schlacht selbst ist uns nicht nur aus Beschreibungen bekannt, sondern wie über die meisten Gefechte dieses Krieges liegen uns auch Bildzeugnisse, Schlachtenbilder, vor, die in den Geschichten der Türkenkriege als Graphiken verbreitet wurden, wie hier die des Hans Siebmacher, die eine Darstellung des Türkenkrieges von Ortelius illustrieren. Eine besonders schöne Illustration der Schlacht von Sisak, ein bunt bemaltes Relief, befindet sich heute im Museum in Laibach.

Ehrenhausen (Steiermark), Mausoleum für Rupprecht von Eggenberg

Johann Siebmacher, Die Schlacht von Sisak 1593 (Wien, Albertina)

Relief, die Schlacht von Sisak 1593 darstellend (Ljubljana, Narodni Museum)

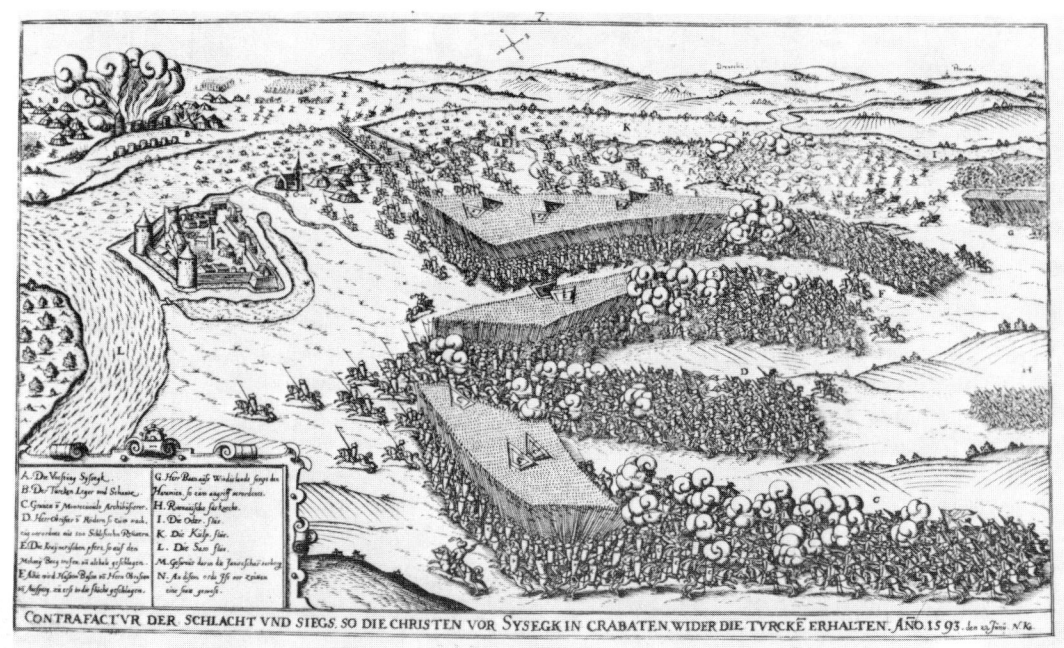

CONTRAFACTVR DER SCHLACHT VND SIEGS, SO DIE CHRISTEN VOR SYSEGK IN CRABATEN WIDER DIE TVRCKĒ ERHALTEN. AÑO 1593 den 22 Junii N. K.

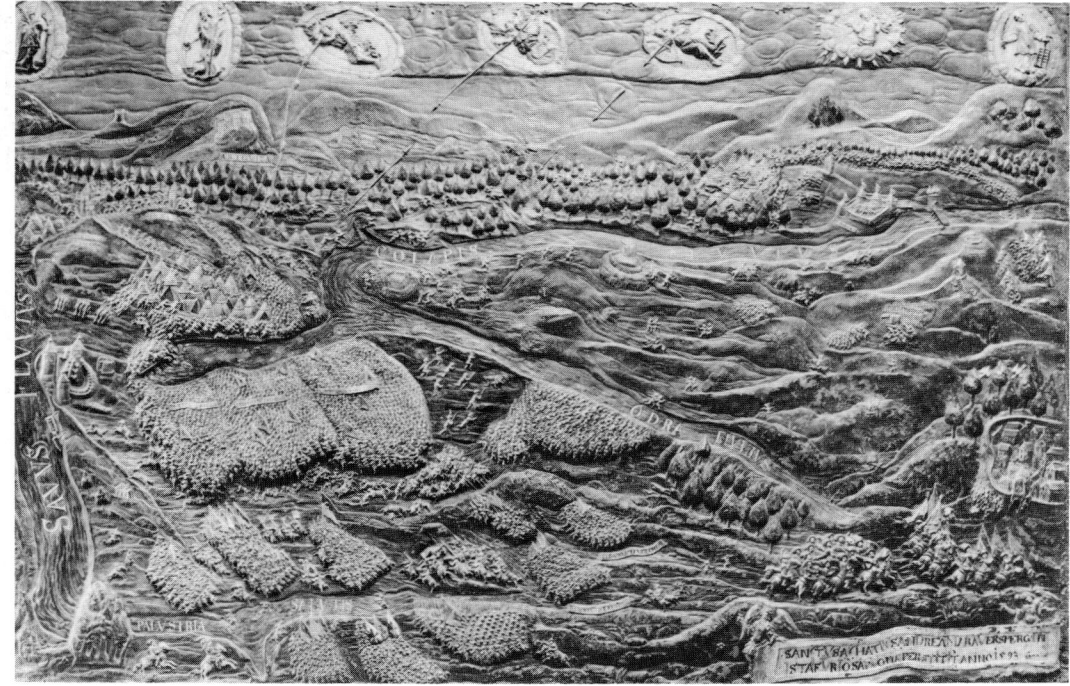

179

Der Verlust von Raab und die Hinrichtung Hardeggs

Auch der lange Türkenkrieg ebenso wie die gesamten Auseinandersetzungen der Habsburger mit den Osmanen spielte sich in erster Linie in Form eines Kleinkrieges ab. Kleine Einfälle streifender Scharen auf beiden Seiten, die plünderten und raubten, Proviantzüge überfielen und den Gegner zu schädigen suchten, waren an der Tagesordnung. Nur selten nahmen militärische Aktionen größeres Ausmaß an und wären auch aus moderner Sicht als Schlacht zu bezeichnen. Die Eroberung der Festungen — oder besser gesagt, der festen Plätze, die meist nur durch Erdwälle und Palisadenzäune geschützt waren und häufig den Besitzer wechselten — war niemals von kriegsentscheidender Bedeutung.

Von Belang hingegen in dem allgemeinen Wirrwarr des langen Krieges war die Eroberung der Festung Raab (ungarisch Györ) durch die Türken im Jahre 1594. Raab, am Zusammenfluß der drei Flüsse Rába, Rábca und Masoni-Duna gelegen, war eine strategisch und vor allem psychologisch bedeutsame „Schlüsselfestung der Christenheit", da sie den Weg aus der ungarischen Tiefebene, dem Operationsgebiet der Osmanen, durch die Hainburger Pforte nach Niederösterreich und nach der Hauptstadt Wien sicherte, deren Belagerung man aus der Erinnerung an 1529 immer fürchtete. 1594 rückte ein türkisches Heer unter der Führung des Sinan Pascha und des Tatarenkhans Ghasi Girai 40.000 Mann stark vor die Festung Raab, die nur von einer kleinen Besatzung unter dem Festungskommandanten Ferdinand Graf Hardegg verteidigt wurde. Zwanzig Tage belagerte dieses Heer die Festung, dann wurde sie von Hardegg übergeben. Eine wichtige strategische Position des kaiserlichen Ungarn war damit in die Hände der Gegner gefallen.

Für Ferdinand von Hardegg und den italienischen Festungsbaumeister der Feste Raab, Perlin, hatte diese Übergabe, in der man Verrat der beiden sah, böse Folgen. Kaiser Rudolf II. versuchte, an dem Hardegger ein Exempel zu statuieren und stellte ihn und den Baumeister vor ein Militärgericht in Wien, das die Untreue der beiden für erwiesen annahm und sie zum Tode verurteilte. Hardegg sollte die rechte Hand abgehauen werden, er sollte sodann gehängt werden und drei Tage öffentlich hängen bleiben, Perlin sollte gar geviertailt werden. Der Kaiser in „seiner Gnade" milderte diese Urteile, und beide Angeklagten wurden enthauptet — „nur" möchte man hinzufügen.

Diese Hinrichtung fand natürlich öffentlich statt und sollte als abschreckendes Beispiel dienen, um zu zeigen, daß sich ein Paktieren mit dem „Erbfeind christlichen Namens" nicht lohnt!

Johann Alexander Böner (?), Ferdinand Graf Hardegg (Wien, Bildarchiv der ÖNB)

Wilhelm Peter Zimmermann, Hinrichtung des Grafen Hardegg 1595 (Wien, ÖNB)

28. Von Hardeck der Graff Ferdinand/   Von wegen daß sie ohne Noth/   Verurtheilt vnd gerichtet beyd
    Auch Niclaus Perlin auß Welschland/ Raab vbergeben/seind zum Todt   Mit dem schwert/auß gnad/mit bescheid.

Sigismund Báthory

Wollen wir uns die Kriegsgeschehnisse und Kriegsschauplätze vergegenwärtigen, so müssen wir zunächst die Lage in Ungarn, wie sie sich in der Folge der Ereignisse von 1526 gebildet hatte, kennen.

Nach dem Tod des jungen Königs Ludwig II. in der Schlacht von Mohács konnten die Habsburger nicht ungestört den Besitz Ungarns antreten, obwohl Sultan Süleyman mit seinen Truppen das Land geräumt hatte. An der Wahl durch die ungarischen Stände, aus der der Habsburger Ferdinand I. als König hervorging, nahm nämlich nur ein Teil des Adels teil. Der andere, nationalungarisch gesinnte Teil aber wählte den Woiwoden von Siebenbürgen, Johann Zápolya, zum ungarischen König. Nun besaß das Land zwei Könige, die beide das alleinige Recht auf Ungarn geltend machten. In den Kampf zwischen den beiden Rivalen mischten sich auch die Türken ein, und die Folge der Auseinandersetzungen war schließlich eine Dreiteilung Ungarns in einen schmalen westlichen Streifen, das kaiserliche Ungarn, das sich von den slowakischen Bergstädten bis an die Adria erstreckte, in Mittelungarn, das eine türkische Provinz war, und in Siebenbürgen im Nordosten. In Siebenbürgen herrschten Zápolya und seine Nachfolger, und es gelang ihnen durch eine kluge Schaukelpolitik, zwischen Kaiser und Sultan eine eigenständige Stellung zumindest zeitweise zu bewahren. Mehrere Versuche der Habsburger, Siebenbürgen zu erwerben, schlugen fehl, doch gelang es Rudolf II. schon 1595, durch die kaiserliche Politik den Fürsten von Siebenbürgen, Sigismund Báthory, auf seine Seite zu bringen. Zur Unterstützung dieser Politik, die Beziehungen zum Fürsten Sigismund zu verbessern, hatte Rudolf nicht nur die Aufnahme Báthorys in den Vliesorden, sondern auch dessen Heiratsverbindung mit einer habsburgischen Prinzessin, der Erzherzogin Maria Christina, einer Tochter Karls von Innerösterreich, betrieben. Verlobung und Hochzeit wurden per procuratorem durch den Gesandten Stephan Botschkai (Bocskay) vollzogen.

Die Erwartungen, die man in diese Ehe gesetzt hatte, erfüllten sich nicht. Sigismund dankte ab, überließ Rudolf Siebenbürgen im Tausch gegen die beiden Fürstentümer Oppeln und Ratibor, bereute aber bald seinen Entschluß und kehrte wieder nach Siebenbürgen zurück. Die Herrschaft überließ er seinem Bruder, dem Kardinal Andreas Báthory, dessen Politik den Bestrebungen Michaels des Tapferen (rumänisch Viteasul) zuwiderliefen, sodaß dieser in Siebenbürgen einfiel und Andreas vertrieb. 1600 einigte er schließlich kurzfristig die drei Fürstentümer Moldau, Walachei und Siebenbürgen, doch 1601 bestieg Sigismund Báthory erneut den siebenbürgischen Thron, trat aber kurz darauf dem Kaiser sein Land ab. Rudolf entsandte General Basta, dessen gegenreformatorische Bestrebungen einen Aufstand unter Moses Szekely hervorriefen, den Belgiojoso nicht brechen konnte. 1604 entstand aus diesen Wirren heraus der Aufstand des Stephan Bocskay.

Der Kampf der Siebenbürger gegen den Sultan hat auch mit einer von den Türken erbeuteten, heute noch in Istanbul aufgestellten Kanone sichtbaren Ausdruck gefunden.

Siebenbürgische Beutekanone in Istanbul, das Detail zeigt das Wappen Sigismund Báthorys (Istanbul Askeri Müzesi)

Titelblatt einer Flugschrift von 1598 mit einem Porträt Sigismund Báthorys (München, Bayerische Staatsbibliothek)

Sibenbürgische Zeytung.

Warhaffter Bericht / welcher massen der Durchleuchtig Hochgeborne Fürst vnd Herr / Herr Sigismundus Fürst in Sibenbürgen / Walachen vnnd Moldaw / Grafe der Zeckler / ꝛc. Die Käiserlichen abgesandte empfangen vnd angehört / sein gantzes Land vbergeben / jhnen die Landeshuldigung leisten / etliche Barschafft / Kleinoter / Roß / Güter vnd anders seiner getrewen Ritterschafft verehrt / Auch hochermelten Käy: Majest. Comissarien zu hulden vnd schweren gewilligt.

Jhrer Fürst. Gn. Cantzler aber / vnter werender Handlung / gefenglich einziehen / binden / den Ständten vberantworten / vnd für menniglich / als einen Verräther / der Käy. Majest. seiner F. G. selbs / vnd deß gantzen Vatterlandes / verruffen vnd proclamiren lassen.

Folgends Jrer F. G. Stallmeister / neben sonst noch einem vom Adel richten / vnnd vnter das hohe Gericht graben lassen / alles in disem jetzigen Monat Aprilis dises 1598. Jars sich ver ossen.

Sampt einer verzeichnuß der Ordnung / so der Wolgeborne Herr / Herr Adolph / Freyherr zu Schwartzenburg / seinem Kriegsvolck die herrliche geschwinde Einnam / Raab betreffent / fürgehalten / vnd sich derselben gebraucht.

Wie dises beyligend mit fleiß abgerissene Kupfferstuck außweist.

Die Eroberung der Festung Gran 1595

Von den vielen Ereignissen des langen Türkenkrieges war die Eroberung der Festung Gran eines, das von der Propaganda der Zeit besonders verherrlicht wurde. Gran (Esztergom) an der Mündung des Hron in die Donau wurde im Sommer des Jahres 1595 vom Grafen Mansfeld unter Teilnahme von Adolf von Schwarzenberg, Hermann von Ruswormb, Niklas Pálffy, Franz Nádasdy sowie Johann von Medici, Vincenzo Gonzaga und dem Herzog von Mantua belagert. Nach einmonatiger Belagerung wandte sich das osmanische Heer, das bei Ofen gelagert hatte, nach Gran, wurde aber am 4. August blutig zurückgeschlagen, und die Einschließung der Festung konnte fortgesetzt werden. Schließlich brach die Trinkwasserversorgung der Burg zusammen, und die Führer fielen im Kampfe, sodaß die Festung am 2. September 1595 gegen freien Abzug der Besatzung übergeben werden mußte.

In den illustrierten zeitgenössischen Geschichten des Türkenkampfes wurde die Eroberung der Festung Gran entsprechend berücksichtigt, unsere Abbildung zeigt die Kombination einer von dem Kupferstecher Hans Siebmacher für das Werk des Ortelius gestochenen Darstellung der Festung während der Belagerung in Verbindung mit dem Text eines ursprünglich wohl nicht dazugehörigen und vermutlich selbst illustrierten Flugblattes.

Doch die Bedeutung dieses Sieges des kaiserlichen Heeres gegen die Osmanen liegt nicht sosehr im militärischen Erfolg als in der intensiven Auswertung durch die Propaganda der damaligen Zeit. Zunächst ist die große Zahl von Flugschriften zu nennen, die in Vers und Prosa von diesem „Sieg der Christenheit" berichten. Unmittelbar aus dem Hofkreis des Kaisers stammen einige Medaillen, in denen der Sieg verherrlicht wird.

Auf die Eroberung Grans 1595 beziehen sich die Rückseiten von zwei Porträtmedaillen, die den Kaiser im Siegerlorbeer zeigen. Die erste, eine Klippe, bringt nur die Inschrift „1595 CHRIST(EN) SCHLAGN D(EN) TVRCKEN V(ND) EROBERN GRAN. II. SEPT(EMBER)". Eine weitere Klippe stellt auf der Reversseite eine sitzende nackte männliche allegorische Figur dar, die mit der rechten Hand auf türkische Beutewaffen hindeutet. Die Inschrift verweist auf das angenommene direkte Eingreifen Gottes: TEXTERA DOMINE FEC(IT) 1595.

Medaille auf die Eroberung von Gran 1595, Rückseite (Wien, Münzsammlung des KHM)

Medaille auf die Eroberung von Gran 1595, Rückseite (Wien, Münzsammlung des KHM)

Die Eroberung von Gran 1595. Kombination eines Stiches von Johann Siebmacher mit einem fremden Text (Wien, Albertina)

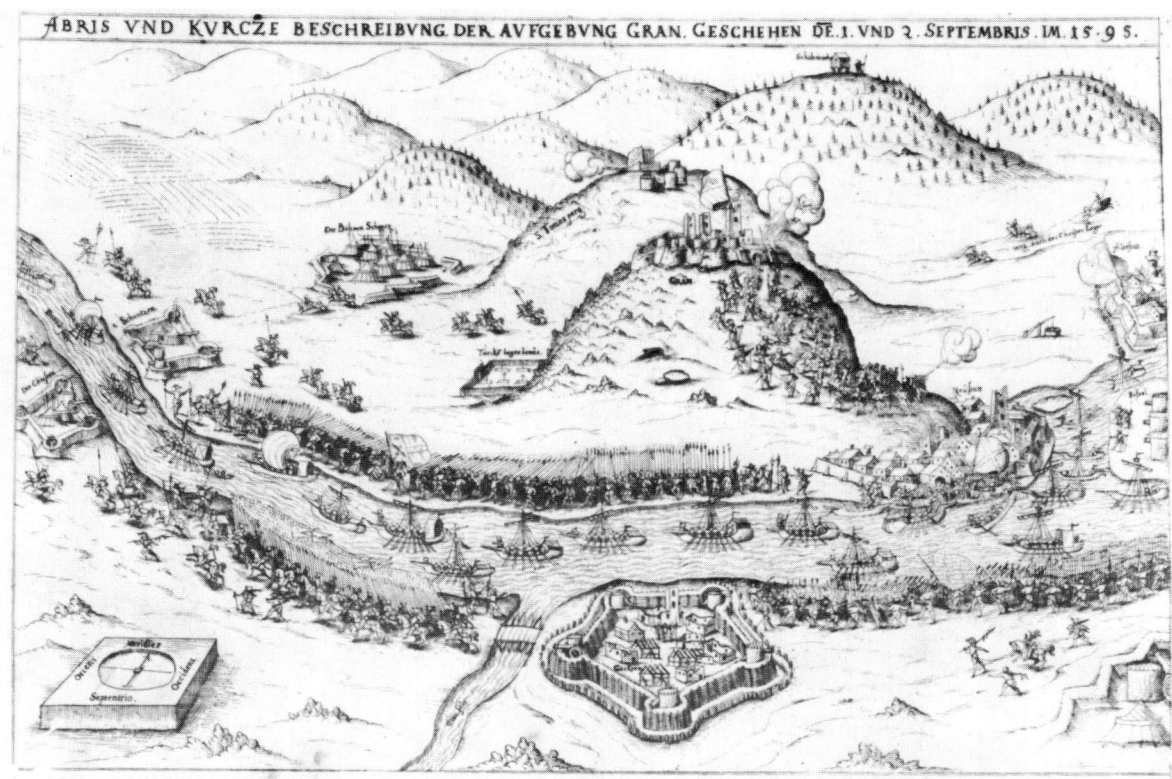

ABRIS VND KVRCZE BESCHREIBVNG DER AVFGEBVNG GRAN, GESCHEHEN DE.1. VND 2. SEPTEMBRIS. IM. 15·9·5.

Noch dem die Türcken so in Gran	Haben sie bald erboten sich.	Welchs man in entlich thet vergönnen.	700 Krancke vnd vermündt.	Vnd abgezogen zu der seitt.
Gewes't. Letzlich gesehen han	Solche auffzugeben müglich.	Was ieder hat ertragen können.	900 Weib vnd Kind zufründs.	Das also diese Vestung ist.
Das in kein hülff bald in der nehen.	Doch das man sie wit ihrer hab.	Haben sich noch gefünden schon.	Haben also 30 Schiff gar wol.	Nunmehr iezt in der Christen gewalt.
Auch kein entsezung mochs geschehen.	Frey sicher möll lan ziehen ab.	1790 wehr haffter man.	Besezet vnd beladen vol.	Gott sie in seinem schütz erhalt.

Ach dem Jhr Fürst. Durchl. Ertzhertzog Matthias in glaubwirdiger Kundtschafft fürkommen / wie daß die Türcken abermalen an vnterschiedlichen orten etlich tausent starck zusammen kommen vnd sich bey alt Ofen gelägert / in willens Gran mit ihrer gantzen macht zuentsetzen: Darauff Ihr Fürstl. Durchl. vnd derselben hochlöbliche Kriegßräht die Türcken in ihren Läger zuüberfallen vnd anzugreiffen berahtschlagt / Denselben Abendt so der 31. oder 21. Augusti gewest / haben sich auff ihr Fürst. Durchl. beselich ein starcke Reutterey von allen Nationen / als Teutsche / Welsche / Wallonen vnd Vngern zusammen versamlet / vnd auff der Türcken Läger bey 8000. starck fortgerückt / vnd gegen dem tag mit dem Feind angefangen zu scharmüzeln / vnd mit der hülff Gottes bey hundert Türcken niedergehawen / vnd den Beeg von Copan lebendig neben andern Türcken gefangen ins Läger bracht / ⁊c.

Als nun die Türcken in der Festung gewar worden / daß sie abermals geschlagen / vnd mit dem Stück aus Gocken / die Singerin genant / iren Weib vnd Kindern grossen schaden zugefügt / haben sie vmb stillstand des Schiessens / vnd mit den vnsern zu Parlamentirn / hoch gebeten / Aber die vnserigen viel hefftiger hinein geschossen / biß letzlich gegen dem tag / als Ihr Fürstl. Durchl. in das Wasser Stättel geritten / in beysein Marggraff Carl von Burgaw / Herrn Balfi / Herrn Nadasti / vnd Herrn von Schwartzenberg / mit dem Türcken Parlamentiert / darauff sie begert mit allem ihrigen vnd was noch in der Festung ist / abzuehen zulassen / welches ihnen aber durchaus gewegret / vnd nach langgehaltenem vnd vielem gespräch die sachen dahin gemittelt / das man sie gleicher gestalt wie zu Raab beschehen / Nemlich was ein ieder auff seinem Rücken tragen köndte / wölle abziehen lassen: Was aber Roß / Geschütz vnd alles anderes belanget / das solt in der Festung bleiben. Dieses sein die Türcken eingangen / darauff sie Fürstl. Durchl. schrifftlich versichert. Hierauff haben die Türcken den 2. September / oder 23. Augusti angefangen außzuziehen / vnd haben sich in der Festung biß in die 832. streitbarer Man / 811. beschädigter Türcken / 600. Weiber / 211. Kinder vnter fünff Jahren / vnd in allem 2454. Personen gefunden / 3500. Türcken in werender Belägerung gestorben vnd vmbkommen / 60. Teutsche / 92. gefangene Vngern / so erledigt worden / vnd 40. Türcken zu den vnsern einziger weis heraus gefallen. Vnd nach dem die Türcken nicht schiffung genug im vorraht gehabt / daß sie alle mit Weib vnd Kind / vnd was ihnen zuglassen worden / hetten fortführen können / haben sie viel noch diese Nacht in der Festung bleiben müssen / biß sie mehr Schiff auffwarts gebracht / vnd sein also bey dreyssig Schiff geladen / vnd abwarts gefahren.

Darmit aber diß alles sein fortgang / haben die Türcken vnd auch die Christen sequalicher theil den andern fünff Personen zu geisseln gelassen / wie den vnter den vnsern Geißler gewest / Herr Hauptman Rußwurm / vnd Herr Tirßky / Vnter den Türckischen Geißlern aber ist gewest der Bassa von Caramonia / vnd ein Janitschar Aga / sampt noch andern dreyen Türcken. Zu Morgens den 3. September / oder 24. Augusti / als mehr lehre Schiff kommen / sein die Krancken vnd Verwundten aus der Festung vnverhindert vnd vnbeledigt abgezogen.

Nach der Türcken abzug nach Mittag ist ein Kugel im Schloß angangen / die bey 20. Personen geschädiget: Man kan aber gründlich nicht wissen / ob es ein eingelegtes Fewer oder nicht / wie man dann den Janitscharn Aga zu Geißl allein in abzug behalten / Da er nun durch die Türcken eingelegt worden / wird er ein abentheuwer darüber außstehn müssn. In der Festung ist ein starcke anzahl Pulver vnd Schwebel / Kugel vnd noch viel starcker vorraht an Getreidt / Weiß / Gersten vnd andern / so wol auch 30. stück klein vnd gros Geschütz / jedoch meistheils vom schiessen verderbt / befunden / vnd der gemeine Raub den Kriegßknechten außgetheilt worden. Also ist diese hoch vnd weitberühmbte Königliche Festung Gran in der Christen hand kommen. Dem Allmechtigen sey Lob / Ehr / Preiß vnd Danck gesagt / AMEN.

Die Wiedereroberung der Festung Raab 1598

Der Verlust der Festung Raab 1594, für den Hardegg und Perlin mit ihrem Leben gebüßt hatten, war ein schwerer Schock für die kaiserlichen Lande, und so blieb es erklärtes Kriegsziel Kaiser Rudolfs, diese Festung wieder zurückzuerobern.

Auch die Türken waren sich der Bedeutung dieses Stützpunktes durchaus bewußt, denn sie legten nach der Eroberung im Jahre 1594 sofort 2000 Festungssöldner und 3000 Janitscharen in die Festung und sorgten mit 300 Kanonen, betreut von 1000 Zeugschmieden, auch für die bei der Abwehr einer Belagerung so wichtige Artillerie. Doch diese Truppen verwahrlosten bald trotz der besten Absichten von türkischer Seite, und die schrecklichsten Zustände herrschten in Kürze in der Festung. Die meisten Janitscharen waren widerrechtlich im Umkreis der Festung verheiratet, und die Besatzung sprach tapfer dem ausgezeichneten ungarischen Wein zu, der das seine zur Demoralisierung der Truppen tat.

So war es möglich, daß die Wiedereroberung der Festung schon im Jahre 1598 gelingen konnte, und zwar durch eine Kombination aus Kriegslist und Anwendung neuer Kriegstechnik. Der kaiserliche Heerführer Adolf von Schwarzenberg wagte am 25. März 1598 einen Überraschungsangriff auf die Festung. Einige Glücksfälle kamen ihm dabei zu Hilfe. Erstens fand er die Schlagbrücke offen und das Schloßgatter aufgezogen, weil man in der Festung eine Proviantlieferung aus Stuhlweißenburg erwartete. Zweitens klappte seine gut ausgedachte List, die Wachen durch einige der türkischen Sprache mächtige Husaren ablenken zu lassen, bis die Vorbereitungen zur Sprengung des Tores getroffen waren. Und drittens verdunkelte eine Wolke gerade zu diesem Zeitpunkt den Mond, was die Heimlichkeit der Aktion natürlich begünstigte.

Während die Wachposten von den Husaren abgelenkt wurden, befestigte man am Tor der Festung ein neuartiges Kriegsgerät, das in den niederländischen Kriegen entwickelt worden war, eine Petarde. Eine solche Petarde ist ein mit Pulver gefülltes mörserartiges Metallgefäß zur Sprengung von Festungstoren, Palisaden usw., das mit der Mündung an ein Brett geschraubt, an dem zu sprengenden Gegenstand befestigt und mit der Lunte entzündet wird.

Als dieserart das Festungstor gesprengt war, drangen die Truppen des Kaisers unter Adolf von Schwarzenberg und Nikolaus Pálffy in die Festung ein, in der alles schlief, und es gelang ihnen in Kürze, die „Schlüsselfeste der Christenheit" wieder in ihre Gewalt zu bringen. Pálffy wurde von der diese Eroberung verherrlichenden Propaganda fast völlig übergangen, Schwarzenberg wenigstens einige Male erwähnt. Der Kaiser verlieh ihm ein neues Wappen, das zur Erinnerung an seine Heldentat nicht nur einen Türken als Wappenfigur enthielt, sondern auch einen Raben als Anspielung auf die Festung Raab.

Das gebesserte Wappen der Familie Schwarzenberg von 1599 (Wien, ÖNB)

Die Eroberung von Raab durch Adolf von Schwarzenberg 1598 (Wien, Privatbesitz)

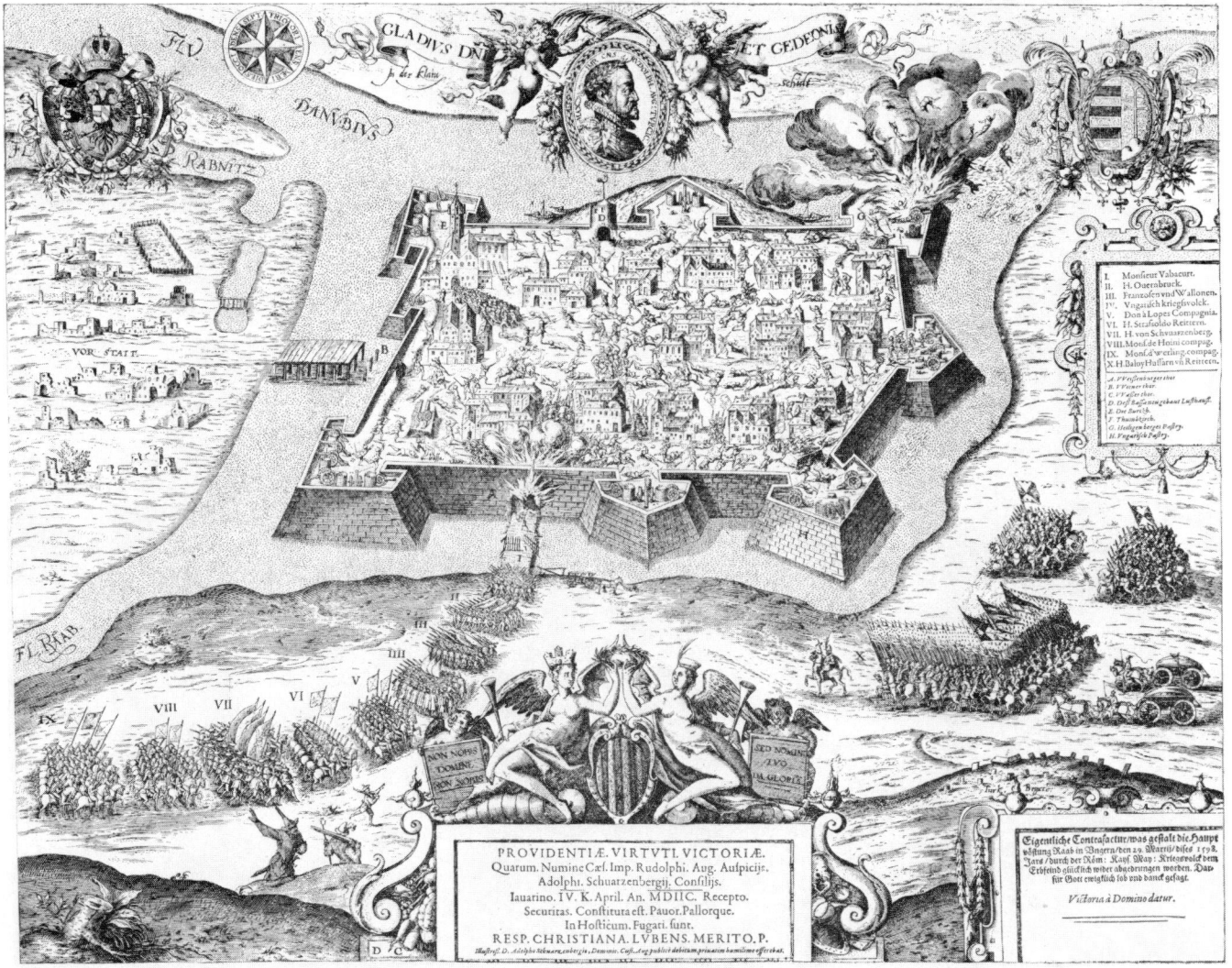

Medaillen auf die Wiedereroberung von Raab

Das Wehklagen um den Verlust von Raab nach dem Jahre 1594 war groß gewesen und das Verlangen, diese Festung wieder in den Besitz des Kaisers zu bringen, übermächtig. Es versteht sich daher fast von selbst, daß die Ereignisse des Jahres 1598 eine ungeheuerliche propagandistische Wirkung hatten. Mit allen damals zu Verfügung stehenden Mitteln der Propaganda wurde dieses Ereignis in die Welt hinausposaunt. Zur Eroberung Raabs sind mehr Flugschriften gedruckt worden als zu jedem anderen Anlaß dieses Krieges, und nicht nur in deutscher Sprache, auch italienische, tschechische und französische Drucke finden sich. Daneben wurden auch die Literaten der Zeit durch den Fall Raabs zur Produktion gelehrter lateinischer Huldigungsgedichte angeregt, die allerdings nur einem kleinen Kreis Gebildeter verständlich waren.

In all dieser Propaganda zu der Wiedereroberung von Raab geht eine merkwürdige Veränderung der Ereignisse vor. Liest man die Flugschriften, so kann man sich des Eindruckes nicht erwehren, daß weder Schwarzenberg noch gar Pálffy die tragende Rolle spielten, sondern vor allem Kaiser Rudolf II. und — in noch höherem Maße — Gott selbst, dessen persönlichem Eingreifen dieser großartige Sieg zu verdanken ist.

Noch ein zweites ist auffällig. Sicherlich war Raab eine sehr wichtige Festung, deren Wert im Verteidigungssystem nicht zu unterschätzen ist, doch übertreiben die Flugschriften und auch die sonstige Propaganda die Bedeutung Raabs gewaltig. Es scheint, als wäre ganz Ungarn von den Türken zurückerobert worden, nicht bloß eine einzige Festung.

Auch die Kunst des Hofes Rudolfs II. hatte sich des Themas der Wiedereroberung der Feste Raab besonders bemächtigt. Diese Kunstwerke, mehr noch als alle anderen Zeugnisse, geben uns Aufschluß über die Gedankenwelt des Kaisers zur Türkenproblematik im allgemeinen und zur Eroberung von Raab im besonderen. Aufschlußreich für die Selbststilisierung Rudolfs II. als Türkensieger sind vor allem die Medaillen, die zu diesem Anlaß geschlagen wurden. Von den vielen Medaillen, deren Motive in einigen Varianten wiederkehren, sind hier nur drei Beispiele ausgewählt worden.

Die dreieckige Klippe — so werden nicht runde Medaillen genannt — zeigt auf der Vorderseite eine biblische Szene, die dem Evangelium des Johannes 20,26 entnommen ist, wo Christus durch eine verschlossene Tür zu seinen dahinter befindlichen Jüngern gelangt. Diese Evangelienstelle gehörte in der Liturgie zum Tag, an dem die Festung Raab erobert wurde, zum Sonntag „Quasimodo genitur" des Jahres 1598. Erläutert durch die Inschrift: „Christus geht durch die verschlossene Tür, die Festung Raab gewannen wir", besagt diese Darstellung, daß Gott für Rudolf, der in der Emblematik oft mit Christus gleichgesetzt wurde, durch ein Wunder Raab erobert hat. Diese vielleicht gewagt erscheinende Interpretation beruht nicht auf späterer Spekulation, sondern wird so von einer zeitgenössischen Predigt des Georg Scherer ausgeführt. Die Rückseite mit einer lateinischen Inschrift gibt an, daß Raab von den Feinden durch die „virtus", die Tugend, des Kaisers erobert werden konnte. Ein sogenanntes Chronogramm — man zählt die Zahlenwerte der großgeschriebenen Buchstaben nach ihrer Bedeutung im römischen Zahlensystem zusammen — gibt die Jahreszahl 1598 an. Eine viereckige Klippe zeigt auf der Vorderseite ein ähnliches Motiv, Christus mit den Jüngern, die Rückseite ist in tschechischer Sprache abgefaßt und bedeutet: „An einem Sonntag im Jahre des Herrn 1598 habe ich den Türken durch Gottes Fügung die Flußfestung Ungarns, Raab, entrissen".

Auch die dritte Medaille schreibt den Sieg Gott unmittelbar zu. Neben der Darstellung der Feste Raab und dem Wappen mit dem Raben, der in seinem Schnabel einen Ring — als Symbol der Ewigkeit — hält, auf der hier nicht gezeigten Vorderseite, ist die deutsche Inschrift der Rückseite, die mit den Symbolen des Lorbeerkranzes den Sieg und mit den Friedenspalmen den dadurch erhofften — günstigen — Frieden ausdrücken will, für ein anderes Propagandamittel zu diesem Anlaß wichtig, für die Raaberkreuze, die einen ganz ähnlichen Text aufweisen.

Medaille auf die Eroberung Raabs 1598, Rückseite (Wien, Münzsammlung des KHM)

Klippe auf die Eroberung Raabs 1598, Vorder- und Rückseite (Wien, Münzsammlung des KHM)

Klippe auf die Eroberung Raabs 1598, Vorder- und Rückseite (Wien, Münzsammlung des KHM)

Die Raaberkreuze

Der Fall der Festung Raab hat vielfältigste Propaganda hervorgerufen, Patente und Flugschriften, Feste und Dankprozessionen, Predigten und Gottesdienste, Medaillen und Gemälde, doch eine der eigenartigsten Formen der Denkmäler für diesen Anlaß sind die sogenannten Raaberkreuze. Rudolf II. selbst ordnete in einem Patent an, daß anläßlich dieses großen Augenblickes der Wiedereroberung von Raab die von den Türken in Mitleidenschaft gezogenen oder sonst verfallenen Bildstöcke wiederaufgerichtet werden. Dabei sollte eine von dem Patent vorgeschriebene Inschrift angebracht werden, mit dem Wortlaut: SAG GOTT DEM HERRN LOB UND DANK DASS RAAB WIEDER KOMMEN IN DER CHRISTEN HAND DEN 29. MARCI 1598.

Viele Bildstöcke, die diese Inschrift tragen, findet man auch heute noch unter unseren Flurdenkmälern, selbst in Wien trägt heute noch die „Bäckersäule" im Hof des Innungsgebäudes in der Florianigasse eine solche Raaberinschrift, und die Spinnerin am Kreuz, jener an der Straße nach Süden stehende große gotische Reliefpfeiler, hat einmal, wie wir aus schriftlichen Aufzeichnungen wissen, eine solche Verszeile getragen.

Der einfachste Typus der Bildsäule und der Inschrift ist in dem Bild, das eines der vier Raaberkreuze in und um den niederösterreichischen Ort Frauenhofen bei Horn zeigt, zu sehen.

Eine weitaus kompliziertere Inschrift — die nicht der „Vorschrift" des Patentes entspricht, da sie auf den Verlust der Festung und die dadurch bestehende Gefährdung hinweist, findet man auf einem Bildstock neben der Bundesstraße 2 von Wien nach Stockerau. Die Erwähnung des Verlustes der Festung 1594 ist auffällig, dürfte aber damit zu erklären sein, daß Ferdinand von Hardegg, der Mann, der die Festung übergab und deshalb hingerichtet wurde, vermutlich in der nahegelegenen Burg Kreuzenstein begraben wurde und ihn somit die Bewohner dieser Gegend noch in Erinnerung hatten.

Patent Rudolfs II. bezüglich der Raaberkreuze 1598 (Wien, HHStA)

Raaberkreuzinschrift an einer Kapelle in Frauenhofen (Niederösterreich)

Raaberkreuz an der Bundesstraße 2 zwischen Kreuzenstein und Spillern

Wir Rudolff der Ander von Gottes genaden/ Erwölter Römischer Khayser/ zu allen zeyten mehrer deß Reichs/ in Germanien/ zu Hungern vnd Behaimb/ ꝛc. Künig/ Ertzhertzog zu Österreich/ Hertzog zu Burgundt/ Steyr/ Khärndten/ Crain vnnd Wirtemberg/ in ober vnnd nider Schlesien/ Marggraue zu Märhern/ in Ober vnnd Nider Laußnitz/ Graue zu Tyroll/ ꝛc. Embieten N. allen vnd jeden vnsern nachgesetzten Obrigkeiten/ Geistlichen vnd Weltlichen/ Landleüthen/ auch allen vnsern Stätten/ Märckhten/ Dörffern/ vnd Flecken/ so in disem vnserm Ertzhertzogthumb Österreich vnder vnd ob der Enns gesessen sein/ vnser Gnad vnd alles guets/ vnd geben Euch gnediglich zuuernemmen/ Demnach durch sondere Gnad Gottes deß Allmächtigen die Vestung Raab widerumben in vnsere Hand kommen/ vnd nunmehr Eur jeder mit seinen Haab vnnd Gäettern/ Weib vnnd Kindern in vil besserer Ruhe vnd Sicherheit leben/ handlen vnd wandlen kan/ Dahero vnd solcher Victori willen/ Gott den Allmächtigen billich/ jedermenniglich hoch loben vnd preisen/ auch jhne/ daß sein Göttliche Allmacht vns wider den Erbfeind Christlichen Namens den Türcken noch vorter gnedige Hülff vnd Beystand laissen wölle/ treulichen anrueffen vnd bitten solle/ Damit aber menniglich von zue: vnd abziehenden frembden Nationen/ so wol als jhr die Innwohner/ solcher vns disen Landen vnd gantzer Christenheit von Gott sonderbar verlihenen Guetthat/ desto mehr zur schuldigen Danckbarkeit/ auch zur Andacht/ dem Gebett vnd Gottseligen/ Christlichem Leben/ Wandel vnnd Gedancken vermahnt vnnd beweget werde/ So empfelhen wir hiemit Euch allen vnd jeden obermelten Obrigkeiten/ Innsonderheit aber Euch den Landleüthen/ Grundherrn aller Ortten im gantzen Lande gnediglich/ vnnd wöllen/ daß Jhr Gott zu Ehrn vnd Dancksagung/ auch zu lobwirdiger Gedächtnuß der eroberten Vesten Raab/ an denen Strassen/ Püssen vnd Weegschaiden/ die sainern oder andere Creütz/ vnd per Marter Seülen (welche die alten Gottseligen Christen durch das gantz Teütschland/ auß sondern Christlichen Bedencken auff denen Weegschaiden auffrichten lassen/ die an vilen Ortten vmbgefallen/ thail aber noch von dem Türckenzug/ auch thails von boßhafftigen Leüthen vnd Bildstürmern niedergerissen worden) jeder auff seiner Jurisdiction/ vnd so weit sich jedes Gebiet vnd Freyheit erstreckt/ von Dato diser vnserer gnedigisten Verordnung jnner zway Monaten widerumb auffrichtet/ verneüret vnd darein ein Crucifix mahlen/ Innsonderheit aber volgende Schrifften die mitte/ oder nach gelegenheit eines jeden Creütz/ in einen Stain oder Eysern Plech mit erhobenen wol leslichen Schwartzen Buechstaben machen lasset/ Sag GOtt dem HErrn Lob vnd Danck/ daß Raab wider kommen in der Christen Handt. Den Neun vnd zwaintzigisten Martij/ Jm 1598 Jahr. Wie es nun an jhme selbst ein lobwirdig/ Christlich/ vnd Gott wolgefälligs Werck/ Also volziehet jhr hieran vnserm gnedigen auch endtlichen Willen vnnd Mainung. Geben in vnser Statt Wienn/ den Fünff vnnd zwaintzigisten Tag Aprilis/ Anno ꝛc. Achtvndneüntzig/ Vnserer Reiche/ deß Römischen im Dreyvndzwaintzigisten/ deß Hungerischen im Sechsvndzwaintzigisten/ vnnd deß Behaimischen auch im Dreyvndzwaintzigisten.

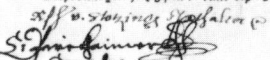
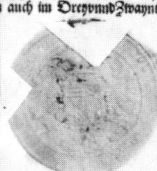

Allegorien auf Raab und auf den Krieg in Ungarn

Das zentrale Ereignis, die Wiedereroberung Raabs, von Rudolf II. zu einer großen Tat umstilisiert, hat auch in der bildenden Kunst Widerhall gefunden, und eine ganze Gruppe von Graphiken, Gemälden und Reliefs hat die Allegorisierung des Türkenkrieges, besonders aber des Falles von Raab, zum Inhalt.

Zwei ursprüngliche Quellen, die dann von anderen Künstlern benützt wurden, welche verschiedene Motive übernahmen und kombinierten, stehen uns zur Verfügung. Sie stammen zum größten Teil von dem Hofkünstler Hans von Aachen, doch kann ein Einfluß von Bartholomäus Spranger auf die „inventionen", die Erfindungen der symbolträchtigen Bilder, nicht völlig ausgeschlossen werden. Der wesentliche Bestand an Motiven allerdings findet sich in den 14 Zeichnungen, die Rudolf 1607 dem Kurfürsten von Sachsen zum Geschenk machte und die heute in Dresden aufbewahrt werden. Aus ihnen ist die Huldigung der Länder an den siegreichen Kaiser, die hier gezeigt wird, entnommen — ein klares Bild, das kaum der Interpretation bedarf.

Schwieriger ist es mit den anderen Bildern dieser Serie bestellt, von denen Hans von Aachen auch einige in Ölgemälden verewigte, die sich heute in den verschiedensten Sammlungen befinden. Das eine Gemälde, „Die Befreiung der Hungaria" genannt, bezieht sich ganz eindeutig auf Raab. Die Festung ist rechts im Hintergrund abgebildet, links vorne ist die Petarde zu sehen, und auch die oben in der Mitte gezeigte Szene der Verhüllung einer Mondsichel ist auf Raab — man denke an die den Mond verfinsternde Wolke — zu beziehen. Durch den Halbmond erhält dieses Motiv noch eine zusätzliche Bedeutung: Das Symbol des Osmanischen Reiches wird verhüllt. Das deutet den Sieg des Kaisers an und drückt die Hoffnung aus, dadurch die Befreiung Ungarns zu erreichen, das durch die Frauengestalt symbolisiert wird, der ein gefangener nackter Türke die Fesseln löst und die ein Engel krönt. Das andere Gemälde zeigt eine weibliche Gestalt, die tiefgebeugt an einem Baum lehnt. Links von ihr steht Bellona, die römische Kriegsgöttin, mit dem kaiserlichen, in antiker Form wiedergegebenen Adler. Rechts wenden sich Türken halb zur Flucht, halb bitten sie um Gnade. Auf dem Baum sind Fahnen aufgesteckt, die die Wappenbilder der Moldau (Stierkopf), Ungarns, Báthorys (Wolfszahn) und das Szeklerwappen (geharnischter Arm mit gezücktem Schwert und darauf gespießtem Bärenkopf und Herz) zeigen, eindeutig Anspielungen auf die seit 1595 angebahnte Einverleibung weiterer Teile Ungarns in den Machtbereich des Kaisers.

Hans von Aachen, Allegorische Zeichnung auf den Türkenkrieg (Dresden, Graphische Sammlungen)

Hans von Aachen, Allegorie der Hungaria (Budapest, Művezeti Muzeum)

Hans von Aachen, Allegorie der Bellona (Wien, Heeresgeschichtliches Museum)

193

ALLEGORIEN AUF RAAB UND AUF DEN TÜRKENKRIEG

Die Bildmotive der Aachenschen „inventionen" sind, wie auch das weitere Beispiel aus den Dresdner Zeichnungen zeigt, sehr vielfältig und nicht immer leicht in all ihren Anspielungen und ihren verschiedenen Sinnschichten zu interpretieren. Ein Türke mit gezogenem Schwert, der einen Hund mit Turban — der „türkische Hund" war ein oft verwendeter Schimpfname für die osmanischen Feinde — bei sich hat und hinter dem alte nackte Frauen nachdrängen, steht einem ungarisch gekleideten Mann gegenüber, der an einen kauernden Gefesselten gekettet ist, welcher ein österreichisches Wappen hält. Dahinter steht Herkules, der als Identifikationsfigur für die Habsburger, die sich als Herkulier fühlten, stehen könnte. Die Aussage des Bildes bleibt dunkel, vermutlich bezieht es sich auf die Konfrontation der beiden Reiche, wobei die Verkettung ungarischer mit österreichisch-habsburgischen Interessen in der Bekämpfung der Osmanen angedeutet scheint.

Aus der Fülle der allegorischen Motive Aachens erhielten die Hofkünstler am rudolfinischen Hof Anregungen zu einer eigenständigen Bearbeitung des Themenkreises Türkenkrieg. Paulus von Vianen etwa greift in seiner Medaille auf die Eroberung von Raab das Motiv des Aachen-Gemäldes „Befreiung der Hungaria" auf und setzt es in die künstlerische Form der Medaille um.

Weitaus schöpferischer geht der Plastiker Adriaen de Vries mit den Anregungen Aachens um. In seinem Relief kombiniert er verschiedene Entwürfe des Zeichners und Malers und schafft so eine komplexe Allegorisierung des Türkenkrieges. Einige Szenen sind uns in ihrer Bedeutung aus den Gemälden Aachens schon bekannt, dazu kommt noch das Motiv der Hydra mit den abgeschlagenen Köpfen vor einem Baum mit osmanischen Fahnen im Hintergrund. Neu sind uns die Szenen im Vordergrund, links die Darstellung der Übergabe einer Bischofsmitra durch den Kaiser an eine Frau, deren Fesseln gelöst werden und die wohl wieder die Hungaria symbolisiert, in der Mitte der Kampf des Drachens (Türken) mit dem Löwen (Kaiser) und davor zwei Flußpersonifikationen, die Donau als weibliche Gestalt und die Save (= Sau), gekennzeichnet durch den Mann mit Wildschwein. Die daneben rechts in einem Fluß ertrinkenden Türken spielen im Zusammenhang mit der Save auf den Sieg bei Sisak an.

Von den vielen weiteren Details sei nur noch auf den rechten oberen Rand verwiesen. Der Stern ist der Rudolfs II., dessen Wahlspruch FULGET ASTRUM CAESARIS damit angedeutet wird, „R.II." sind seine Initialen, und der fischgeschwänzte Steinbock ist seine Imprese, sein Emblem. Die Frau mit der Trompete schließlich ist die Fama, die den Ruhm des Kaisers in die Welt hinausposaunen soll, wozu auch diese ganze gelehrte und vielschichtige Komposition des Adriaen de Vries dienen sollte, die allerdings in der Planung steckengebliebene Propaganda ist.

Paulus von Vianen, Medaille auf die Eroberung von Raab 1598 (Wien, Münzsammlung des KHM)

Hans von Aachen, Allegorische Zeichnung auf den Türkenkrieg (Dresden, Graphische Sammlungen)

Adriaen de Vries, Allegorisches Relief auf die Türkensiege Rudolfs II. (Wien, KHM)

Der Verlust der Festung Kanischa

Die Verherrlichung der Siege täuscht. Das schöne Blatt, nach einer Vorlage von Bartholomäus Spranger gestochen, zeigt groß die Victoria, die Göttin des Sieges, wie sie auf ihrem Siegeshorn bläst und Habsburgs Banner über dem Schlachtfeld entfaltet. Dieses dem Erzherzog Matthias gewidmete Blatt stimmte mit der Realität wenig überein.

Je länger der Türkenkrieg andauerte, desto geringer wurden die Erfolge der Kaiserlichen. Es ist nur der Erschöpfung des Gegners zuzuschreiben, daß keine größeren Verluste zu verzeichnen waren, doch traf zumindest die Eroberung der Festung Kanischa (ungarisch Nagykanizsa) durch die Türken die christliche Seite schwer. Ähnlich wie die Festung Raab Wien deckte, so sicherte die innerhalb der Militärgrenze gelegene Festung Kanischa das Murtal und den Weg nach Radkersburg und in weiterer Folge in die Steiermark.

Im Jahre 1600 war die Festung, die von dem protestantischen steirischen Adeligen Georg Paradeiser befehligt wurde, in einem sehr schlechten Zustand, die gesamte Besatzung belief sich auf 400 bis 600 Mann. Als nun im September des Jahres 1600 der Wesir Ibrahim Pascha mit einem großen Heer — die geschätzten Zahlen differieren zwischen 40.000 und 100.000 Mann — vor der Festung eintraf und die Belagerung begann, war die Lage vom Anfang an verzweifelt, verschlechterte sich allerdings noch weiter, als ein Entsatzversuch von seiten des kaiserlichen Heeres scheiterte. Paradeiser übergab daher die Festung gegen freien Abzug der Besatzung an die Belagerer, als in Kanischa auch schon die Munition ausgegangen war. Ebenso wie Ferdinand von Hardegg, der 1594 die Feste Raab übergeben hatte, wurde Paradeiser, dem man anlastete, als Rache für seine in Innerösterreich verfolgten protestantischen Glaubensgenossen gehandelt zu haben, in Wien vor ein Kriegsgericht gestellt. Wieder statuierte man ein Exempel mit dem Festungskommandanten, und am 19. Oktober 1601 wurde er in Wien öffentlich hingerichtet. Die Festung Kanischa wurde von Erzherzog Ferdinand von Innerösterreich, dem späteren Kaiser Ferdinand II., im Jahre 1601 vergeblich belagert. Sie blieb bis zum Frieden von Karlowitz 1699 in den Händen der Osmanen.

Die Belagerung der Festung Nagykanizsa 1601 (Wien, Albertina)
Hermann Müller, Victoria nach einer Vorlage von Bartholomäus Spranger (Wien, Albertina)

197

Die Eroberung von Stuhlweissenburg

Von den wenigen kriegerischen Ereignissen des langen Türkenkrieges, deren militärische Bedeutung größer waren und die auch in der Öffentlichkeit Aufmerksamkeit fanden, ist die Eroberung der Festung Stuhlweißenburg (ungarisch Székesfehérvár, lat. Alba Regia) eines der wichtigsten.

Im September 1601 gelang es einem kaiserlichen Heer knapp vor dem Herannahen des osmanischen Hauptheeres unter der Führung des Großwesirs Hassan, die Festung zu erobern, doch war der Besitz nur von sehr kurzer Dauer, schon im August des folgenden Jahres eroberte der Großwesir die Stadt wieder zurück.

Die Eroberung der ungarischen Königs-, Begräbnis- und Krönungsstadt wurde von der Öffentlichkeit besonders beachtet, eine ganze Reihe von Flugschriften sind diesem Anlaß gewidmet, und auch Medaillen wurden zur Verherrlichung dieses Sieges der kaiserlichen Waffen geprägt.

Diese Medaillen betrachten die Einnahme der Festung, ebenso wie wir es schon bei der Stilisierung von Raab 1598 gesehen haben, als einen Triumph Gottes und des Kaisers persönlich. Eine Medaille von Valentin Maler mit der Stadtvedute von Stuhlweißenburg drückt mit dem Spruch „aller Sieg kommt von Gott" die eine Tendenz ebenso aus, wie die Rückseite die Zuschreibung des Sieges an Rudolf. Das Symbol des Vogels Phönix, der aus der Asche aufsteigt, und das ungarische Wappen bedeuten, daß das Königreich Ungarn laut Inschrift ebenso wie der Phönix durch die Rudolf II. mit Gottes Hilfe gelungene Eroberung Stuhlweißenburgs wieder aufsteigen wird.

Diesen Gedanken eines neuen Glanzes des Königreichs Ungarn drückt auch die Vorderseite einer anderen Medaille aus, die den Thronsessel mit den Insignien zeigt. Die Inschrift der Rückseite verspottet den türkischen Gegner mit dem Spruch DURCH AUFGAB NAHM ES EIN SOLIMAN 1543 MIT DEM SCHWERT GEWANN ES KAISER RUDOLF 1601. Die hier als persönliche Leistung und als Triumph des Kaisers dargestellte Eroberung mutet uns doch recht eigenartig an, wenn wir das Verhalten Rudolfs, seine ständigen Weigerungen, selbst ins Feld zu ziehen, kennen.

Medaille auf die Eroberung von Stuhlweißenburg, Vorder- und Rückseite (Wien, Münzsammlung des KHM)

Medaille auf die Eroberung von Stuhlweißenburg, Vorder- und Rückseite (Wien, Münzsammlung des KHM)

Kontakte zu Persien

Das osmanische Reich hatte zwei große Gegner, die es abwechselnd bekriegte, die Christen im Westen und die schiitischen Perser im Osten. Was wäre naheliegender gewesen, als der Gedanke, das Osmanische Reich in die Zange zu nehmen, in einen Zweifrontenkrieg zu verwickeln und damit endgültig zu besiegen!

Dieses Gedankenspiel, im Rücken eines Gegners Verbündete zu suchen, ist uralt, schon die Sarazenen und Araber versuchte man in der Zeit der Kreuzzüge und danach auf diese Art zu schädigen. Mit solchen Versuchen, wie sie auch die Mönchsreisen ins Reich des Kublai Khan zeigen, waren immer Ideen der Bekehrung und Missionierung dieser Völker verbunden.

Ähnlich versuchten der Papst und Rudolf II. Kontakte zum persischen Schah aufzunehmen, der sich seinerseits interessiert zeigte. So kam im Jahre 1605 knapp vor dem Ende des langen Türkenkrieges eine persische Gesandtschaft nach Prag – ein Teil der Gesandten reiste auf dem Seeweg und über Rom, ein anderer auf dem Landweg. Diese Gesandtschaften brachten reiche und exotische Geschenke, die natürlich Rudolf II. sehr begeisterten und darüber hinaus in ihm politische Hoffnungen erweckten. Der Kaiser erhoffte sich von einem Zusammenwirken mit dem Schah einen großen Sieg, der die Entscheidung auf dem Balkan bringen würde. In Prag tat man alles, um die Gesandtschaft zu beeindrucken, man brachte sie bestens unter, ließ Türkenbeute heranschaffen, die man ihnen als Beweis der Tüchtigkeit der kaiserlichen Truppen vor Augen führte, und hielt Militärparaden ab, die allerdings die persischen Gesandten nicht sonderlich beeindruckten.

Die Exotik der Gäste hat natürlich auch die unvermeidliche menschliche Neugier auf den Plan gerufen, und so besitzen wir einige schöne Dokumente dieser Prager Botschaft in einer Zeichnung aus den Prager Kunstsammlungen, die eine Szene mit exotischen Tieren zeigt, und in den vom „Bildreporter am Hofe Rudolfs" Ägidius Sadeler gestochenen Porträts.

Die persische Gesandtschaft in Prag (Prag, Graphische Sammlung)

Aegidius Sadeler, Cucheinolli Bey, ein persischer Gesandter in Prag (Wien, Albertina)

Aegidius Sadeler, Mehti Kuli Bey, ein persischer Gesandter in Prag (Wien, Albertina)

MAGNI SOPHI REGIS PERSARVM CVCHEIN OLLIBEAG INCLYTVS DOMINVS PERSA SOCIVS LEGATIONIS

cum priuil. S. Cæ. M.tis

S. Cæ. M.tis sculptor Ægidius Sadeler ad vuum delineauit Pragæ 1601

MECHTI KVLI BEG ENNVG OGLY ILLVSTRIS D. IN PERSIA LEGATVS REGIS PERSAR: AD IMP: ROMAN:

S. Cæ. M.tis sculptor Ægidius Sadeler ad vuum delineauit Cum Priuil. S. Cæ. M.tis Anno Pragæ 1605.

DIE TÜRKENBEUTE

Bei den Versuchen, die persische Botschaft zu beeindrucken, wurde die Türkenbeute gleichsam als sichtbarer und greifbarer Beweis für die militärischen Erfolge des Kaisers eingesetzt.

Solches Zur-Schau-Stellen von Beute, das wir ja aus allen Zeiten kennen, finden wir oft am rudolfinischen Hof und auch in Wien, wo Erzherzog Matthias seine Beutestücke vorzeigte.

Der Einzug mit Beutestücken — meist handelt es sich um Fahnen bzw. Roßschweife und um Kanonen — gemahnt sehr an die triumphalen Festzüge, wie sie zu feierlichen Gelegenheiten üblich waren. Beide haben eine Wurzel, beide sind aus dem antiken „triumphus" entstanden, bei dem der siegreiche Feldherr in Rom einzog und Beute und Gefangene mitschleppte.

Manche Triumphzüge mit Türkenbeute führten nach römischer Tradition tatsächlich gefangene Feinde mit, um so das Kuriositätsbedürfnis der Bevölkerung zu stillen. Viele solcher Einzüge sind uns in Schilderungen der Zeit überliefert. Manche davon sind auch in Bildern festgehalten worden, wie etwa die Heimkehr mit erbeuteten türkischen Fahnen in Prag im Jahre 1595. Der lange schmale Holzschnitt zeigt Fahnen und Roßschweife, der Text dazu gibt eine genaue Erklärung der einzelnen Stücke.

Schon ein Jahr früher wurde in Wien ein ähnlicher Einzug gehalten, bei dem vor allem Beutestücke, die Erzherzog Matthias bei Visegrad erobert hatte, feierlich heimgebracht wurden.

Diese Beutestücke wurden zunächst, wie es uns von Prag belegt ist, auf einem öffentlichen Platz längere Zeit zur Schau gestellt und dann teils vom Kaiser in seine eigenen Sammlungen gebracht oder aber an bedeutende Fürsten des Reiches weitergeschenkt. Auch das diente dazu, die Türkensteuern, die man forderte, durch Erfolgsbeweise zu rechtfertigen.

Erzherzog Matthias zieht 1594 mit der Türkenbeute in Wien ein (Wien, Historisches Museum der Stadt Wien)

Einzug mit Türkenbeute in Prag 1595 (Budapest, Nemzeti Muzeum)

Statliche beuth, welche die Christen in Vngern den Turcken abgewohnen, und den 4. Jenner Año 94 dem Ertzhertzogen Matthias in Wienn überantwortet haben.

Fortuna und Victoria

Siege eines Herrschers im Kampf gegen die äußeren Feinde seines Reiches haben wesentlich dessen Ansehen und Prestige in der Öffentlichkeit gefördert und wurden mit den Propagandamitteln der Zeit gerühmt, wie wir bei den kaiserlichen Erfolgen vor Gran, Raab und Stuhlweißenburg beobachten konnten. Darüber hinaus verallgemeinerte die Hofkunst solche Siege und stellte sie in einem antiken Gewand dar.

In diesen Zusammenhang gehören die vielen Allegorien des Bartholomäus Spranger und des Hans von Aachen auf den Kaiser. Aber auch die Entwürfe dieser Hofkünstler zu den Themen Fortuna und Victoria, die keine Ausführung in Malerei oder Plastik fanden, sondern nur als Zeichnungen erhalten sind, bilden aufschlußreiche Dokumente.

Die römische Glücksgöttin Fortuna, die mit ihrem Füllhorn gute Gaben ausstreut, hat eine tiefe Bedeutung im Herrschaftskult der Zeit gehabt. Fortuna bestimmt auch das Schicksal, die Fortuna des Herrschers ist seine charismatische Fähigkeit, Erfolg zu haben. Doch dieser Erfolg ist kein garantierter, ist ein wankelmütiger — vielleicht sollte die Zeichnung des Ägidius Sadeler aus dem Jahre 1597, die eine weibliche Gestalt, die personifizierte Fortuna, auf einem Brett zeigt, das auf der Weltkugel balanciert, diese Unbeständigkeit ausdrücken. Die Constantia als Herrschertugend ist es, die die Fortuna überwindet, und diese Beständigkeit führt den Kaiser zur Victoria, zum Sieg über die Feinde. Dieser Gedankengang fand auch in verschiedenen allegorischen Bildern seinen künstlerischen Ausdruck.

Es ist auffällig, daß gerade aus der Zeit des langen Türkenkrieges sehr viele Zeichnungen, Gemälde und Graphiken stammen, die dieses Motiv der römischen Siegesgöttin, der Victoria, zum Inhalt haben.

Besonders schön ist die Zeichnung von Bartholomäus Spranger, die in ihrer Ausdrucksform auch für den Manierismus ganz charakteristisch ist. Man beachte nur die bewegte und in sich gedrehte Gestalt der Göttin, die in der einen Hand die Friedenspalme hält und in der anderen einen Gegenstand, der vielleicht als ein türkischer Roßschweif, ein beliebtes Beutestück, zu interpretieren ist, womit eine gewisse Beziehung zu den Türkenkriegen gegeben wäre.

Aegidius Sadeler, Fortuna 1597 (Wien, Albertina)
Bartholomäus Spranger, Victoria (Wien, Albertina)

ALLEGORIE AUF DIE VICTORIA

Noch deutlicher als die abgebildete Zeichnung von Bartholomäus Spranger nehmen andere Kunstwerke Bezug auf den Zusammenhang zwischen den Türkenkriegen und den Siegen des Kaisers, die durch die Göttin Victoria personifiziert werden. Eine kleine Zeichnung, der Entwurf für eine Medaille von Franz Aspruck, läßt das gut erkennen.

Franz Aspruck war ein Kupferstecher und Bronzegießer aus Augsburg, der 1598 bis 1603 in Augsburg arbeitete und mit großen Künstlern wie Adriaen de Vries oder Hubert Gerhard befreundet war.

Die Göttin, wieder in Form einer manieriert wiedergegebenen weiblichen unbekleideten Gestalt, steht auf einem Türken und auf türkischen Beutestücken. Der Bezug zur Türkenbeute, zu den Waffentropaia und dem Triumph, der sich in dieser Geste ausdrückt, ist leicht erkennbar. Die Inschrift EX BELLO VICTORIA, das heißt: „aus dem Krieg entsteht Sieg", manifestiert die Haltung des Kaisers, der einen Türkenkrieg und auch dessen Fortsetzung für nötig erachtet, um den endgültigen Sieg gegen die „Erbfeinde des christlichen Namens" zu erringen.

Die Allegorien auf die Victoria sind allerdings nicht nur auf den Türkenkrieg zu beziehen. Darüber hinaus sind sie ganz allgemein ein Stilisierungsmittel des Herrschers, der sich für seine Untertanen siegreich darstellen muß. Allegorische Ausdrucksformen solcher Gedankengänge sind unabhängig von äußeren Ereignissen, wie eine Graphik aus dem Jahre 1586 — also vor dem Beginn des langen Türkenkrieges — zeigt.

Eine Graphik von Hendrik Goltzius nach einer Vorlage von Franco Estius enthält eine Doppel- oder Dreifachallegorisierung, die ganz typisch für das manieristische Gedankengebäude der Künste war. Umgeben von Personifikationen der Kontinente, auf die auch der lateinische Text anspielt, sitzt eine Victoria auf einem säulenartig erhöhten Waffentropaion, in der einen Hand hält sie eine Geißel und in der anderen eine kleine Figur der Pax. Jedoch stellt diese weibliche allegorische Gestalt nicht nur Victoria, sondern auch, wie eine Inschrift angibt, „Roma", die Personifikation des römischen Weltreiches, dar, die wieder im Text und durch die Wappen des Hauses Habsburg bzw. des Reiches und Böhmens eindeutig in Beziehung zu Rudolf, eben als Personifikation seines Kaisertums, gesetzt wird.

Franz Aspruck, Allegorie auf die Victoria, vielleicht ein Medaillenentwurf (Wien, Albertina)

Hendrik Goltzius, Allegorie auf die Victoria (Wien, Albertina)

Ecce gemellipara sobolem inuictissime Caesar
  Flua, et armisonu pignori sacra Dei:
Qua lupa natura pleno obluctante beuuit
  Vbere, et in siccam Tybris adegit humum;
Esset Dardaniae proles vt ab igne superstes,
  Auspice qua tollat Roma per astra caput.
Europaq, Asiaeq, cui gens cornua, et ipsa
  Submittet fastus Aphrica terra suos.

Cuius Maiestas per auos, atauosq, tuorum,
  In te defluxit maxime Romulidum,
Nec post translatos fasces, tete abnuit alma
  Iuduperatore Roma vocare suum.
Ipsi etiam Heroes, quorum subscripta notabis
  Nomina, res quorum Romula creuit ope,
Se sudasse tibi tanta virtute fatentur,
  Nunc saluere etiam, quo licet ore, iubent.

Franco Estius composuit

Stephan Bocskay und der Friede von Zsitvatorok

Das Ende des langen Türkenkrieges war zusätzlich noch von einem inneren Problem in Ungarn überschattet. Die Unzufriedenheit mit der Regierung Rudolfs II. im Königreich der Stephanskrone führte zu einer Aufstandsbewegung großen Ausmaßes, die von dem ungarischen Magnaten und Fürsten von Siebenbürgen, Stephan Bocskay, angeführt wurde. Die Osmanen unterstützten diesen Aufstand, und der Sultan übersandte dem Führer der ungarischen Insurrektion, Bocskay, eine Krone, um damit das Abhängigkeitsverhältnis zum Ausdruck zu bringen.

Rudolf II. wollte weder von einem Frieden mit dem Osmanischen Reich noch von einer Beilegung des Konfliktes mit Bocskay etwas wissen, mußte sich aber dem Druck der Familie beugen und beauftragte seinen Bruder Mathias mit den Friedensverhandlungen, die dieser auch wirklich zustande brachte. Er schloß mit Boscskay den Frieden von Wien, in dem er den Ungarn religiöse Freiheiten zusicherte und dafür den Verzicht Bocskays auf seine Krone einhandelte. Bocskay übergab die von den Osmanen übersandte Krone als Herrschaftssymbol und verzichtete damit auf seinen Herrschaftsanspruch. Daher befindet sich diese Krone, die den Typus der östlichen, in einer byzantinischen Tradition stehenden Insignien verkörpert, heute samt ihrem künstlerisch wertvollen persischen Futteral in der Wiener Schatzkammer.

Matthias gelang es aber nicht nur, die ungarische Aufstandsbewegung unter Bocskay zu einem Friedensschluß zu bewegen, sondern er konnte auch mit den ebenfalls durch die lange Dauer des Kampfes kriegsmüden Osmanen in Zsitvatorok Frieden schließen. Dieser Friede, in dem Rudolf II. erstmals als gleichwertiger Verhandlungspartner des Sultans anerkannt wurde, beseitigte die erniedrigenden Tributzahlungen für den Kaiser durch die Leistung eines einmaligen großen Geldgeschenkes und bedeutete für die Beziehungen des Abendlandes zum Osmanischen Reich einen wirklichen Wendepunkt.

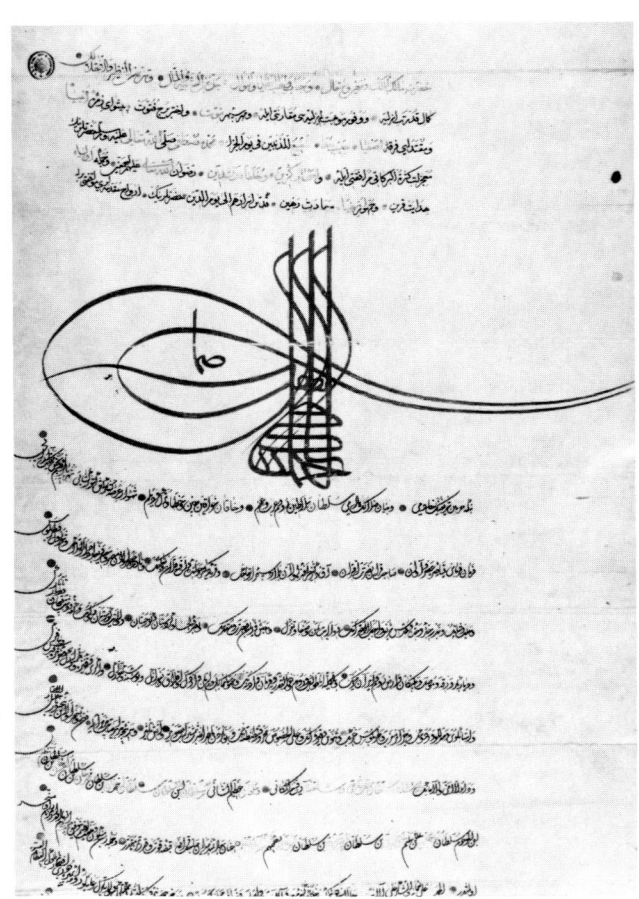

Der Friede von Zsitvatorok 1606 im osmanischen Original (Wien, HHStA)

Aegidius Sadeler, Stephan Bocskay (Wien, Albertina)

Die Bocskay-Krone (Wien, Schatzkammer)

TOD UND BEGRÄBNIS RUDOLFS II.

Tod und Aufbahrung

Den politischen Tod hatte Rudolf II. in der Auseinandersetzung mit seinem ehrgeizigen Bruder Matthias schon im Jahre 1611 erlitten, als man ihn aller seiner Länder beraubt hatte und ihm nur mehr die Würde des Kaisertums und als Wohnsitz jene Burg in Prag belassen hatte, auf der er seit 1583 einen Großteil seines Lebens verbracht hatte.

Rudolf II. war zu diesem Zeitpunkt schon ein schwerkranker, vom Tode gezeichneter Mensch. Seine psychischen Krankheitssymptome, seine Schizophrenie, hatten sich auch körperlich ausgewirkt. Der Kaiser hat in den letzten Jahren seines Lebens vor allem dem Alkohol sehr stark zugesprochen. Am 20. Jänner des Jahres 1612 starb Rudolf II. in der Prager Burg. Wie bei allen Kaisern üblich, wurde sein Leichnam einer Obduktion unterzogen, die uns ein Bild des schlechten Gesundheitszustandes Rudolfs vermittelt.

„Der Keyserische Cörper ist bald geöffnet/ vnd das Gehirn/ renes, vnd sonderlich das Hertz gar groß vnd gut befunden worden/ die Lunge ist etwas inficirt/ die Leber hart/ aber der Magen propter abstinentiam à cibo fast eingeschrumpffen/ vnd auff einer seiten gleich verbrandt gewesen. Das Gehirn hat man in dem vergüldten Becher/ daraus Ihr May. täglich Cappaunenbrue haben zu trincken gepfleget/ gethan/ vnd wird sampt dem Hertzen nach Spania in das Kloster Escurial ad patres suos verschickt werden."

Das lange Zeremoniell der Verabschiedung eines Herrschers begann nun. Zunächst wurde der Verstorbene einbalsamiert, die Eingeweide und das Herz wurden, einer Besonderheit des habsburgischen Begräbniszeremoniells nach, getrennt bestattet, und schließlich wurde der einbalsamierte, festlich gekleidete Leichnam des Kaisers öffentlich zur Schau gestellt. Diese öffentliche Ausstellung und Aufbahrung bedeutender Persönlichkeiten ist ja bis heute üblich, sie ist ein Symbol dafür, daß der Regierende keine Privatperson ist, daß für ihn bis zu seinem Tod und darüber hinaus das Zeremoniell und das Repräsentieren in der Öffentlichkeit gelten.

Ebenso wie von vielen anderen Herrschern des 16. und 17. Jahrhunderts ist uns diese Szene der Aufbahrung auch im Bild überliefert — wie könnte es in Prag anders sein, natürlich in einem Stich des Ägidius Sadeler, der wieder als der offiziöse Berichterstatter dieses Ereignisses fungierte.

Rudolf II. wird auf Sadelers Stich auf seinem Totenbett in der Audienzstube der Prager Burg gezeigt, umgeben von Kerzenleuchtern und von knienden Männern und Frauen, die die Totenwacht halten. Auch einige herumstehende Adelige betrachten den — wie Zeit seines Lebens — in spanische Hoftracht gekleideten Kaiser, neben dem auf Pölstern das Schwert und die Ordenskette des Goldenen Vlieses liegen. Beachtung verdient vielleicht auch die im Hintergrund in einer Fensternische sitzende Gestalt, die sowohl mit Kaiser Matthias als auch mit Kardinal Khlesl, also den beiden großen Gegenspielern Rudolfs, Ähnlichkeiten aufweist.

Doch diese öffentliche Aufbahrung des Kaisers war erst der Beginn eines lange ausgedehnten Begräbniszeremoniells, dessen Durchführung eine der ersten Aufgaben des neuen Kaisers, Matthias, war.

Aegidius Sadeler, Aufbahrung Rudolfs II. im Audienzsaal der Prager Burg (Wien, Bildarchiv der ÖNB)

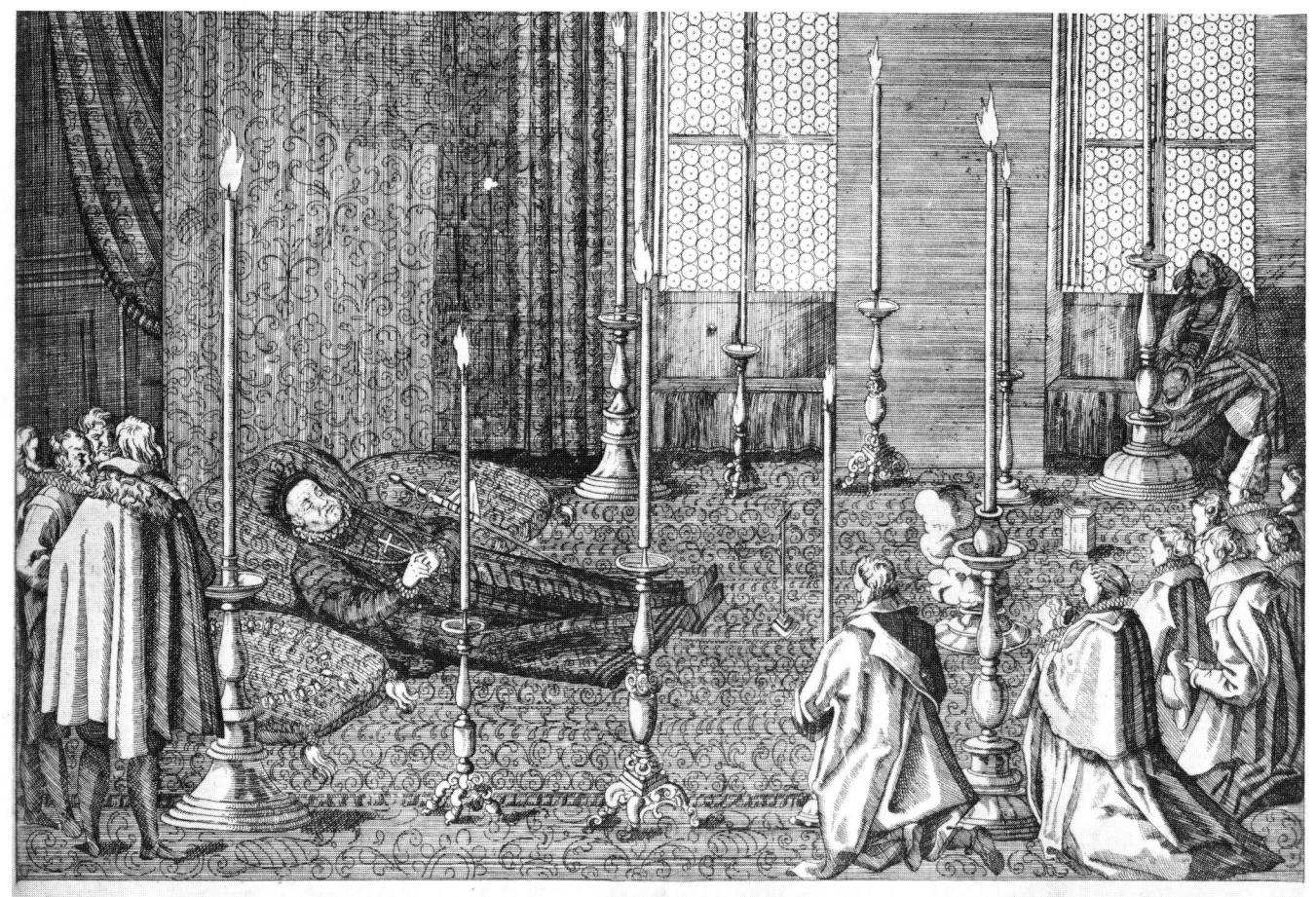

AIGENTLICHE ABCONTRAFACTVR, WIE DIE ROM·KAI·MAI! RVDOLPHVS NACH DEM DIE SEI BE DEN·20·IANVARI AN.° 1612 TODTS VEPSCHEIDEN IN DER AVDIENTZ STVBEN OFFENTLICH·SEI GESEHEN WORDEN.

Die Begräbnisfeierlichkeiten

Der Nachfolger jedes Regenten war für ein würdiges und feierliches Begräbnis seines Vorgängers verantwortlich. Rudolf etwa hatte für das Begräbnis seines Vaters Maximilian II., der am Reichstag zu Regensburg 1576 gestorben war, vorbildlich gesorgt. Die Leiche war — mit unzähligen Stationen in Klöstern und Orten — nach Prag überführt und hier würdig in der Grabstätte seiner Eltern, Ferdinands I. und Annas, beigesetzt worden. Das Marmorgrabmal der drei Bestatteten war im Laufe der Regierungszeit Rudolfs von dem bedeutenden Bildhauer Alexander Colin angefertigt worden und nimmt im Prager Veitsdom wegen seiner künstlerischen Ausgestaltung auch heute noch einen hervorragenden Platz ein.

Diese vorbildliche Sorge um das Begräbnis des Vorgängers wurde Kaiser Matthias von seiten seines Hofes und der Stände vor Augen gestellt. Man müsse, so argumentierte man, um die kaiserliche Würde im Tode zu wahren, das Begräbnis Rudolfs mindestens ebenso prächtig gestalten wie das seiner Vorgänger Maximilian und Ferdinand.

Die Hauptaktion jedes fürstlichen Begräbnisses waren die sogenannten Exequien, also die religiösen Totenfeiern in der Kirche. Zu diesem Zweck errichtete man ein Trauergerüst, das der abgebildete Stich wiedergibt, gewissermaßen eine ins Negative gewandte Triumpharchitektur, unter dem der Sarg mit dem Leichnam des Verstorbenen zu ruhen kam.

Ein in Augsburg gedrucktes Flugblatt enthält nicht nur den Stich des Trauergerüstes, das vermutlich von Johann Maria de Desindo entworfen wurde, sondern auch eine deutsche Prosabeschreibung des Vorganges bei diesen Exequien, die uns die feierliche Handlung erläutert.

„Das Castrum doloris/ war zugericht mit 4. großen viereckten/ vnd 16 rund getrehten Säulen/ deren Kräntz vnd Fuß vergült/ vn sein der Erbländer Wappen hinein gehenckt/ Inwendig war alles mit Gold/ zwischen den Wappen runde Löcher/ ain Lampen darinnen vnd ain rot Spiegelglaß fürgemacht. In der Mitten das Kayserliche Wappen/ welches zwen Greiffen gehalten/ vnd bei drithalb tausend Lampen aufgehenckt worden. Vnder disem Castro doloris waren läre Truchen gesetzt/ mit weisser Leinwat vnd Goldstuck bedeckt/ auff welchen fünff Küssen von Gold/ auff dem ersten der Kaiserliche Cron/ zu der rechten Seitten die Vngarisch/ zu der Lingken die Behmisch/ zwischen innen das Schwerdt: auff der 4. das gulden Flüß/ auff dem 5. der Reichsapffel.

Den 2. Tag Octobris/ Nachmittags/ hat man die Vigilia vnd den 3. das Seelambt gehalten/ welches der Cardinal von Dietrichstein/ Weihbischoff/ verrichtet hat. Der Hoch Altar war bedeckt mit schwartzen Goldstuck/ von weiß Silberen Stuck ain Creutz/ daran fünff gestückte Kayserliche Adler vnd Cron/ in der Kirchen herumb am schwartzen Tuech/ bey 60. Wappen angehefftet. Zu der Lingken Seitten vom Altar ist ain schwartzer Himel auffgemacht/ darunder der Kayser allain/ ain wenig underhalb etlich Stül/ darin Erzherzog Maximilian/ Landgraf von Leichtenberg/ vnnd Spinola/ in der Klag/ mit verhengtem Angesicht/ vnd vmbhabenden Gulden fluß gesessen: Besser vnderhalb zu beeden Seitten/ seind die fürnembste Herren/ vnd die Kayserlich Quardi gestanden. Die Kaiserin ist im Oratorio verblieben/ das Frawenzimmer aber zu beeden Seitten auf der Borkirchen. Vor dem castro doloris welches auff ainer hohen Binen mit schwartzem Tüch bedeckt/ ain Schrit weit von dem Grab gesetzt/ seind auff zweyen Egken vier Herold/ allzeit zwen in ihrem Habit mit weissen Stäben gestanden: Vmb das Kayserlich Grab/ waren Zwey vnd sechzig weiß waxine Windliechter gesteckt/ vnnd ist alles schön vnd herrlich zusehen gewest."

Andreas Gentzsch, Flugblatt mit der Beschreibung der Begräbnisfeierlichkeiten für Rudolf II.

DIE ERINNERUNGSSTÜCKE AN DAS BEGRÄBNIS KAISER RUDOLFS II.

Kaiser Matthias hatte sich zwar von seinen Ratgebern soweit bestimmen lassen, daß er die Begräbnisfeierlichkeiten seines von ihm zu Lebzeiten so vehement bekämpften Bruders würdig gestaltete, doch er hielt sie in Grenzen. Der Grundgedanke war, den seit 1606 bestehenden Bruch zu verdecken, die verlorene Würde des Kaisers erneut zu manifestieren und die Einheit des Hauses und die Kontinuität der Habsburger auf den Thronen ihrer Herrschaft in den Vordergrund zu stellen. Die Exequien wurden also in einer sehr feierlichen Form abgehalten. Ebenso wie für Maximilian II. wurde für den verstorbenen Rudolf ein Totenschild angefertigt. Der Totenschild wurde im adeligen Begräbniszeremoniell seit dem späten Mittelalter nachweislich verwendet. Er bestand meist aus bemaltem Holz, zeigte das Wappen des Adeligen oder des Herrschers und seinen Titel und wurde beim Begräbnis mitgetragen. Nach den Trauerfeierlichkeiten wurde der Totenschild in der Kirche aufgehängt und sollte ebenso wie der Grabstein an den Verstorbenen erinnern. In vielen Kirchen finden wir heute noch solche Totenschilde an den Wänden, die an Verstorbene erinnern. Die Totenschilde Rudolfs II. und seines Vaters Maximilian sind in der Prager Burg erhalten geblieben.

Den letzten Schritt in der Gleichstellung der Begräbnisse zwischen Rudolf und seinen Vorgängern jedoch vollzog der neue Kaiser Matthias nicht. Rudolf II. hatte von einem führenden Künstler seiner Zeit ein Grabmal für seinen Vater und seinen Großvater im Prager Veitsdom errichten lassen, das dem „ewigen Andenken" dieser Herrscher dienen sollte. Matthias allerdings dachte nicht daran, für seinen Bruder so ein öffentlich sichtbares Monument aufzustellen, nicht einmal einschlägige Pläne sind uns überliefert. Rudolf II. ruht in einem schlichten Sarg in der Gruft des Prager Veitsdomes. Der Sarg wird von einer zeitgenössischen Quelle wie folgt beschrieben:

„Die Baar/ war ain Zinen Sarch/ auf 10. Engelsköpfen stehn/ hett auf der Seitten Lewenköpff/ mit Ringen im Maul/ auff beeden Seiten/ der Erbländer Wappen gegossen/ auff dem Teckel hett es auch 4 Ring/ ain Crucifix/ darundter S. Mariae vnnd Johannis Bildnuß: Auff den vier Egk/ auch in der Mitten 6 Engel/ alles schön gegossen und gemalet vnd in die 1800 Daler geschetzt worden."

Der Totenschild Rudolfs II. (Prag, Hradschin)
Der Sarg Rudolfs II. (Prag, Veitsdom)

217

Allegorie auf den Tod Rudolfs II.

Das feierliche Begräbnis für den verstorbenen Kaiser wurde in Beschreibungen der Hofhistoriker des Kaisers Matthias ebenso einem breiten Publikum zugänglich gemacht wie durch die verschiedenen graphischen Blätter, die wir schon gesehen haben. Doch ein letztes und schönstes Zeugnis dieser posthumen Ehrung für den Kaiser und für das Bemühen des neuen Herrschers, die Tradition zu wahren, ist die Apotheose Rudolfs II., die uns in einem Stich des Hofkünstlers Ägidius Sadeler, der nunmehr in die Dienste des neuen Regenten übergegangen war, gezeigt wird. Den Text zu diesem kleinen Kunstwerk hat der für den Ruhm Kaiser Matthias' eifrig tätige Reichshofrat Johann Matthäus Wacker von Wackenfels verfaßt, der das Werk „In mirum omen Rudolphi II. imperatoris obitum antegressum" (Dem wunderbaren Vorzeichen, das dem Tod Kaiser Rudolfs II. vorausging) nannte. Wacker wurde 1550 geboren und wuchs im reformierten Bekenntnis auf. Er studierte Rechtswissenschaften in Straßburg und Genf und promovierte später in Padua zum Doktor der Rechte. Seit 1580 war er in Breslau seßhaft und spielte in der kaiserlichen Kammerverwaltung eine bedeutende Rolle. Auch diplomatische Missionen erfüllte er, so etwa bei den Verhandlungen anläßlich der Gefangenschaft Maximilians III., des gewählten polnischen Königs. 1592 trat er zum Katholizismus über, und seine Karriere begann. 1594 wurde er geadelt, 1597 zum Reichshofrat ernannt, im Bruderzwist war er treu auf seiten Rudolfs II., doch ging er nach dessen Tod in den Kreis des neuen Königs Matthias ein, der ihn sogar zum comes palatinus ernannte. Diese letzte Allegorie des Kaisers vereinigt noch einmal die Grundelemente der rudolfinischen Selbstverherrlichung. Der Kaiser, hinter dem die Sonne steht, ist mit Ornat und Insignien ein Symbol der Herrschaft, ist aber gleichzeitig auch — emblematisch gedeutet — erleuchtet von der Sonne, die Christus bedeutet, und ist selbst in dieser emblematischen Deutung Christus gleichzusetzen.

Dieser bei Rudolf verankerte, zutiefst christliche Grundgedanke der Herrscherauffassung wurde zur Zeit des Manierismus und auch in dieser Allegorie weitgehend von Elementen der griechischen Mythologie überdeckt, die sich auch hier finden. Die Fahrt im Sonnenwagen in den Olymp, den griechischen Götterhimmel, das Entgegenschreiten des Herkules als des habsburgischen „griechischen Hausgottes" sind charakteristische Merkmale dieser Mythologisierung der Welt des späten 16. Jahrhunderts.

In diesem Stich jedenfalls und seinem Symbolgehalt findet das Kaisertum Rudolfs II. noch ein letztes Mal eine Verherrlichung, in ihm scheint all das politische, religiöse und ehrgeizige Wollen dieses unglücklichen Kaisers noch einmal in einer letzten Scheinwelt zusammengefaßt zu sein — als Ausdruck eines Triumphes des Menschen und Kaisers Rudolf und der dahinterstehenden Idee des Kaisertumes, die über den Tod des Herrschers hinausreicht.

Aegidius Sadeler und Johann Matthäus Wacker von Wackenfels, Allegorie auf den verstorbenen Kaiser Rudolf II. (Wien, Albertina)

In mirum · omen,
RODOLPHI II. Imperatoris obitum, antegressum.

Binæ Aquilæ, vastusq; Leo, quos nutrijt Aula
  Tempore non modico, Diue RODOLPHE, tua:
Excessum paullo ante tuum: mirabile dictu,
  Clausere extremum, triga beata, diem.
Scilicet haut aliter, quam ponderis omine tanti,
  Fas erat ostendi fata, RODOLPHE, tua.
    Binæ igitur simul, ingenti comitante Leone,
      Induperatorem in coelica tecta vehunt.

Cœlum Aquilæ: Leo tellurem designat: et iste
  Magnanimum Alciden: hæq; Jovem referunt.
Alcidæ similem vitam tibi fata dedere:
  Cuncta tuâ implesti gloriâ, ut ille suâ.
Restabat cœlum. Iovis hoc tibi suggerit ales:
  Sed quæ te ferret, non fuit una satis.

I: M: á W:
F.

Ausgewählte Literatur

Quellen

(Hg. BIBL Viktor), Die Korrespondenz Maximilians II., 1. Bd. (Wien 1910) (=Veröffentlichungen der Kommission für Neuere Geschichte Österreichs 14)

(Hg. de PACE Bernardinus Comes), Divi Rudolphi II. imperatoris caesaris augusti epistolae ineditae, desumptae ex codice manu exarato caesareo classis jur. civ. LXXVII (1589—1595) (Wien 1771)

KHEVENHÜLLER Hans, Kaiserlicher Botschafter bei Philipp II. Geheimes Tagebuch 1548—1605 (Hg. Georg Khevenhüller-Metsch, bearbeitet von Günther Probszt-Ohstorff) (Graz 1971)

(Hg. KLARWILL Viktor), Fugger-Zeitungen. Ungedruckte Briefe an das Haus Fugger aus den Jahren 1568—1605 (Wien — Leipzig — München 1923)

(Hg. TURBA Gustav), Venetianische Depeschen vom Kaiserhofe (Dispacci di Germania) 3 Bde. (Wien 1889—1895)

(Hg. FIEDLER Josef), Relationen venetianischer Botschafter über Deutschland und Österreich im 16. Jahrhundert (Wien 1870) (=Fontes rerum Austriacarum Abt. 2, Bd. 30)

ALBERI Eugènio, Relazioni degli ambasciatori veneti al senato durante il secolo XVI, 15 Bde. (Florenz 1839—1863)

ALIDOSI Roderigo, Relazione di Germania e della corte di Rodolfo II. Imperatore negli anni 1605—1607 fatta da R. A. ambasciatore del Granduca di Toscana Ferdinando I. (ed. Cesare und Giuseppe Campori) (Modena 1872)

(Hg. HANSEN Joseph), Der Reichstag zu Regensburg 1576. Der Pazifikationstag zu Köln 1579. Der Reichstag zu Augsburg 1582 (Berlin 1894) (=Nuntiaturberichte aus Deutschland III/2)

(Hg. REICHENBERGER Robert), Nuntiaturberichte aus Deutschland nebst ergänzenden Aktenstücken. 1585 (1584)—1590. Zweite Abteilung: Die Nuntiatur am Kaiserhofe. Erste Hälfte: Germanico Malaspina und Filippo Sega (Paderborn 1905) (=Quellen und Forschungen aus dem Gebiete der Geschichte 10)

(Hg. SCHWEIZER Joseph), Nuntiaturberichte aus Deutschland nebst ergänzenden Aktenstücken 1585 (1584)—1590. Zweite Abteilung: Die Nuntiatur am Kaiserhofe, zweite Hälfte: Antonio Pueto in Prag 1587—1589 (Paderborn 1912) (=Quellen und Forschungen aus dem Gebiete der Geschichte 14)

MOSCONI Natale, La nunziatura di Praga di Cesare Speciano (1592—1598). Nelle carte inedite vaticane e ambrosiane, 5 Bde. (Brescia 1966/7)

(Hg. MEYER Arnold Oskar), Nuntiaturberichte aus Deutschland nebst ergänzenden Aktenstücken Abt. 4,2 Prag 1603—1606 (Berlin 1913)

Die böhmischen LANDTAGSVERHANDLUNGEN und Landtagsbeschlüsse 1526—1605, Bd. 1—11,1 (Prag 1877—1910)

BRIEFE und Acten zur Geschichte des dreißigjährigen Krieges in den Zeiten des vorwaltenden Einflusses der Wittelsbacher
  1. Bd. Die Gründung der Union 1598—1608 (bearb. von Moritz Ritter) (München 1870)
  2. Bd. Die Union und Heinrich IV. 1607—1609 (bearb. von Moritz Ritter) (München 1874)
  3. Bd. Der Jülicher Erbfolgekrieg (bearb. von Moritz Ritter) (München 1877)
  4. und 5. Bd. Die Politik Baierns 1591—1607 (bearb. von Felix Stieve) (München 1878—1883)
  6. Bd. Vom Reichstag 1608 bis zur Gründung der Liga (bearb. von Felix Stieve) (München 1893)
  7. Bd. Briefe und Acten von der Abreise Erzherzog Leopolds nach Jülich zu den Werbungen Herzog Maximilians von Bayern (bearb. von Felix Stieve und Karl Mayr) (München 1905)
  8. Bd. Briefe und Acten von den Rüstungen Herzog Maximilians von Bayern zum Aufbruch der Passauer (bearb. von Felix Stieve und Karl Mayr) (München 1908)
  9. Bd. Briefe und Akten zur Geschichte des dreißigjährigen Krieges vom Einfall des Passauer Kriegsvolks bis zum Nürnberger Kurfürstentag (bearb. von Anton Chroust) (München 1903)
  10. Bd. Der Ausgang der Regierung Rudolfs II. und die Anfänge des Kaisers Matthias (bearb. von Anton Chroust) (München 1906)

Allgemeines zur Zeit

RÖSSLER Hellmuth, Europa im Zeitalter von Renaissance, Reformation und Gegenreformation, 1450—1650 (München 1956)

HASSINGER Erich, Das Werden des neuzeitlichen Europa 1300—1600 (Braunschweig 1959)

RITTER Gerhard, Die Neugestaltung Europas im 16. Jahrhundert. Die kirchlichen und staatlichen Wandlungen im Zeitalter der Reformation und der Glaubenskämpfe (Frankfurt am Main 1950)

LUTZ Heinrich, Reformation und Gegenreformation (Oldenbourg — Grundriß der Geschichte 10, Wien—München 1979)

BRANDI Karl, Deutsche Geschichte, Reformation und Gegenreformation, 2 Bde. (Leipzig 1930)

GEBHARDT Bruno und Herbert GRUNDMANN, Handbuch der deutschen Geschichte, 4 Bde. (Stuttgart 1955—1960)

REPGEN Konrad, Papst, Kaiser und Reich 1521—1644 (Rom 1962) (=Bibliothek des deutschen historischen Instituts in Rom 24) (=Die römische Kurie und der Westfälische Friede 1)

STEINBERG Sigfrid Henry, Der dreißigjährige Krieg und der Kampf um die Vorherrschaft in Europa 1600—1660 (Göttingen 1967) (=Kleine Vandenhoeckreihe 261)

PFISTER Kurt, Kurfürst Maximilian von Bayern und sein Jahrhundert (München 1948)

TREVOR-ROPER Hugh, Religion, Reformation und sozialer Umbruch, die Krisis des 17. Jahrhunderts (Frankfurt — Berlin — Wien 1970)

BRAUDEL Fernand, Méditerranée et le monde méditerranéen à l'époque de Philippe II. (Paris 1966²)

DAVIES R. Trevor, Spaniens Goldene Zeit 1501—1621 (München 1939)

EVANS R. J. W., The Making of the Habsburg Monarchy 1550—1700 (New York 1979)

RUDOLF II. UND SEINE FAMILIE

EVANS R. J. W., Rudolf II. and his World. A study in intellectual History 1576—1612 (Oxford 1973)

SCHWARZENFELD Gertrude von, Rudolf II. Der saturnische Kaiser (München 1961)

STIEVE Felix, Rudolf II., in: Allgemeine Deutsche Biographie 29 (1889) 493—515

GINDELY Anton, Rudolf II. und seine Zeit 1600—1612, 2 Bde. (Prag 1863—1865)

ERLANGER Philippe, Rodolphe II de Habsbourg (1552—1612). „Il n'aima que l'extraordinaire et le miraculeux" (Paris 1983)

STLOUKAL Karel, Portrét Rudolfa II. z roku 1600 [Porträt Rudolfs II. aus dem Jahre 1600], in: Pekařův Sborník 2 (Prag 1930)

MATOUŠEK J., K. problému osobnosti Rudolfa II. [Zum Problem der Persönlichkeit Rudolfs II.], in: Sborník Praci venovaných Janu Bedřichu Novákovi k šedesátým narozeninám 1872—1932 (Prag 1932) 343—362

WOSTRY Wilhelm, Kaiser Rudolf II., der Sonderling in der Prager Burg, in: Prager Jahrbuch 1943, 49—59

MAYER-LÖWENSCHWERDT Erwin, Der Aufenthalt der Erzherzöge Rudolf und Ernst in Spanien 1564—1571, in: Sitzungsberichte der phil.-hist. Klasse der Akademie der Wissenschaften in Wien 206 (1927) 5. Abhandlung

BLASCHKA Anton, Das Schicksal Don Julios de Austria. Akten und Regesten aus seinen letzten Lebensjahren, in: Mitteilungen des Vereins für Geschichte der Deutschen in Böhmen 70 (1932) 220—255

LUXENBURGER Hans, Psychiatrisch-erbbiologisches Gutachten über Don Julio (Cesare) de Austria, in: Mitteilungen des Vereins für Geschichte der Deutschen in Böhmen 70 (1932) 41—54

BIBL Viktor, Maximilian II. Der rätselhafte Kaiser (Hellerau bei Dresden 1929)

HIRN Joseph, Erzherzog Ferdinand II. von Tirol, 2 Bde. (Innsbruck 1885—1887)

PFANDL Ludwig, Philipp II. Gemälde eines Lebens und einer Zeit (München 1938)

HIRN Josef, Erzherzog Maximilian der Deutschmeister, Regent von Tirol. Hg. von Heinrich Noflatscher, 2 Bde. (Nachdruck Bozen 1981)

HUMMELBERGER Walter, Erzherzog Matthias in den Niederlanden (1577—1581), in: Jahrbuch der kunsthistorischen Sammlungen in Wien 61 (1965) 91—118

DER BRUDERZWIST

FISCHER Johann, Die Erbtheilung Kaiser Rudolfs II. mit seinen fünf Brüdern vom 10. April 1578 mit besonderer Berücksichtigung des Antheils des Erzherzogs Ferdinand von Tirol an den vorhergehenden Verhandlungen, in: Zeitschrift des Ferdinandeums für Tirol und Vorarlberg III, 41 (1897) 1—48

STIEVE Felix, Die Verhandlungen über die Nachfolge Kaiser Rudolfs II. in den Jahren 1581—1602, in: Abhandlungen der hist. Classe der königlich bayerischen Akademie der Wissenschaften 15 (1880) 1—160

ZÖCHBAUER J., Kaiser Rudolf II. und die Nachfolgefrage, in: Jahresbericht des Gymnasiums am Coll. Petrin. in Urfar 1899/1900

PILZ Alois, Erzherzog Maximilian der Deutschmeister und seine Beteiligung an der Nachfolgefrage unter Kaiser Rudolf II., in: Jahresbericht des k. k. Staats-Gymnasiums in Mährisch Neustadt 22 (1909) 5—22

STURMBERGER Hans, Die Anfänge des Bruderzwistes in Habsburg, in: Mitteilungen des oberösterreichischen Landesarchives 5 (1957) 143—188

FISCHER Joseph, Der Linzer Tag vom Jahre 1605 in seiner Bedeutung für die österreichische Haus- und Reichsgeschichte (Feldkirch 1898) (=7. Jahresbericht des öffentlichen Privatgymnasiums an der Stella Matutina)

FISCHER Joseph, Der sogenannte Schottwiener Vertrag vom Jahre 1600. Ein Beitrag zur österreichischen Haus- und Reichsgeschichte (Fribourg 1898)

KURZ Franz Seraph, Geschichte des Kriegsvolkes, welches Kaiser Rudolph II. im Jahre 1611 zu Passau anwerben ließ (Linz 1809) (=Beiträge zur Geschichte des Landes Österreich ob der Enns 4)

KURZ Franz Seraph, Schicksale des Passau'schen Kriegsvolkes in Böhmen bis zur Auflösung desselben im Jahre 1611 (Prag 1831) (=Abhandlungen der böhmischen Gesellschaft der Wissenschaften Folge IV/3 Historischer Teil 1)

NOVÁK Jan Bedřich, Rudolfa II. a jeho pád [Rudolf II. und sein Fall] (Prag 1935)

SCHROUBEK Georg R., Die böhmischen Landtagsverhandlungen des Jahres 1611, in: Die böhmischen Länder zwischen Ost und West. Festschrift für Karl Bosl (Veröffentlichungen des Collegium Carolinum 55, München–Wien 1983) 89–102

REICHSPOLITIK

HAEBERLIN Franz Dominicus, Neueste Teutsche Reichs-Geschichte. Vom Anfang des Schmalkaldischen Krieges bis auf unsere Zeit, Bd. 10 ff. (Halle 1781 ff.)

SCHNEIDT Joseph Maria, Vollständige Geschichte der römischen Königswahl Rudolph's II. Beitrag zur Geschichte der Churfürstentage und von Königswahlen (Würzburg 1792)

MORITZ Hugo, Die Wahl Rudolfs II. Der Reichstag zu Regensburg (1576) und die Freistellungsbewegung (Marburg 1895)

SCHMITZ Walter, Verfassung und Bekenntnis. Die Aachener Wirren im Spiegel der kaiserlichen Politik (1550–1616) (Europäische Hochschulschriften Reihe II, Bd. 202, Frankfurt am Main — Bern — New York 1983)

MÜLLER Johannes, Der Konflikt Kaiser Rudolfs II. mit den deutschen Reichsstädten, in: Westdeutsche Zeitschrift für Geschichte und Kunst 14 (1895) 257–293

LOSSEN Max, Der Magdeburger Sessionsstreit auf dem Augsburger Reichstag von 1582, in: Abhandlungen der königlich bayerischen Akademie der Wissenschaften 20 (1893) 621–660

LOSSEN Max, Der Kölner Krieg, 2 Bde. (Gotha — München — Leipzig 1882/1887)

EGLOFFSTEIN Hermann Freiherr von, Der Reichstag zu Regensburg im Jahre 1608 (München 1886)

ERNSTBERGER Anton, Der Nürnberger Kurfürsten-Tag vom Jahre 1611 und Kaiser Rudolf II., in: Historische Zeitschrift 175 (1953) 265–284

KOSSOL Erika, Die Reichspolitik des Pfalzgrafen Philipp Ludwig von Neuberg (1547–1614) (Göttingen 1976) (=Schriftenreihe der historischen Kommission der bayerischen Akademie der Wissenschaften 14)

KONFESSIONELLE FRAGEN

HOPFEN Otto Helmut, Kaiser Maximilian II. und der Kompromißkatholizismus (München 1895)

BIBL Viktor, Zur Frage der religiösen Haltung Kaiser Maximilians II. (Wien 1917)

HEER Friedrich, Die dritte Kraft. Der europäische Humanismus zwischen den Fronten des konfessionellen Zeitalters (Frankfurt 1959)

DICKMANN Fritz, Das Problem der Gleichberechtigung der Konfessionen im Reich im 16. und 17. Jahrhundert, in: Historische Zeitschrift 201 (1965) 265–305

(Hg. ZEEDEN Ernst Walter), Gegenreformation (Darmstadt 1973) (=Wege der Forschung 311)

BIBL Viktor, Die Einführung der katholischen Gegenreformation in Niederösterreich durch Kaiser Rudolf II. (1576–80) (Innsbruck 1900)

BIBL Viktor, Die Religionsreformation Kaiser Rudolfs II. in Oberösterreich, in: Archiv für österreichische Geschichte 109/1 (1921) 374–446

OBERLEITNER Carl, Die evangelischen Stände im Lande ob der Enns unter Maximilian II. und Rudolf II. (1564–1597) (Wien 1862)

MÜLLER Paul, Ein Prediger wider die Zeit: Georg Scherer. Ein Beitrag zur Predigt und Polemik der österreichischen Gegenreformation (Wien 1934) (=Kleine historische Monographien, Beilage der Berichte zur Kultur und Zeitgeschichte 41)

HAMMER-PURGSTALL Joseph von, Khlesl's des Cardinals, Director des geheimen Cabinetes Kaiser Mathias, Leben, 4 Bde. (Wien 1847/51)

KERSCHBAUMER Anton, Cardinal Klesel (Wien 1905²)

TÜRKENPROBLEM

HAMMER-PURGSTALL Joseph von, Geschichte des Osmanischen Reiches, 10 Bde. (Pest 1827–1835, Neudruck Graz 1963)

HAMMER-PURGSTALL Joseph von, Des Osmanischen Reiches Staatsverfassung und Staatsverwaltung 2 Bde. (Wien 1815)

LEITSCH Walter, Rudolph II. und Südosteuropa 1593—1606, in: East European Quarterly 6 (1974) 301—320

LOEBL Alfred H., Zur Geschichte des Türkenkriegs von 1593—1606, 2 Bde. (Prag 1899—1904) (=Prager Studien aus dem Gebiet der Geschichtswissenschaften 6 und 10)

MATOUŠEK J., Turečka válka v evropské v letech 1592—1594, Obraz z dějin diplomacie protireformační [Der Türkenkrieg in der europäischen Politik in den Jahren 1592—1595. Ein Bild aus der Geschichte der Diplomatie in der Gegenreformation] (Prag 1935) (=Rozpravy české akademie věd a umění třída 1 číslo 82)

CERWINKA Günther, Die Eroberung der Festung Kanisza durch die Türken im Jahre 1600, in: Joannea 3 (Graz 1968) 409—511

ZWIEDINECK-SÜDENHORST Hans von, Ruprecht von Eggenberg. Ein österreichischer Heerführer des 16. Jahrhunderts (Graz 1878)

STAUFFER Albrecht, Hermann Christoph Graf von Rusworm. Kaiserlicher Feldmarschall in den Türkenkämpfen unter Rudolf II. (München 1884)

JANKO Wilhelm von, Der k. k. FM Christof Hermann von Russworm. Ein Beitrag zur Kenntnis der Regierungs-Periode, Cultur- und Sittengeschichte unter Kaiser Rudolf II. (Wien 1869)

MÜLLER Johannes, Zacharias Geizkofler (1560—1617), des Heiligen Römischen Reiches Pfennigmeister und oberster Proviantmeister im Königreich Ungarn (Baden bei Wien 1938) (=Veröffentlichungen des Wiener Hofkammerarchives 3)

MÜLLER Johannes, Die Verdienste des Zacharias Geizkofler um die Beschaffung der Geldmittel für den großen Türkenkrieg Rudolfs II., in: Mitteilungen des Instituts für österreichische Geschichtsforschung 21 (1900) 251—304

ANGYAL Zoltan, Rudolfs II. ungarische Regierung. Ursachen, Verlauf und Ergebnis des Aufstandes des Bocskay (Diss. Bern — Budapest 1916)

VOCELKA Karl, Die inneren Auswirkungen der Auseinandersetzung Österreichs mit den Osmanen, in: Südost-Forschungen 36 (1977) 13—34

BARTL Peter, Der Westbalkan zwischen spanischer Monarchie und osmanischem Reich: zum Türkenkriegsproblem an der Wende vom 16. zum 17. Jahrhundert (Wiesbaden 1974) (=Albanische Forschungen 14)

BARTL Peter, „Marciare verso Constantinopoli" — Zur Türkenpolitik Klemens' VIII., in: Saeculum 20 (1969) 44—56

SCHULZE Winfried, Reich und Türkengefahr im späten 16. Jahrhundert. Studien zu den politischen und gesellschaftlichen Auswirkungen einer äußeren Bedrohung (München 1978)

NOFLATSCHER Heinrich und Elisabeth SPRINGER, Studien und Quellen zu den Beziehungen zwischen Rudolf II. und den bosnischen Christen, in: Mitteilungen des österreichischen Staatsarchivs 36 (1983) 31—82

WIRTSCHAFT UND GESELLSCHAFT

TREMEL Ferdinand, Wirtschafts- und Sozialgeschichte Österreichs (Wien 1969)

(Hg. BOG Ingomar), Der Außenhandel Ostmitteleuropas 1450—1650. Die ostmitteleuropäischen Volkswirtschaften in ihren Beziehungen zu Mitteleuropa (Köln — Wien 1971)

ELIAS Norbert, Die höfische Gesellschaft. Untersuchungen zur Soziologie des Königtums und der höfischen Aristokratie, mit einer Einleitung: Soziologie und Geschichtswissenschaft (Neuwied — Berlin 1969)

KÜHNEL Harry, Die österreichische Adelskultur des 16. und 17. Jahrhunderts im Spiegel der Kunst- und Wunderkammern, in: Österreich in Geschichte und Literatur 13 (1969) 433—445

TRUNZ Erich, Der deutsche Späthumanismus um 1600 als Standeskultur, in: Zeitschrift für Geschichte der Erziehung und des Unterrichts 21 (1931) 17—53

HAUSER Arnold, Sozialgeschichte der Kunst und Literatur, 1. Bd. (München 1953)

FEIGL Helmuth, Der niederösterreichische Bauernaufstand 1596/1597 (Wien 1972) (=Militärhistorische Schriftenreihe 22)

HOF UND HOFLEBEN

ŽOLGER Ivan, Der Hofstaat des Hauses Österreich (Freiburg/Br. 1917) (=Wiener staatswissenschaftliche Studien 14)

GOEHLERT J. Vinc., Kaisers Rudolf II. Hofstaat und die obersten Behörden, in: Mitteilungen des Vereins für Geschichte der Deutschen in Böhmen 7 (1869) 112—116

RUDOLF II. Eine Ausstellung von Werken seiner Hofkünstler und Bildnisse von Persönlichkeiten an dessen Hof (Prag 1912)

ZIRM Maria Luise, Der Künstler- und Gelehrtenkreis um Kaiser Rudolf II. (Diss. Prag 1944)

WÜNSCH Marianne, Die Niederländer am Hofe Rudolfs II., in: Prager Jahrbuch 1943, 60—64

HURTER Friedrich, Philipp Lang, Kammerdiener Kaiser Rudolphs II. (Schaffhausen 1851)

Öffentliche Meinung, Propaganda und Festlichkeiten

BAUER Wilhelm, Die öffentliche Meinung in der Weltgeschichte (Berlin 1929—1930)

BAUER Wilhelm, Die öffentliche Meinung und ihre geschichtlichen Grundlagen. Ein Versuch (Tübingen 1914)

VOCELKA Karl, Fehderechtliche „Absagen" als völkerrechtliche Kriegserklärungen in der Propaganda der frühen Neuzeit, in: Mitteilungen des Instituts für österreichische Geschichtsforschung 84 (1976) 378—410

BENZING Josef, Die Buchdrucker des 16. und 17. Jahrhunderts im deutschen Sprachgebiet (Wiesbaden 1963)

EBERMANN Richard, Die Türkenfurcht, ein Beitrag zur Geschichte der öffentlichen Meinung in Deutschland während der Reformationszeit (Diss. Halle/Saale 1904)

GOELLNER Carl, Turcica. Die europäischen Türkendrucke des XVI. Jahrhunderts, 2 Bde. (Bukarest—Baden-Baden 1968) (=Bibliotheca bibliographica Aureliana 23)

ALEWYN Richard und Karl SÄLZLE, Das große Welttheater. Die Epoche der höfischen Feste in Dokument und Deutung (Hamburg 1959)

BLAHA Herta, Österreichische Triumph- und Ehrenpforten der Renaissance und des Barock (Diss. Wien 1950)

WEISBACH Werner, Trionfi (Berlin 1919)

VERSNEL H. S., Triumphus. An inquiry into the origin, development and meaning of the Roman triumph (Leiden 1970)

FÄHLER Eberhard, Feuerwerk des Barock. Studien zum öffentlichen Fest und seiner literarischen Deutung vom 16. bis zum 18. Jahrhundert (Stuttgart 1974)

VOCELKA Karl, Habsburgische Hochzeiten 1550—1600. Kulturgeschichtliche Studien zum manieristischen Repräsentationsfest (Wien—Köln—Graz 1976) (=Veröffentlichungen der Kommission für neuere Geschichte Österreichs 65)

BRIX Michael, Trauergerüste für die Habsburger in Wien, in: Wiener Jahrbuch für Kunstgeschichte 26 (1973) 208—265

TERLINDEN Charles de, Der Orden vom Goldenen Vlies (Wien — München 1970) (=Die Kronen des Hauses Österreich 6)

(Hg. LOESCH Ilse), So war es Sitte in der Renaissance (Leipzig — Hanau 1965)

Wissenschaft

BOLTON H. C., The Follies of Science at the Court of Rudolph II. 1576—1612 (Milwaukee 1904)

HASNER J. von, Tycho Brahe und Johann Kepler in Prag, eine Studie (Prag 1872)

SUTTER Berthold, Johannes Kepler und Graz. Im Spannungsfeld zwischen geistigem Fortschritt und Politik. Ein Beitrag zur Geschichte Innerösterreichs (Graz 1975)

Johannes KEPLER 1571—1971. Gedenkschrift der Universität Graz, hg. vom Akademischen Senat, redigiert von Paul Urban und Berthold Sutter (Graz 1975)

SWOBODA Traute, Alchimisten und Paracelisten in Prag, in: Prager Jahrbuch 1943, 65—69

BAUER Alexander Anton, Ein Blick auf die Geschichte der Alchemie in Österreich (Wien 1893)

Literatur

HOCKE Gustav René, Manierismus in der Literatur. Sprach-Alchimie und esoterische Kombinationskunst (Hamburg 1959) (=rowohlts deutsche enzyklopädie 82/3)

SCHELENKO Raissa, Die neulateinische Dichtung am Hofe Rudolfs II., in: Prager Jahrbuch 1943, 98—101

PATZAK Irmgard, Eine Prager Dichterin im Zeitalter Rudolfs II., in: Prager Jahrbuch 1943, 102—106

BUSCH Eva Sibylle, Die literarischen Leistungen der Dichterkomponisten im Kreise Rudolfs II., in: Prager Jahrbuch 1943, 76—82

Musik

KÖCHEL Ludwig von, Die kaiserliche Hof-Musikkapelle in Wien von 1543—1867 (Wien 1869)

PIETZSCH Gerhard, Zur Musikkapelle Kaiser Rudolf II., in: Zeitschrift für Musikwissenschaft 16 (1934) 171—176

SMIJERS Albert, Die kaiserliche Hofmusikkapelle von 1543—1619, in: Studien zur Musikwissenschaft. Beilage der Denkmäler der Tonkunst in Österreich 6 (1919) 139—186; 7 (1920) 102—142 und 8 (1921) 176—202

(Hg. EINSTEIN Alfred), Italienische Musiker und das Kaiserhaus 1567—1625 (Wien 1934, Neudruck Graz 1960) (=Denkmäler der Tonkunst in Österreich 77)

EINSTEIN Alfred, Italienische Musik und italienische Musiker am Kaiserhof und an den erzherzöglichen Höfen in Innsbruck und Graz, in: Studien zur Musikwissenschaft 21 (1934) 3—52 (=Beihefte der Denkmäler der Tonkunst in Österreich)

PASS Walter, Thematischer Katalog sämtlicher Werke Jakob Regnarts (ca. 1540—1599) (Wien 1969) (=Tabulae musicae Austriae 5)

DOORSLAER G. van, La vie et les oeuvres de Philippe der Monte (Brüssel 1921)

MANIERISMUS

HAUSER Arnold, Der Manierismus. Die Krise der Renaissance und der Ursprung der modernen Kunst (München 1964)

HOCKE Gustav René, Die Welt als Labyrinth, Manier und Manie in der europäischen Kunst (Hamburg 1958) (=rowohlts deutsche enzyklopädie 50)

VOCELKA Karl, Manier — Groteske — Fest — Triumph. Zur Geistesgeschichte der frühen Neuzeit, in: Österreich in Geschichte und Literatur 21 (1977) 137—150

WÜRTEMBERGER Franzsepp, Der Manierismus. Der europäische Stil des 16. Jahrhunderts (Wien — München 1962)

BOUSQUET Jacques, Malerei des Manierismus. Die Kunst Europas von 1520—1620 (München 1963)

FREY Dagobert, Manierismus als europäische Stilerscheinung. Studien zur Kunst des 16. und 17. Jahrhunderts (Stuttgart 1964)

KAUFFMANN Georg, Die Kunst des 16. Jahrhunderts (Berlin 1970) (=Propyläen Kunstgeschichte 8)

BRIGANTI Giuliano, Der italienische Manierismus (Dresden 1961)

HOFFMANN Hans, Zum Manierismus und Frühbarock. Die italienische Kunst des 16. Jahrhunderts (Zürich — Leipzig 1938)

BUSSE Kurt Heinrich, Manierismus und Barockstil. Ein Entwicklungsproblem der florentinischen Malerei (Diss. Leipzig 1911)

WEISBACH Werner, Zum Problem des Manierismus (Straßburg 1934)

WEISBACH Werner, Der Barock als Kunst der Gegenreformation (Berlin 1921)

KUNST AM HOFE RUDOLFS II.

(Hg. FRIMMEL Theodor), Carel van Mander, Het Leven der Doorluchtige Nederlandische en Hoogduytsche Schilders. Das Leben der niederländischen und deutschen Maler 1617 (München—Leipzig 1906) (=Kunstgeschichtliche Studien. Der Galleriestudien IV. Folge)

CHYTIL Karel, Kunst und Künstler am Hofe Rudolfs II. (Prag ca. 1921)

ZIMMER Jürgen, Zum Stil der rudolfinischen Kunst, in: Umění 18 (1970) 110—127

FUČIKOVÁ Eliška, Umělci na dvoře Rudolfa II. a jejích vztah k tvorbě Albrechta Dürera [Der Dürer-Stil und seine Vertreter am Hofe Rudolfs II.], in: Umění 20 (1972) 149—166

BLUNT Anthony, Artistic theory in Italy 1450—1600 (Oxford 1956²)

HERAIN Karel Vladimir, České malířství od doby Rudolfinské do smrti Reinerovy. Příspěvky k dějinám jeho vnitřního vývoje v letech 1576—1743 [Die böhmische Malerei von der Zeit Rudolfs II. bis zum Tod von Rainer. Beiträge zur Geschichte ihrer inneren Entwicklung in den Jahren 1576—1743] (Prag 1915)

HEINZ Günther, Studien zur Porträtmalerei an den Höfen der österreichischen Erblande, in: Jahrbuch der kunsthistorischen Sammlungen in Wien 59 (1963) 99—224

SCHLOSSER Julius von, Geschichte der Portraitbildnerei in Wachs. Ein Versuch, in: Jahrbuch der kunsthistorischen Sammlungen des Allerhöchsten Kaiserhauses 29 (1910/11) 171—258

FRANZ Heinrich Gerhard, Niederländische Landschaftsmalerei im Zeitalter des Manierismus (Graz 1969) (=Researches and report of the Historical Institute of the University of Graz 2)

FRANZ Heinrich Gerhard, Niederländische Landschaftsmalerei im Künstlerkreis Rudolfs II., in: Umění 18 (1970) 224—245

VOCELKA Karl, Die kulturelle Bedeutung Wiens im 16. Jahrhundert, in: Wiener Geschichtsblätter 29 (1974) 239—251

KÜHNEL Harry, Die Hofburg (Wien — Hamburg 1971) (=Wiener Geschichtsbücher 5)

DREGER Moritz, Baugeschichte der k.k. Hofburg in Wien bis zum 19. Jahrhundert (Wien 1914) (=Österreichische Kunsttopographie 14)

FEUCHTMÜLLER Rupert, Das Neugebäude (Wien—Hamburg 1976) (=Wiener Geschichtsbücher 17)

POLLAK Oskar, Studien zur Geschichte der Architektur Prags, in: Jahrbuch der kunsthistorischen Sammlungen des Allerhöchsten Kaiserhauses 29 (1910/11) 85—170

SCHÜRER Oskar, Prag. Kultur, Kunst, Geschichte (München—Brünn 1943⁵)

BURIAN Jiři und Jiři SVOBODA, Die Prager Burg (Prag 1976)

KRČÁLOVÁ Jarmila, Das Oval in der Architektur des böhmischen Manierismus, in: Umění 21 (1973) 303—331

KRČÁLOVÁ Jarmila, Poznámky k rudolfínské architektuře [Bemerkungen zur rudolfinischen Architektur], in: Umění 23 (1975) 499—526

FORSCHUNGEN ZUR GESCHICHTE DES DONAURAUMES

Band 1:
William M. Johnston
Österreichische Kultur- und Geistesgeschichte
Gesellschaft und Ideen im Donauraum 1848 bis 1938.
Broschierte Ausgabe:
1984. 15,5 × 23,5 cm. 511 Seiten. ISBN 3-205-00017-X.
Leinenausgabe:
1980. 17 × 24 cm. IV, 503 Seiten. ISBN 3-205-07104-2.

Band 2:
Radomír Luža
Österreich und die großdeutsche Idee in der NS-Zeit
1977. 17 × 24 cm. 368 Seiten. Leinen. ISBN 3-205-07115-8.

Band 3:
Victor S. Mamatey, Radomír Luža (Hrsg.)
Geschichte der Tschechoslowakischen Republik 1918—1948
1980. 17 × 24 cm. 553 Seiten. Leinen. ISBN 3-205-07114-X.

Band 4:
Robert A. Kann
Geschichte des Habsburgerreiches
2. Aufl. 1982. 17 × 24 cm. 617 Seiten, 5 Karten i. T. Broschiert.
ISBN 3-205-07123-9.

Band 5:
Felix Kreissler
Der Österreicher und seine Nation
Ein Lernprozeß mit Hindernissen.
1984. 17 × 24 cm. 733 Seiten, zahlr. Faksimiles und Graphiken im Anhang.
Leinen. ISBN 3-205-07225-1.

VERLAG BÖHLAU WIEN · KÖLN · GRAZ

Robert J. W. Evans

Das WERDEN der HABSBURGER MONARCHIE 1550~1700

Gesellschaft, Kultur, Institutionen

„Historiker verschiedenster Nationalitäten haben versucht, die Hintergründe des Nieder- und Untergangs der Habsburgermonarchie zu analysieren. Bis heute gibt es jedoch keine ernstzunehmende Studie über die Ursachen, die zum Aufstieg der Habsburger geführt haben."
So schreibt der Autor, Professor für Neuere Geschichte am Brasenose College in Oxford, in seinem Vorwort. Was Evans' Werk auszeichnet und zu einer bedeutenden Studie über das Werden der Habsburgermonarchie macht, sind drei Elemente: Erstens, ein hervorragender Gesamtüberblick über die Gegenreformation in Mitteleuropa und die damit verbundenen sozioökonomischen Folgen, die den Rahmen für die Neustrukturierung der Machtverhältnisse und die Entstehung neuer Grundhaltungen bildeten. Zweitens, eine ausgewogene Darstellung der Monarchie als ganzes, wobei vor allem ein Augenmerk auf die wechselseitigen Beziehungen zwischen den regionalen Verwaltungen und der Zentralregierung gerichtet werden sollte. Was das Buch schließlich besonders interessant macht, sind die Einblicke, die der Autor in das weite Feld der Magie, von der Alchemie bis hin zum volkstümlichen Zauber, von Teufelsaustreibungen bis zur gelehrten Beschäftigung mit den alten Mysterien, gibt.
Grete Klingenstein zur englischen Originalausgabe, die unter dem Titel „The Making of the Habsburg Monarchy" 1979 in Oxford erschienen ist: „Das Werk ist das bedeutendste, das zur Geschichte der Habsburgermonarchie in der frühen Neuzeit seit dem Zweiten Weltkrieg erschienen ist. Es ist überhaupt das erste Werk, das eine integrative Interpretation politischer, kultureller, sozialer, wirtschaftlicher und religiöser Phänomene in Mittel- und Osteuropa im 16. und 17. Jahrhundert versucht."

*Forschungen zur Geschichte des Donauraumes, Band 6. 17 × 24 cm.
Ca. 600 Seiten. Leinen. ISBN 3-205-06389-9.*

Verlag Böhlau Wien · Köln · Graz

MORÁVEK Jan, Nově objevený inventář rudolfinských sbírek na hradě pražském [Das neuentdeckte Inventar der rudolfinischen Sammlungen auf der Prager Burg] (Prag 1937) (= Vydává archiv pražskeho hradu jako publikaci 1)

FUČIKOVÁ Eliška, Rudolf II. Einige Bemerkungen zu seinen Sammlungen, in: Umění 18 (1970) 128—133

ILG Albert, Die Werke Leone Leonis in den kaiserlichen Haussammlungen, in: Jahrbuch der kunsthistorischen Sammlungen des Allerhöchsten Kaiserhauses 5 (1887) 65—89

CHADRABA Rudolf, Die Gemma Augustea und die rudolfinische Allegorie, in: Umění 18 (1970) 289—295

NEUWIRTH Josef, Rudolf II. als Dürer Sammler, in: Xenia Austriaca. Festschrift der österreichischen Mittelschulen zur 42. Versammlung deutscher Philologen und Schulmänner in Wien 1. Bd. 4. Abt. (Wien 1893) 187—225

KALTENBÖCK Frederick, Die Sammlung von Kaiser Rudolf II. unter besonderer Berücksichtigung der Uhren (Diss. Salzburg 1982)

DOMANIG Karl, Porträtmedaillen des Erzhauses Österreich von Kaiser Friedrich III. bis Kaiser Franz II. (Wien 1896)

ČEJNEK Josef, Österreichische, ungarische, böhmische und schlesische Münzprägungen von 1519—1705, 2 Bde. (Wien o. J.)

Einzelne Künstler

PELTZER Rudolf Arthur, Der Hofmaler Hans von Aachen, seine Schule und seine Zeit, in: Jahrbuch der kunsthistorischen Sammlungen des Allerhöchsten Kaiserhauses 30 (1911/12) 59—182

HEIDEN Rüdiger an der, Die Porträtmalerei des Hans von Aachen, in: Jahrbuch der kunsthistorischen Sammlungen in Wien 66 (1970) 135—226

FUCIKOVÁ Eliska, Über die Tätigkeit Hans von Aachens in Bayern, in: Münchener Jahrbuch für Bildende Kunst 21 (1970) 129—142

DWORSCHAK Fritz, Antonio Abondio, medaglista e ciroplastro (1538—1591) (Trenti 1958) (=Collane di artisti trentini 19)

ALFONS Sven, Giuseppe Arcimboldo, in: Tidskrift för Kønstvetenskap 31 (1957) 1—192

GEIGER Bruno, I dipinti ghirbizzosi di Giuseppe Arcimboldi (Florenz 1954)

LEGRAND F. C. und E. SLUYS, Arcimboldo et les Arcimboldesques (Aalter 1955)

DA COSTA KAUFMANN Thomas, Variations on the Imperial Theme in the Age of Maximilian II und Rudolf II (New York — London 1978)

DRACH Alhard C. von, Jost Burgi, Kammeruhrmacher Kaiser Rudolfs II. Beiträge zu seiner Lebensgeschichte und Nachrichten über Arbeiten desselben, in: Jahrbuch der kunsthistorischen Sammlungen des Allerhöchsten Kaiserhauses 15 (1895) 15—44

DRESSLER Helga, Alexander Colin (Diss. Freiburg 1969)

ZIMMER Jürgen, Joseph Heintz der Ältere als Maler (1564—1609) (Diss. Heidelberg 1967)

WILBERG Vigaun-Schuurman Theodor Alida Gerarda, Die emblematischen Elemente im Werke Joris Hoefnagels, 2 Bde. (Leiden 1969)

CMELARZ Eduard, Georg und Jakob Hoefnagel, in: Jahrbuch der kunsthistorischen Sammlungen des Allerhöchsten Kaiserhauses 17 (1896) 275—290

FRANKENBURGER Max, Beiträge zur Geschichte Wenzel Jamnitzers und seiner Familie (Straßburg 1901) (=Studien zur deutschen Kunstgeschichte 30)

ROSENBERG Marc, Jamnitzer. Alle erhaltenen Goldschmiedearbeiten. Verlorene Werke. Handzeichnungen (Frankfurt am Main 1920)

BRANDE Renilda van den, Die Stilentwicklung im graphischen Werk des Aegidius Sadeler. Ein niederländischer Kupferstecher am rudolfinischen Hofe (Diss. Wien 1950)

ERASMUS Kurt, Roelant Savery, sein Leben und seine Werke (Diss. Halle 1908)

SPICER Joaneath Ann, Roelandt Savery's studies in Bohemia, in: Umění 18 (1970) 270—275

ŠÍP Jaromír, Roelant Savery in Prague, in: Umění 18 (1970) 276—283

DIEZ Ernst, Der Hofmaler Bartholomäus Spranger, in: Jahrbuch der kunsthistorischen Sammlungen des Allerhöchsten Kaiserhauses 28 (1909/10) 93—151

DACOS Nicole, Spranger e i pittori rudolfini (Milano 1966)

OBERHUBER Konrad, Die stilistische Entwicklung im Werk Bartholomäus Sprangers (Diss. Wien 1958)

ZWOLLO An, Pieter Stevens. Ein vergessener Maler des rudolfinischen Kreises, in: Jahrbuch der kunsthistorischen Sammlungen in Wien 64 (1968) 119—180

ZWOLLO An, Pieter Stevens, neue Zuschreibungen und Zusammenhänge, in: Umění 18 (1970) 246—259

WIED Alexander, Lucas von Valckenborch, in: Jahrbuch der kunsthistorischen Sammlungen in Wien 67 (1971) 119—231

MODERN Heinrich, Paulus von Vianen, in: Jahrbuch der kunsthistorischen Sammlungen des Allerhöchsten Kaiserhauses 15 (1894) 60—192

LARSSON Lars Olof, Adrian de Vries (Wien — München 1967)

Sammlung

HÄNDLER Gerhard, Fürstliche Mäzene und Sammler in Deutschland von 1500 bis 1620 (Straßburg 1933) (=Studien zur deutschen Kunstgeschichte 297)

(Hg. STEINGRÄBER Erich) Schatzkammern Europas. Weltliche Schatzkammern (München 1968)

SCHLOSSER Julius von, Kunst- und Wunderkammern der Spätrenaissance. Ein Beitrag zur Geschichte des Sammelwesens (Leipzig 1908) (=Monographien des Kunstgewerbes 11)

LHOTSKY Alphons, Festschrift des Kunsthistorischen Museums zur Feier des fünfzigjährigen Bestandes, 2 Bde. (Wien 1941—1945)

(Hg. BAUER Rotraud und Herbert HAUPT), Das Kunstkammerinventar Kaiser Rudolfs II. (1607—1611), in: Jahrbuch der kunsthistorischen Sammlungen in Wien 72 (1976) 1—191